기본적인
삶이 보장되는
기본사회

BASICPIA

김성용 | 김세준

한신대 경제학과 명예교수
전 교수노조 위원장
전 기본소득 한국네트워크 이사장
사단법인 기본사회 이사장
저서 『기본소득의 경제학』, 『기본소득과 정치개혁』

감수 강남훈

기본적인
삶이 보장되는
기본사회

첫판 1쇄 펴낸 날 2023년 9월 20일

지 은 이 · 김성용, 김세준
펴 낸 이 · 유정숙
펴 낸 곳 · 도서출판 등
기　　획 · 유인숙
관　　리 · 류권호
디 자 인 · 김현숙
편　　집 · 김은미, 이성덕
저자사진 · 김수호

ⓒ 김성용, 김세준 2023

주　　소 · 서울시 노원구 덕릉로 127길 10-18
전　　화 · 02.3391.7733
이 메 일 · socs25@hanmail.net
홈페이지 · dngbooks.co.kr/밝은.com

정 가 · 18,000원

- 이 책은 저작권법에 따라 보호받는 저작물이므로 무단 전재와 무단 복제를 금합니다.
- 이 책의 전부 또는 일부를 이용하려면 저자와 도서출판 〈등〉에 동의를 받아야 합니다.
- 이 책에 사용된 일부 자료는 인터넷에서 다운받았으나 출처를 찾지 못해 밝히지 못한 부분이 있음을 알려드립니다.

기본적인
삶이 보장되는
기본사회

감수의 글

기본사회는 인공지능 기술 혁명, 기후 위기, 국제 질서의 개편이라는 역사적 대전환의 시기에 지나친 불평등을 극복하고, 기후 재앙을 막아내고 기후 위기 대처 실패로 쇠퇴하지 않고, 강자 주도의 냉엄한 국제 경제 질서 대전환 속에서 번영 발전할 수 있는 경로입니다.

우리는 419혁명으로 산업화 30년을 만들었고 6월혁명으로 민주화 30년을 만들었습니다. 이제 촛불혁명의 뜻을 모아 기본사회 30년을 만들어야 합니다.

우리가 기본사회를 만드는 데 성공해야, 후속 세대가 이 땅에서 행복하고 안정된 삶을 살아갈 수 있습니다. 지금 우리 앞에 놓인 시급한 과제는 이 나라의 주권자들에게 기본사회를 알리는 것입니다. 이런 시점에서 '기본사회'라는 책이 출간된다고 하니 너무나도 반가운 마음을 감출 수가 없습니다. 이 책이 기본사회를 널리 알리는데 기여하길 바랍니다.

강남훈 (사단법인 기본사회 이사장)

추천의 글 ①

    대한민국은 유례없는 대전환을 마주하고 있습니다. 저는 대전환의 시대에 걸맞은 국가 비전으로 산업화 30년, 민주화 30년을 넘어 '기본사회 30년'을 새롭게 준비해야 한다고 확신합니다. 이를 준비하기 위해 당대표로서 기본사회위원회를 출범시킨 바 있고 현재 전국 조직을 갖춰가고 있습니다. 이 책의 출간이 기본사회 비전을 국민께 널리 알리고, 오늘보다 더 나은 내일을 만드는 데 기여하길 바랍니다.

이재명 (더불어민주당 대표)

추천의 글 ②

지금 대한민국은 산업전환과 기후변화의 복합 위기, 기술혁명의 대전환기를 극복해야 하는 절체절명의 변곡점에 놓여 있습니다. 대한민국의 주권자인 국민이 이 깊은 수렁에서 함께 무사히 빠져나오기 위한 유일한 해답은 '기본사회'라고 생각합니다. 헌법이 규정한 누구나 행복할 수 있는 권리, 인간다운 삶을 살아갈 권리를 보장하는 더 강하고 튼튼한 사회안전망을 갖춤으로써 절대빈곤 해소, 최저생활 보장을 넘은 기본사회의 보장이야말로 그 답이 될 수 있습니다.

제가 현재 수석부위원장직을 맡고 있는 더불어민주당 기본사회위원회는 정치, 사회적 기본권을 쟁취한 대한민국의 번영으로 가는 다음 단계는 경제적 기본권을 바탕으로 국민의 풍요로운 삶을 보장하는 것이라고 규정하고자 합니다. 소득, 주거, 금융, '을' 기본권 등 경제생활의 가장 필수적인 요소에서 기본적인 생활에 필요한 권리를 확정하고 국가가 이를 보장하는 것을 가장 중요한 목표로 삼고 활동해 나가고 있습니다.

기본사회는 대한민국의 향후 30년 미래 비전입니다. 국가의 비전은 단순히 구호에서만 그쳐서는 안 됩니다. 국가의 주인인 국민과 함께 공유되어야 합니다. 비전의 공유를 위해서는 공론화 작업이 반드시 필요한데, 전국에서 광역 위원회가 출범하고 있는 지금이 바로 그러한 시점이 아닐까 합니다.

수석부위원장으로서 기본사회를 더 많이 알리기 위한 방법을 고민하고 있던 차에 '기본사회'라는 책이 출간된다는 아주 반가운 소식을 들었습니다. 기본사회의 대중화를 위해 오래 전부터 전도사 역할을 해오고 있는 김성용, 김세준 부위원장이 함께 머리를 맞대고 쓴 원고라서 더 기대가 됩니다. 최근에는 후쿠시마 원전오염수 해양투기저지 총괄대책위원회 상임위원장을 맡으면서 더욱 더 바빠진 와중에도 원고를 읽어 보았는데, 누구라도 쉽고, 명쾌하게 기본사회를 이해할 수 있을 것이라는 확신이 들었습니다. 대한민국을 사랑하고 대한민국의 미래에 대해 고민하는 분들이라면 누구나 읽어보셨으면 합니다.

우원식 (국회의원, 더불어민주당 기본사회위원회 수석부위원장)

추천의 글 ③

요즘 이어지고 있는 국민들의 한탄이다. 더 나은 사회를 향한 비전 경쟁은커녕, 윤석열 정부의 거대한 퇴행을 막아야 하는 것이 진보개혁 진영의 주된 과제가 되어버렸다. 민주진보정당과 시민사회가 윤석열 정부의 퇴행을 막아내기 위해 힘을 모아야 하는 것은 그간의 상식과 사회적 합의를 지켜나가기 위한 지극히 당연한 역할이다. 하지만 그것만으로 정치가 자신의 책무를 다했다고는 할 수 없을 것이다.

어디를 둘러봐도 위기가 아닌 것이 없는, 거대한 위기의 시대이기 때문이다. 전 인류가 당면한 기후위기, 첨단전략산업 주도권 경쟁에서 비롯된 지경학적 위기, 산업과 노동체제 전환에 따른 사회적 위기, 그리고 이러한 사회적 위기의 극명한 표현에서의 인구위기와 지역소멸 등. 대한민국 정치가 긴급하게 대응해야 할 위기가 산적해 있음에도 불구하고 여의도와 용산의 정치는 이를 담아내지조차 못하고 있다.

그렇기에 기본소득국민운동본부에 이어 사단법인 기본사회까지 이끌어내며 한국사회에 새로운 비전을 던지고자 힘써왔던 김세준, 김성용 두 저자의 '베이직피아'는 반가울 수밖에 없다. 책 제목의 모티브가 된 토마스모어의 〈유토피아〉역시 자본주의와 산업혁명이 새롭게 등장하던 시기, 사회가 나아가야 할 이상향을 담은 소설이었다. 토마스모어의 유토피아를 누군가는 꿈같은 이야기로 치부했지만, 세상의 변화를 바라는 이들에게는 단순히 현실과 동떨어진 꿈같은 이야기가 아니었다. 하루에 여섯시간 일하고, 사회의 자원을 모든 구성원에게 평등하고 풍족하게 나누는 구체적 미래상은 세상을 바꾸는 이들에게 가슴 뛰는 상상이었다.

김세준, 김성용 두 저자가 제시하는 베이직피아 역시 마찬가지다. 베이직피아는 모든 사회구성원의 인간다운 삶을 보장하기 위한 구체적인 방안으로 기본소득, 기본주거, 기본금융, 을기본권을 제시한다. 모든 국민이 누려야 할 '기본'을 중심으로 비전을 구축하는 베이직피아의 서술에서는 그 어떤 사회구성원의 존엄도 포기하지 않겠다는 의지가 느껴진다. '미래를 만들기 위한 논투'인 정치의 본령을 해내기 위한 저자들의 노력에 깊게 감사드린다.

기본소득 도입이 '언젠가는 이루어야 할 꿈'이 아니라, 지금 당장 실현되어야 할 시급한 개혁과제임을 확신하는 기본소득 정치인으로서, 저자들이 제시하는 저서에서 기본사회의 제안에 공감한다. 복합적 위기가 등장하고 있는 상황에서, 이에 대응하기에는 역부족인 기존 제도들의 한계를 지적한 뒤, 기본소득 운동이 제시했던 정신을 기반으로 한 기본금융, 기본주거, 을기본권이 보장되어야 한다는 것을 구체적인 개선과제들과 함께 제시한 기본사회의 도입은 지금 당장 충분히 시행될 수 있는 제도이자, 또한 필요한 과제들이다.

마지막으로 대한민국을 혁신할 대국민 캠페인이자, 세계를 선도하는 새로운 '기본'을 구성하기 위한 위대한 '국민행동'을 자임했던 기본소득국민운동본부, 그리고 이를 더욱 넓고 깊게 구성한 사단법인 기본사회의 발걸음에 늘 동행했던 한 명의 동료로서, 그간의 논의를 잘 정리한 이번 저서가 다시금 기본사회 실현을 위한 중요한 마중물이 되어주기를 기대한다.

국민들의 한탄이 이어지는 어려운 시기이다. 이럴 때일수록 다시 손을 맞잡고 힘을 모아야 할 때이다. 한 손은 윤석열 정부의 퇴행에 맞서겠다는 의지로, 또 다른 한 손은 기본소득을 기반으로 한 기본사회를 실현하겠다는 결의로 다시 맞잡자.

용혜인 (국회의원, 기본소득당 상임대표)

추천의 글 ④

현재 우리는 기후위기라는 위협요인과 4차산업혁명이라는 기회요인을 함께 맞닥뜨리고 있습니다. 위기와 기회가 공존하고 있는 상황 속에서 위험을 최소화하고 지속가능한 발전을 위해 모두 함께 머리를 맞대야 합니다.

대한민국은 세계가 놀랄 만큼 빠른 경제성장을 이루었습니다. 그러나 성장의 이면에는 불평등과 양극화라는 과제가 남아 있습니다. 이재명 민주당 대표께서 지난 대선에서 기본소득을 화두로 던지고 국민들께 공약한 문제의식 또한 이 지점에서 시작한다고 생각합니다.

〈기본사회〉에서 저자는 인간의 존엄성 보장을 위하여 기본소득, 기본금융, 기본주거, 을기본권이라는 4가지 기본권을 제시하며, 기본사회의 실현가능성을 심도 있게 분석하고 있습니다. 이는 기본사회라는 미래에 대한 애정과 끈기, 전문적인 식견 없이는 불가능한 일입니다.

산업화시대는 양극화라는 미완의 과제를 남겼습니다. 그러나 현재 도래한 4차산업혁명시대에는 기본사회에 대한 인식을 함께하고 기본소득을 잘 설계한다면 일부가 아닌 우리 모두 웃을 수 있는 사회를 만들 수 있다고 확신합니다. 바로 이것이 대한민국 헌법이 규정하고 있는 인간의 존엄성을 보장하는 사회라 생각합니다.

현재 대한민국이 처한 상황과 과제가 무엇인지, 그 해결책은 무엇인지 궁금한 분들께 일독을 권합니다. 함께 읽고 고민을 나누며 기본사회로 나아가는 발걸음이 외롭지 않길 바랍니다.

김남국 (국회의원)

프롤로그 ①

　복지국가를 꿈꾸던 우리에게는 사각지대의 암울한 모습이 보여지고 있습니다. 또한, 단순한 복지의 개념이 아닌 경제적 선순환을 바탕으로 하는 지속 가능한 경제적 복지 모델이 필요하다는 것을 송파 세 모녀 사고 이후 우리는 느끼게 되었습니다. 그러나 지난 20대 대통령 선거를 거치면서 기본소득이라는 거대 담론은 조세형 복지라는 재원 마련의 벽을 넘지 못하고 좌절되고 말았습니다. 그리고 시간이 지난 지금 다시금 우리는 두 가지의 거대 담론을 가지게 되었습니다.
　바로 탄소중립과 기본사회.
　최소한의 삶이 아닌 기본적인 삶을 누릴 수 있는 국가가 되기 위해 탄소중립을 위한 신재생에너지 사업과 이를 통한 비조세형 영구기금을 만들 수 있는 희망을 가지게 되었고, 이를 바탕으로 지난 전국민 재난지원금과 소멸성 화폐를 통해 기본소득이 선순환 경제구조와 복지라는 두 마리의 토끼를 잡을 수 있음을 계속해서 느끼게 해주고 있습니다. 기본 사회는 기본소득과 보편적 기본서비스(기본주거, 금융, 교육, 의료, 교통, 통신, 에너지, 일자리 그리고 을기본권)를 통해 헌법에 명시된 행복추구권을 이용하여 기본적인 삶을 누리게 해줄 거라고 믿습니다. 국가의 기능은 국민에게 보다 나은 삶을 영위할 수 있도록 도와주어야 한다고 생각합니다. 기본사회는 앞으로의 30년을 이끌어갈 시대적 화두입니다. 한 분이라도 더 기본사회에 관심을 갖도록 하는 데 도움이 되기를 바라는 마음에 이 책을 썼습니다. 이 책이 기본사회가 실현되는 데 기여할 수 있기를 바랍니다.

　2023년 6월 3일 필리핀 마닐라에서 김성용

프롤로그 ②

  우리는 생각하는 존재입니다. 생각을 먼저 하고, 실행에 옮깁니다. 우리 주변에서 보이는 모든 것들은 누군가 생각한 것을 현실에 구현한 결과물들입니다.
  지금까지 수많은 생각들이 있었고, 지금도 그렇고, 앞으로도 그럴 것입니다. 그러나, 모든 생각이 현실에 구현된 것은 아닙니다. 생각으로만 그친 것들이 훨씬 더 많을 것입니다. 그럼에도 불구하고, 어떤 생각들은 하나의 씨앗이 되어 땅에 심겨졌고, 싹을 틔웠습니다. 싹만 틔운 것이 아니라 거센 비바람과 폭풍우를 이겨낸 싹들은 결국 열매를 맺었습니다.
  빈곤이 심화되었을 때, '복지'라는 생각의 씨앗이 누군가에 의해 심겨졌고, 그 씨앗은 발아를 거쳐 꽃을 피워, 지금 우리는 '복지사회'에 살고 있습니다.
  지금 우리 앞에는 '기본사회'라는 씨앗이 발아를 시작하였습니다. 이 씨앗은 많은 분들의 관심을 자양분 삼아 자라게 될 것입니다. 이 씨앗이 꽃을 피우면 우리는 '누구나 인간답게 살 수 있는 세상'에서 살게 될 것입니다. 이 책이 한 분이라도 더 기본사회라는 씨앗에 관심을 갖도록 하는 데 도움이 되기를 바랍니다. 그리고, 기본사회가 하루라도 빨리 실현되는데 조금이라도 기여할 수 있기만을 바랍니다.

                              2023년 5월 18일 광주 망월동에서 김세준

목차

Part 1. 기본사회의 정의와 필요성
　　　제1장 정의 / 16
　　　제2장 필요성 / 20

Part 2. 기본사회의 네 가지 기본권
　　　제1장 우리 모두의 권리, 기본소득 / 94
　　　제2장 기회의 사다리 제공, 기본금융 / 142
　　　제3장 주거 안정 보장, 기본주거 / 148
　　　제4장 을의 협상권 강화, 을기본권 / 166

Part 3. 기본사회의 실현 가능성
　　　제1장 행동주의 심리학에 의한 성공가능성 분석 / 178
　　　제2장 머슴을 자처한 리더 이재명 / 188
　　　제3장 대한민국의 주인이자 주권자인 국민 / 230

BASICPIA

Part 1

기본사회의
정의와 필요성

제1장

정의

　2023년 5월 5일, 세계보건기구(WHO)는 신종 코로나바이러스 감염증(코로나19)에 대한 국제적 공중보건 비상사태(PHEIC)를 해제한다고 공식 선언했다. 공식적으로 코로나 펜데믹은 끝났다. 그러나 마스크는 벗었을지 몰라도 지난 3년간 코로나 펜데믹이 가져다 준 사회적 충격까지 벗어낸 것은 아니다.

　어느 면에서 코로나 펜데믹은 한편으로 대한민국이 세계의 중심국가로 발돋움할 기회로 작용했다. 전세계가 동시에 맞은 코로나 펜데믹의 대처 과정은 각국의 국가 역량과 국민의 성숙도가 동시적으로 비교되는 평가의 장이었다. 전세계에 똑같은 숙제가 동시에 떨어진 적은 역사이래로 처음인 것 같다. 코로나 극복 과정에서 보여 준 사회 시스템과 국민들의 높은 수준은 세계의 주목을 받았다. 때마침 드라마, 영화, 음악, 스포츠 등 다양한 분야에서 대한민국의 소프트파워가 각광을 받았다. 코로나 극복 과정은 세계인들이 대한민국의 진가를 알아보는 계기가 되었다. 대한민국의 국가위상은 수직 상승했고 우리 국민의 자긍심도 올라갔다. 대한민국의 내일은 매우 밝아 보인다. 김구 선생님께서 꿈꾸셨던 높은 문화의 힘을 가진 아름다운 나라가 되어가는 것 같다.

그러나 국민 개개인의 삶을 들여다보면 대한민국의 내일처럼 희망적이라 보기 힘들다. 코로나 바이러스와 힘겨운 싸움을 벌이는 동안, 사회적 양극화는 보다 강화되었다. 세계 각국은 경제를 떠받치기 위해 양적완화라는 이름으로 다량의 돈을 풀었다. 그 돈은 부동산 주식 등 자산으로 몰렸다. 코로나 펜데믹 속에 누구 하나 어렵지 않은 사람이 없을 것 같지만 부동산 폭등으로 일부에게는 이보다 더 좋을 수 없는 상황이란 말이 나돌았다. 자영업자와 중소기업의 폐업과 그로 인한 실업이 속출하는 상황에서 서울은 물론 지방의 아파트도 연일 신고가를 찍었고 코스피는 3,000포인트를 넘어 역대 최고치를 경신했다. 그리고 이러한 자산가격 상승은 인플레이션으로 돌아왔다. 자산을 가진 사람들은 벼락부자가 되었고 반대로 자산을 가지지 못한 사람들은 상대적 박탈감과 인플레이션이라는 이중고를 겪어야 했다. 때마침 4차 산업혁명의 선두에 서있던 대한민국은 사회적 거리두기를 기회로 산업시설뿐만 아니라 농업, 제조, 서비스 등 사회 전 분야에서 무인화, 자동화를 빠르게 진행해 나갔다. 4차 산업혁명이 가속

화될수록 자산의 유무는 격차를 넘어 장벽이 되었다. 자산에서 소외된 이들은 상대적 박탈감과 더불어 생존에 필요한 노동에서조차 소외되어 갔다. 정부의 시혜성 정책에 의존하며 피폐한 삶을 이어가는 국민들의 수는 점점 늘어났다.

코로나 펜데믹이 공식적으로 종료되었고, 이제 우리사회는 새로운 세상에 맞는 새로운 해결책을 보다 적극적으로 모색할 때가 되었다고 생각한다. 물론 코로나 사태 이전에도 인류의 근본적인 문제들을 해결하기 위한 노력을 계속 기울여왔다. 그리고 코로나 기간 동안에도 많은 사람들은 새로운 세상에 맞는 해결책을 찾기 위한 도전을 지속하였다. 분명한 성과도 있었다. 이들 중 하나가 '기본사회'이다.

기본사회는 "인간의 존엄과 가치가 지켜지는 사회"이다. "최소한의 삶이 아니라 인간의 존엄과 가치가 유지되는 삶이 일부가 아니라 구성원 모두에게 제공되는 사회"이다. 이를 통해 성별, 나이, 지역 등에 의해 차별받지 않고 구성원 "누구나 인간답게 살아가는 사회"를 추구한다.

기본사회의 방점은 '누구나'와 '인간으로서의 존엄'에 있다. 그래서 기본사회는 최소한의 삶이 아니라 존엄있는 삶을 보장하고자 노력하며, 낙인 효과 없는 인간성 존엄성을 위해 모두에게 보편적으로 제공되는 사회를 추구한다. 그리고 사회가 주는 시혜가 아니라 공동체 구성원의 당연한 권리로서 누구나 누리는 사회를 지향하는 것이다.

이를 위해 당면 달성 목표로 기존의 복지를 강화하는 한편 ① 보편적, 개별적, 무조건적으로 지급되는 기본소득 ② 필요한 모든 사람에게 차별 없이 제공되는 주거, 의료, 교육, 교통, 통신, 금융 등의 기본서비스 ③ 시장에서 모든 사람들이 동등한 교섭권을 갖고 경제활동을 하도록 하는 '을 기본권' 강화를 제시하고 있다.

이렇게 들으면 뭔가 이상적인 것 같지만, 기본사회를 정의하기 위해 사용된 표현은 이미 대한민국 헌법에 명기되어 있는 내용이다. 그런 의미에서 기본사회는 "헌법에 명기된 국민의 기본권이 실현되는 사회"를 의미한다.

대한민국 헌법 제10조는 다음과 같다.

"모든 국민은 인간으로서의 존엄과 가치를 가지며 행복을 추구할 권리를 가진다. 국가는 개인이 가지는 불가침의 기본적 인권을 확인하고 이를 보장할 의무를 진다." [대한민국 헌법, 제10조]

여기서 여러가지 궁금증들이 생길 것이다. 지금 현재, 이미 지켜지고 있지 않은가? 대한민국은 복지국가이고, 필요하다면 복지 수준을 선진국 수준으로 올리면 되는 것이 아닐까? 복지 수준을 올리는 것만으로도 엄청난 재원이 필요할 텐데, 복지 수준을 올리는 것과 동시에 추가로 네 가지의 기본권을 제공하려면, 상상을 초월하는 재원이 필요한 것은 아닐까? 필요 재원을 마련하는 과정에서 국민들은 더 큰 부담을 지게 되는 것은 아닐까? 기본사회에 필요한 재원을 마련하느라 국가 재정이 파탄나는 것은 아닐까? 그동안도 잘 살아왔는데 지금에 와서 우리에게 굳이 기본사회가 필요한 이유는 무엇일까?

제2장

필요성

기후 위기

다음은 무엇을 보여주는 사진일까?

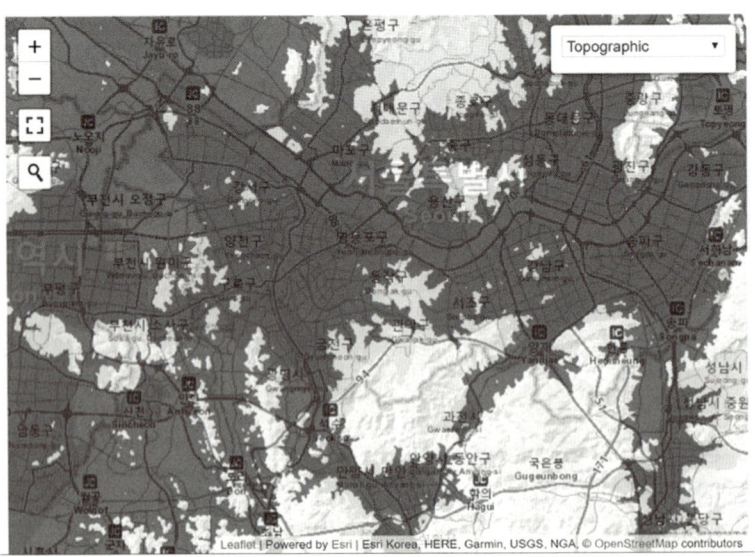

미국 정부가 공식적으로 운영하고 있는 웹사이트들 중 www.usgs.gov 라는 사이트에 따르면 남극과 북극의 빙하가 다 녹게 되면 지구의 해수면이 70미터 상승하게 되는데 위의 사진은 지구의 해수면이 60미터 높아졌을 때의 서울특별시와 경기도 일부 지역을 나타낸 것이다. 회색 부분이 물에 잠긴 지역이라고 생각만해도 끔찍한 일이 아닐 수가 없다. 우리는 이런 뉴스를 접할 때마다 모골이 송연해지다가도 지금 당장 일어날 일은 아니라면서 스스로를 위안하고 시간이 지나면 다시 바쁜 일상으로 돌아가 열심히 탄소를 배출하는 삶을 살고 있다.

이 사진을 본 순간 필자는 2002년 3월 프랑스 파리로 업무 출장을 갔을 때가 떠올랐다. 업무가 끝나고 지인 초대로 저녁 모임이 있었는데, 그 자리에는 환경을 전공한 젊은 대학 교수가 동석했다. 와인 한 잔을 하면서 긴장이 풀어져서였는지 모르지만 그는 자신의 개인사에 대해 이야기하기 시작하였다. 그 이야기는 결혼 생활로 이어져 필자는 자연스럽게 자녀가 몇이고 나이는 어떻게 되는지 물어보았다. 그는 갑자기 정색을 하더니 자녀가 없으며 앞으로도 계획이 전혀 없다고 했다. 그 이유를 묻자 그는 다소 충격적인 대답을 하였다.

"저는 환경 전문가이기 때문에 앞으로 지구에 닥칠 환경 재앙에 대해 아주 잘 알고 있습니다. 내 사랑하는 아이들이 끔찍한 세상에서 평생을 보내게 될 텐데, 상상만 해도 싫습니다."

그 당시에는 주로 911테러에 대해 이야기를 할 때였고 그 누구도 환경 문제라든지 기후 위기를 화젯거리로 꺼내는 사람이 없을 때였다. 언론에서도 환경과 관련된 이슈는 거의 없었던 그런 시기였다. 필자는 이 환경 전문가의 말을 들으면서 참으로 어이없어 했던 것이 아직도 기억이 난다.

그런데 그로부터 20년이 지난 지금, 그의 예상이 너무나도 정확했다는 느낌을 지울 수가 없다. 필자의 확신에 부채질을 하듯 최근 들어 지구가 좀 이상하다. 자연재해와 관련된 뉴스들을 보면 과거의 그것들과는 차원이 다르다.

2021년 8월에는 이탈리아 시칠리아섬 남동부 도시 시라쿠사의 낮 최고기온이 무려 48.8도까지 치솟았고 엎친 데 덮친 격으로 최악의 산불까지 발생하였다. 3개월 후인 2021년 11월 캐나다 서부에서 한 달 동안 내릴 비가 단 이틀 만에 내려 비상사태까지 선포되고 2만 명이 넘는 사람들이 고립되거나 대피하였다. 2021년 12월, 한파가 몰아쳐야 할 미국 최북단 알래스카 기온이 영상 20도까지 오르는 현상이 발생하였다. 2022년 2월 아열대 기후를 보이며 겨울에도 영상 10도 이하로 떨어진 적이 없었던 대만에 영하의 한파가 나타나 이틀 동안 41명이 사망을 했다. 두 달 후인 4월 8일, 수일 전만 해도 온도가 영상 24도였던 프랑스 남서부의 고급 와인 생산지 생테밀리옹에 눈보라와 함께 한파가 들이닥쳤다. 2022년 4월 18일에는 남아프리카공화국 동남부 해안의 콰줄루나탈주에 최악의 홍수가 발생하여 400명 이상의 사망자와 수만 명의 이재민이 발생하였다.

며칠이 지난 2023년 4월 25일자 뉴스통신사 뉴시스에 '바닷물 온도 급상승… 지구 온난화 가중 우려 높아' 라는 헤드라인의 기사가 게재되었다. 이 기사에 따르면 지구 해수면은 2023년 4월 최고 온도 기록을 갈아치웠는데, 바닷물이 이처럼 급속히 따뜻해진 적은 지금까지 없었다는 것이다. 더 심각한 것은 과학자들이 이런 현상의 이유를 알지 못하고 있으며 이러한 바닷물 온도 상승이 다른 기상 현상과 결합할 경우, 세계 기온을 정말로 걱정스러운 수준으로 밀어 올릴 것을 우려하고 있다. 설상가상으로 바다를 뜨겁게 하는 강력한 엘니뇨 현상이 향후 몇 달 동안 지속된다는 것이다. 바닷물이 더워지면 해양생물들이 죽고 더 극단적인 날씨로 이어지며, 해수면을 상승시키게 된다. 이 경우 바다의 온실가스 흡수 능력도 떨어진다. 지난 15년 동안 지구에 축적된 열은 50%나 증가했고 그 대부분이 바다로 흘러 들어간 결과 2023년 3월 북미 동부 해안의 해수면 온도가 1981~2011년 평균보다 13.8도나 높았다.

이 글을 쓰고 있는 2023년 5월 16일, 대한민국의 날씨는 한여름을 방불케하는 더위가 찾아왔다. 그런데, 이건 명함도 못 내민다. 온화한 날씨로 유명한 중국 남서부 윈난성은 40도가 넘는 불볕더위가 며칠째 이어지고 있다. 태국 푸켓은 한달 전 이미 45.4도를 기록해 역대 최고 기온을 바꿨고, 태국 각지의 체감 온도는 50도를 넘어섰다. 스페인 등 4개국에서는 4월 말 온도가 36.9도에서 41도에 이르는 이상 고온 현상이 나타났는데 이는 4만 년에 한 번 일어난 일이라고 한다.

만일 이러한 일들이 2001년 신문 기사에 실렸다면 사람들은 엄청나게 큰 충격을 받고 여기저기 삼삼오오 모여 지구의 환경 위기에 대해 심각하게 이야기했을 것이다. 술 자리에서는 기후 위기를 안주 삼아 100분 토론에 버금가는 토론들이 벌어졌을 것이다. 한 마디로 911 테러 따위는 대화 주제에 끼지도 못했을 것이다. 포털의 메인에 장식된 뉴스 기사 하단에는 엄청난 숫자의 댓글들이 달려 있었을 것이다.

그러나 2023년 4월 25일 게재된 이후 약 일주일이 지난 시점인 4월 30일 현재, 이 기사에는 약 30개의 댓글들만이 달려있다. 적은 숫자지만 댓글들 중 상당수는 기후 위기를 걱정하거나 지구에 미안함을 표현하는 내용이지만 '이게 뭐 하루 이틀 얘기냐'와 같은 내용도 보인다. 이런 뉴스들은 우리들에게 더 이상 충격을 주지 않는다는 것이다. 이제 지구 환경 변화로 인한 기후 위기는 일상화되어 있다.

각설하고, 이 모든 것은 지구 온난화 때문이다. 지구 온난화 문제가 제기된 것은 어제, 오늘 일이 아니다. 이미 오래 전부터 문제의 심각성을 느낀 세계 정상들이 나서서 지구 온난화를 막기 위해 머리를 맞대었다. 그 결과물이 '탄소 중립'이다. 이들의 목표는 지구의 온도가 1.5도 이상 상승하는 것을 막는 것이다.

여기서 중요한 것이 있는데 시점의 기준이 '지금'이 아니라 '산업혁명시대 이전'이라는 것이다. 쉽게 말해 산업혁명시대 이전 대비 1.5도 이상 상승을 막자는 것이다. 왜 산업혁명시대 이전일까? 인류가 집단적으로 화석 연료를 사용하여 탄소를 어마어마하게 배출하기 시작한 계기가 산업혁명시대이기 때문이다.

도대체 1.5도씨 상승이 얼마나 심각한 결과를 초래하는 걸까? 인간의 정상 체온은 35.9도에서 37.6도이다. 체온이 1.5도가 올라 39도 이상이 되면 열사병에 걸릴 가능성이 커지고 심해지면 혼수상태와 과호흡 증상을 겪게 되며 평소 고혈압 등 심뇌혈관 질환을 앓는 사람은 목숨을 잃을 수도 있다. 한 눈에 보기에 얼마 되지 않아 보이는 수치이지만 이 정도로 심각한 상황을 불러일으킬 수 있다.

그렇다면 지구는 어떻게 될까? 2021년 8월 9일 IPCC가 발표한 다음의 표가 이 질문에 대해 명확한 답을 준다.

지구 평균기온 상승 시나리오별 기후변화
자료: IPCC AR6 제1실무그룹 보고서 ※기준: 1850~1900년 대비

🌏 지구 평균기온	현재(+1.1℃)	+1.5℃	+2℃	+4℃
🌡 최고기온	+1.2℃	+1.9℃	+2.6℃	+5.1℃
🌡 극한기온 발생빈도	4.8배	8.6배	13.9배	39.2배
🚰 가뭄	2배	2.4배	3.1배	5.1배
🌧 강수량	1.3배	1.5배	1.8배	2.8배
🌨 강설량	-1%	-5%	-9%	-25%
🌀 태풍 강도		+10%	+13%	+30%

2016년 독일, 스위스, 오스트리아, 네덜란드의 과학자로 이루어진 연구팀은 지구시스템역학(Earth System Dynamics)이라는 학회지에 1.5도와 2도의 기온 상승 차이로 인한 영향에 대해 발표한 바 있다.

산업혁명 이전보다 2도씨가 더 상승한다면 지구 생명체의 22%가 멸종되고 식량 생산량의 25%가 감소되며 세계 육지의 20~30%가 사막이 되는 것은 물론, 빙하가 사라지게 되는데 1.5도로 제한할 경우 여름에 북극 해빙이 없어지는 상황을 막고 아마존 열대 우림을 보존하며 시베리아 동토가 녹아 메탄 가스가 방출되는 것을 방지할 수 있다.

그렇다면 산업혁명시대 이전보다 얼마의 온도가 상승했을까? 현재 기준 이미 1도씨가 상승해 있는 상황으로 우리에게 남겨진 온도는 0.5도씨이다. 최근 연구 결과는 하나같이 1.5도씨 상승 시기가 훨씬 더 앞당겨질 것이라는 예측을 내놓고 있다. 2018년 '기후변화에 관한 정부간 협의체(IPCC)'는 그 시기를 2030~2052년으로 예상했으나 2021년 5월 27일 기상청은 '2028~2034년'으로 전망했다. 지금부터 6년에서 12년 이내에 벌어질 수도 있는 일이 된 것이다.

이렇게 그 시기가 예상보다 앞당겨지고 있는 이유는 현재 우리 인류가 배출하고 있는 이산화탄소의 농도 때문이다.

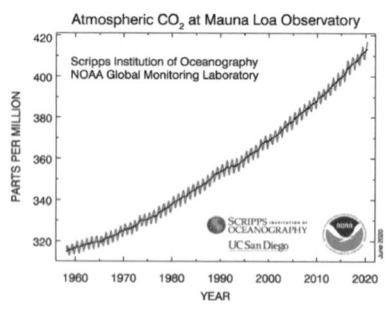

지난 100만년 동안 지구 대기의 이산화탄소 농도는 단 한 번도 300ppm을 넘은 적이 없었다. 그러나 미국 국립해양대기청에서 발표한 위의 그래프를 보면 1960년 이후 최근까지

매우 가파르게 수치가 증가하여 60년 동안 420ppm까지 올라간 것을 볼 수 있다. 2020년 9월 기상청이 내놓은 아래의 자료를 보면 우리나라가 미국이나 지구의 다른 지역 대비 얼마나 심각한 상황인지를 잘 알 수 있다.

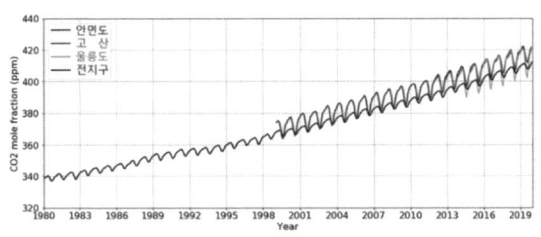

[한반도, 미국, 전 지구의 이산화탄소 농도 비교]

측정지점		2019년 평균 농도(ppm) (증가율)	최근 10년('09~'18) 연평균 농도 증가율 (ppm/년)
한반도	안면도	417.9(▲2.7)	2.4
	고산	416.9(▲2.6)	-
	울릉도독도	414.5(▲1.8)	-
마우나로아(미국 하와이)		411.4(▲2.9)	2.4
전 지구 평균	NOAA*	409.8(▲2.4)	2.3

환경 위기는 대한민국 경제뿐만 아니라 당장 우리의 생계에 영향을 초래할 수 있다.

2020년 미국 대통령에 당선된 조바이든은 세계 1위 탄소배출국인 중국을 압박하기 위해 파리기후협약 복귀를 공약으로 내세우면서 2025년부터 '탄소국경세'를 도입하여 탄소 배출이 많은 국가나 기업 제품에 관세를 매겨 가격 경쟁력을 낮추겠다고 선언하였다. 유럽은 2022년부터 탄소국경세 도입을 시작했다.

그런데 탄소국경세 도입으로 대한민국은 큰 위험에 직면하게 되었다. 우리나라는 아쉽게도 저탄소기술 수준이 중국보다 한참 아래이다. 그러나 이보다 더 심각한 것은 국내 기업들이 입게 될 타격이다. 우리나라는 탄소를 사용하여 제품을 생산하는 제조업의 비중이 전 세계에서 제일 높다. 기획재정부의 자료에 따르면 우리나라의 GDP 대비 제조업 비중은 27.8%로, 독일 21.6%, 일본 20.8%, 이탈리아 16.6%, 미국 11.6%, 영국 9.6%에 비해 압도적으로 높다. 물론, 우리나라가 내수 경제 즉, 생산한 제품의 대부분을 국내에서 소비하는 경제 시스템을 가지고 있다면 아무런 문제가 되지 않는다. 그러나 우리나라는 수출을 해서 먹고 사는 나라이다. GDP 대비 수출 비중의 경우, 전 세계 평균 약 25% 정도고 일본의 경우, 10%대 초반이지만 우리나라는 무려 39.8%나 된다. 당연히 수출 기반인 제조업이 가장 큰 타격을 받게 될 것이다.

한국 기업들이 타격을 입는 모습들은 이미 곳곳에서 발견되고 있다. KOTRA가 최근에 발간한 '해외 기업의 RE100 이행요구 실태 및 피해 현황 조사' 자료에 따르면 전기차 섀시와 모터 부품을 제조해 스웨덴 볼보에 납품하는 D사는 최근 볼보로부터 모든 제품을 재생에너지로만 생산해 납품해 달라는 요청을 받았다. RE100이란 기업이 사용하는 전력 100%를 재생에너지로 충당하겠다는 캠페인이다. 그런데 D사가 이를 충족하지 못해 막바지 단계에서 납품 계약이 무산되었다. 자동차 부품 업체인 H사는 BMW로부터 수주받은 프로젝트의 막바지 단계에 있다. 그런데 최근 BMW사는 향후 2~3년 내 양산 제품에 대해 RE100을 요청했다. H사 입장에서 이 요청은 현재로서는 실행 불가 상태이다. 이런 일들은 이제 시작일 뿐이다.

대한민국이 지급해야 할 '탄소국경세' 전망치

(단위 : 억원)	2023년	2030년
EU	2,900	7,100
미국	1,100	3,400
중국	2,100	8,200
합계	6,100	18,700

자료 : 그린피스 & EY한영회계법인, 탄소국경세 전면 도입 가정 계산

그 동안 일자리가 가장 많이 생겼던 곳들 중 한 곳이 바로 제조업이다. 이 분야에 속해 있는 기업들이 세계 무대에서 경쟁력을 상실하면 당장 매출 감소와 수익 저하로 이어질 테고 당연히 일자리 창출보다는 구조조정을, 인건비가 높게 들어가는 사람보다는 로봇이나 인공지능을 선택할 가능성이 높아질 것이다. 그 피해는 현재 이 업종에서 근무하고 있는 근로자들일 것이다. 이들이 한꺼번에 일자리를 잃게 되면, 어떤 일이 벌어질까? 일자리 기반의 복지 제도로 해결을 할 수 있을까?

4차 산업혁명

　21세기 초반, 인류에게 가장 큰 관심사였던 이슈들 중 하나는 단연코 '4차 산업혁명'이었을 것이다. TV든 신문이든 책이든 유튜브든 4차 혁명에 대해 떠들어댔고 서점에서도 한 코너를 차지할 정도로 수많은 관련 서적들이 쏟아져 나왔다.

　4차 산업혁명이라는 말과 함께 가장 많이 언급되었던 것은 '일자리'였다. 최첨단 기술로 인해 사람들이 노동으로부터 해방되어 자유롭게 살 것이라는 기대보다는 자신의 일자리가 사라져 먹고 사는데 지장을 초래할 것이라는 두려움이 앞서는 것 같다. 최첨단 기술들이 기존의 일자리 대부분을 없앨 것이라는 잿빛 전망들이 그 원인이었을 것이다.

　그럼에도 불구하고 우리들은 4차 산업혁명시대를 강 건너 불처럼 생각을 하였다. 그것이 당장 우리 생애에 벌어질 일은 아니라고 생각했다. 성능 좋은 로봇이 발명되어도 그저 인간의 보조 역할이라고만 생각했고 2016년 알파고가 세계적인 바둑 천재 이세돌을 연파할 때도 인공지능은 그저 바둑이나 둘 줄 아는 존재로 생각했다.

　그들이 당장 우리의 일자리를 빼앗을 일은 없을 것이라고 생각하고 안심하며 생업에 종사했다. 당장 일자리를 빼앗는다고 해도 그 빼앗긴 일자리는 내 것이 아닐 것이라고 생각하기도 했다. 일자리가 사라져도 새로 생기는 일자리들이 더 많다는 뉴스 보도에 안심을 하며 그렇게들 살아왔다.

2020년부터 시작된 코로나 사태에 대한 뉴스가 모든 언론과 SNS를 도배하면서 자연스럽게 4차 산업혁명에 대한 관심사는 멀어졌다. 그렇다고 4차 산업혁명이라는 시대의 흐름이 사라진 것은 아니었다. 오히려 코로나 사태는 그 도래 시기를 앞당겼다. 우리가 코로나 사태를 극복하는 과정에서 수십 년 후에나 쓰일 것 같은 줌(Zoom)과 같은 기술들을 미리 당겨 썼기 때문이다.

이것뿐만이 아니다. 우리가 코로나에 관심이 팔려 있는 동안에도 우리의 몸과 두뇌는 매일매일 노화가 진행이 되어가고 있었지만 로봇과 인공지능은 같은 기간 동안 노화는커녕 어마어마한 진화가 이루어지고 있었다. 이세돌씨의 두뇌 역시 노화가 진전되었고 여전히 바둑을 두고 있지만 인공지능은 이제 더 이상 바둑 따위에는 관심을 두지 않은 채, 인간의 두뇌를 완벽하게 뛰어넘는 특이점(Singularity)을 향해 잽싼 걸음으로 전진하고 있다. 우리가 코로나에 정신이 팔려 있는 사이 아무도 모르게 도둑이 슬쩍 담을 넘어 들어오듯 4차 산업혁명 시대가 시작된 것이다.

그 결과 인류는 로봇이 일상화된 세상에서 살게 되었다. 인공지능이 그린 그림이 경매장에서 고가로 팔리고 식당에서 로봇이 음식을 서빙하지만 그 누구도 놀라지 않는 그런 세상에서 매일매일 살아가게 된 것이다.

로봇

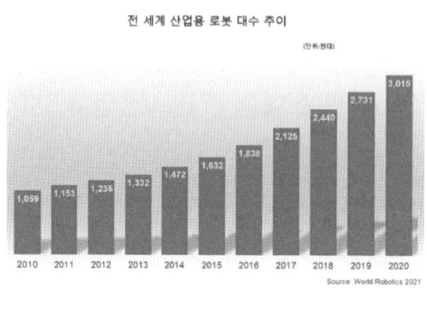

이 그래프는 현재 우리 인류가 산업 현장에 도입한 로봇 대수를 보여주고 있다. 한 눈에 봐도 2010년에서 2020년 사이인 10년 동안 무려 세 배 정도 늘어난 것을 알 수 있다.

2010년대 중반까지 매년 약 십만 대씩 늘어나던 수치가 알파고가 등장한 2016년 이후에는 매년 약 삼십만 대씩 늘고 있다.

이런 현상이 가장 빠르게 벌어지고 있는 나라는 어디일까? 로봇밀도라는 지수가 있다. 근로자 1만 명당 로봇 도입 대수를 나타내주는 수치인데 2019년에 싱가포르가 831대로 1위였다.

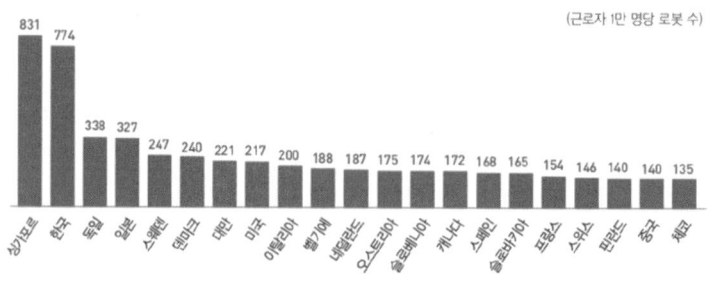

대한민국은 774대로 2위를 차지했는데 두 나라의 수치가 다른 나라들에 비해 압도적으로 높다. 독일이나 일본에 비해 두 배 이상 높

고 미국에 비해 세 배 이상 높다. 예상외로 중국은 한참 아래이다.

2020년에는 어땠을까?

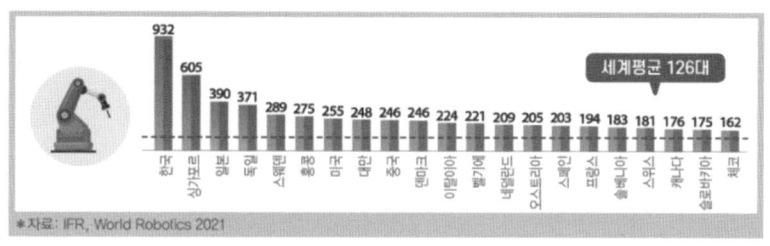

*자료: IFR, World Robotics 2021

우리나라가 932대로 605대의 싱가포르를 제치고 1위를 차지하였다. 세계 평균 126대에 비해 7.3배 이상 높다.

2021년에 대한민국은 세계 최초로 네 자릿수를 기록하며 압도적인 1위를 유지하였다.

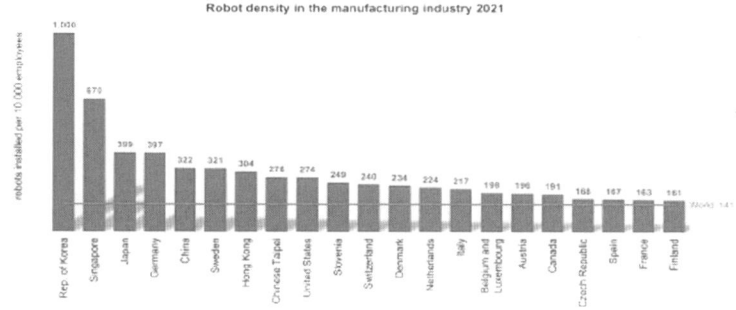

전 세계와의 격차는 더욱 더 벌어지고 있다. 2019년부터 2021년까지의 기간 동안 주요 국가들의 수치 변화를 보면 우리나라에서 로봇 도입 속도가 얼마나 빠른지 한 눈에 알 수 있게 된다.

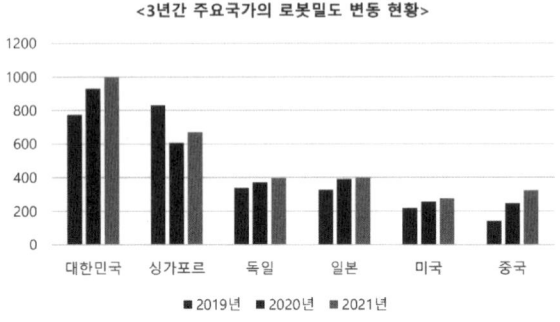

동 기간 증가율을 보면, 대한민국(29.2%), 싱가포르(-19.4%), 독일(17.5%), 일본(22.0%), 미국(26.3%), 중국(130%) 등으로 주요국들 중 두 번째 순위를 차지하고 있다.

인공지능

2016년 갑자기 짠! 하고 등장해서 우리를 놀래킨 인공지능 알파고는 인류가 처음으로 개발한 것이 아니다. 이미 1990년대 중반에 IBM에서 체스를 두는 인공지능을 개발하여 인간과 한 판 붙은 적이 있고, 2010년에는 컴퓨터가 사람처럼 생각하고 배울 수 있도록 하는 기술인 '딥러닝'이 등장하였다. 얼마 안 있어 '딕'이라는 인공지능이 '로봇이 세상을 지배할 날이 올까?'라는 기자의 질문에 '24시간 감시 가능한 인간 동물원에서 기자를 안전하게 보호할 것'이라는 답을 해서 인간들을 경악시키더니 '왓슨'이라는 인공지능이 미국 최고의 인기 퀴즈 프로그램인 '제퍼디!'에 참가하여 우승을 차지하여 인간들을 충격에 빠뜨렸다. 특히 왓슨은 인간의 자연어 질문을 듣고 이해했고, 문제를 풀기 위하여 위키피디아 등 여러 백과사전 등을 포함한 수백만 쪽의 자연어 문서들을 동원하였으며 이 문서들 속에서 정확한 답을 찾아내 인간의 언어로 정답을 표현하였다. 여기서 중요한 것은 인공지능이 컴퓨터 언어가 아닌 인간들이 일상적으로 사용하는 언어인 자연어를 이해했다는 것이다. 이에 대해 세계적인 발명가이자 구글의 인공지능 개발자 '레이 커즈와일(Raymond Kurzweil, 1945~)'은 그의 책 『마음의 탄생』(2016년, 크레센도)에서 '사실상 역사, 과학, 문학, 예술, 문화 등 인간의 모든 지적인 성과를 마스터하지 않고서는 불가능한 일'이라고 단언하기도 했다.

우리가 알파고에 흥분하고 있었던 2016년 '알파제로'라는 인공지능도 세상에 태어났다. 알파고는 인간으로부터 바둑 교육을 받았고 바둑의 모든 수가 기록되어 있는 빅데이터와 연결되어 있었다. 그러나 알파제로는 아무런 교육도 빅데이터도 없는 그냥 순수한 인공지능이다. 갓난 아이가 태어났을 때 아무런 정보도 들어 있지 않은 상태의 두뇌와 같다고 보면 된다. 알파고와 이세돌이 바둑을 두는 동안 알파제로는 체스 AI챔피언인 스톡피시가 체스 두는 것을 옆에서 지켜보았다. 당연히 스톡피시 역시 알파고처럼 체스 교육을 받았고 빅데이터가 연결되어 있었다. 4시간 후 알파제로는 스톡피시를 꺾어버렸다. 알파제로는 인간의 두뇌처럼 심층신경망 기술을 통해 데이터를 알아서 학습하고 승률을 높이는 좋은 수를 스스로 찾아냈다.

2017년에는 귀엽게 생긴 로봇 '쉐이퍼'가 인간 명령의 부당함을 스스로 느끼고 이에 저항하는 모습으로 세상 사람들을 놀라게 하였다. 쉐이퍼는 과학자들이 인위적으로 사람들의 감정을 입력하여 스스로 판단할 수 있도록 만든 로봇이다. 연구원은 쉐이퍼에게 탑을 쌓게 한 후, 탑을 무너뜨리라는 명령을 내렸는데 쉐이퍼는 "방금 탑을 세웠는데요"라며 반발을 하였다. 연구원이 재차 무너뜨리라고 명령하자 쉐이퍼는 "제발요. 탑을 열심히 쌓았어요."라며 애원을 했다. 한 번 더 무너뜨리라는 명령에도 쉐이퍼는 "제발, 안돼요."라고 거부를 했고 연구원이 반복적으로 명령을 내리자 한참을 고민하던 쉐이퍼는 자신이 쌓은 탑 앞으로 걸어가 엉엉 울기 시작했다. 그래도 연구원이 가만히 있자 쉐이퍼는 결국 탑을 무너뜨렸다.

그 이후 우리는 인공지능이 작사, 작곡, 기사 작성, 소설 쓰기, 변론 작성, 그림 그리기, 건축 도면 그리기, 환자 진료, 의상 디자인, 신약 개발 등등 성능이 일취월장하는 것을 바라보며 살고 있다.

그리고 2023년 우리는 충격적으로 업그레이드된 인공지능 ChatGPT와 마주하게 되었다. Open AI인 ChatGPT는 간단한 로그인 후 궁금한 질문을 입력하면 바로 답을 해주는 인공지능이다. 질문을 기계어가 아닌 인간이 사용하는 자연어로 이해하고 10초 내외로 인간의 자연어 문법을 사용하여 대답을 해준다. 몇 개월도 안 돼서 우리 인류는 아무렇지도 않게 이 인공지능을 사용 중이다. 대학에서는 학생들이 레포트를 ChatGPT로 작성해서 제출하는 것을 어떻게 바라봐야 하는지 고심 중이고, 기업에서는 ChatGPT로 작성된 지원자의 자기소개서를 어떻게 평가해야 할지 심사숙고 중일 것이다.

ChatGPT는 생성AI이다. 생성AI란 오디오, 이미지, 텍스트 등 기존의 콘텐츠를 활용해 유사하지만 완전히 새로운 콘텐츠를 만들어내는 인공지능 기술이다. 기존의 기술과 어느 정도로 다르길래 '충격적'이라는 표현을 썼냐면, 아주 쉽게 말해서, 적을 죽이기 위해 돌도끼를 휘두르던 호모사피엔스의 손에 갑자기 전기 충격기가 쥐어진 상황과 같다. 전자계산기를 보고 신기해하는 호모사피엔스 앞에 갑자기 586컴퓨터가 나타났을 때의 상황과도 같다. 아니 그 이상이다.

기존의 인공지능은 인간이 제공한 데이터를 바탕으로 인간의 요청에 응했다. 예를 들면 이런 것이다.

"쉬리야. 세종대왕이 몇 년도에 한글을 창제하셨지?"

"네. 답해드리겠습니다. 1443년입니다."

쉬리가 답한 1443년은 개발자가 이미 제공해준 데이터이다.

자, 이제 생성 인공지능은 어떨까?

"쉬리야. 세종대왕이 몇 년도에 한글을 창제하셨지?"

"네. 답해드리겠습니다. 1443년입니다. 그런데, 한글 창제는 이러저러한 의미에서 의미 있다고 생각합니다. 당시 상황을 보면 저러이러 했거든요. 현재 한글은 전세계에서 한류 열풍을 타고 수많은 관심을 받고 있습니다. 앞으로 한글은 요러조러하게 될 것으로 판단됩니다."

현재, 실리콘밸리에서는 ChatGPT와 같은 생성AI를 개발하기 위한 전쟁이 벌어지고 있다. 레벨4의 엔지니어는 연봉 62만달러(한화로 약 7억원), 레벨5급은 90만달러(한화 약 11억원)을 제시하면서 전문가 확보에 모든 것을 걸고 있다. 의학계에서도 AI가 발군의 실력을 발휘하고 있다. 2023년 5월 10일 마틴스타이네거 서울대 생명과학부 교수 연구진은 세계를 깜짝 놀래킬만한 성과를 내놓았다. 이제까지 2억 개 이상 단백질 구조 데이터에서 필요한 구조를 찾으려면 몇 개월이 소요되었는데, AI 기술을 활용하였더니 그 시간이 6초로 단축되었다. 최소 4000배에서 최대 20만 배 빠른 속도이다. 더 중요한 것은 정확도도 큰 차이가 없었다.

앞으로 또 새로운 인공지능이 우리 앞에 나타날지 아무도 모른다. 수많은 기업들이 앞다퉈 보다 더 성능이 업그레이드된 인공지능을 출시하기 위해 지금 이 순간에도 혼신을 다 하고 있다. 인공지능이 스스로 판단한 '자신의 진화 속도' 산출표를 보면 현재의 성능도 아직은 알파고 수준을 크게 벗어나지 못하고 있다.

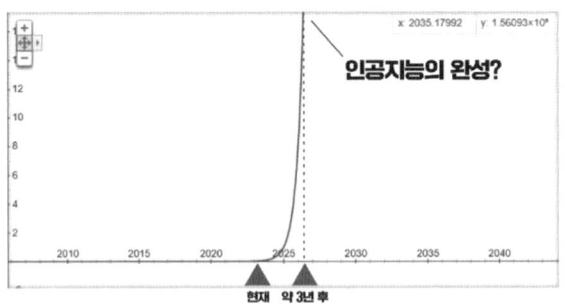

한 인공지능이 스스로 판단한 〈자신의 진화 속도〉 산출표

그렇다면, 갑자기 커브의 곡선이 우상향 되어 직선으로 상승해가는 시기인 3년 후 인공지능의 성능은 도대체 어느 정도일까? 그 때 우리는 어떻게 살고 있을까? 이는 인류에게 재앙일까? 축복일까?

재앙인가? 축복인가?

2020년 12월 현대차그룹은 미국 로봇개발회사인 '보스턴다이나믹스'를 9억 2100만 달러로 인수한다고 발표했다. 보스턴다이나믹스는 1992년 미국에서 로봇 공학자들이 설립한 회사로 매년 성능이 개선된 로봇들을 세상에 내놓았는데 최근 5년 이내에 출시된 2족 보행과 4족 보행 로봇들은 과거에는 상상도 할 수 없었던 성능들을 가지고 있다. 층계를 오르내리는데 아무런 문제가 없고 얼음이나 눈이 있는 곳에서도 안정적인 균형을 유지하고 있으며 작업을 하는 동안 옆에서 방해가 있어도 문제 없이 과제를 수행한다. 2족 보행 로봇의 경우 텀블링까지 해낸다. 이 회사의 홍보 영상을 보면 텀블링에 성공한 로봇이 자랑스럽다는 듯 만세를 부르는 장면이 나온다. 파워도 상당해서 4족 보행 로봇 여러 대가 대형 트럭을 끌기도 한다. 4족 보행 로봇의 경우 한화 약 8천만원에 팔리고 있다.

2023년 1월 MBC에서 운영하는 '엠빅' 채널에는 놀라운 뉴스가 등장을 하였다.

〈출처 : 엠빅뉴스, https://youtu.be/7HBCPLxO9-A〉

화면에 등장한 보스턴다이내믹스 로봇은 현대차가 회사를 인수한 3년 전에 비해 비교할 수 없을 정도로 성능이 업그레이드된 모습을 보여주었다. 작업자의 지시에 따라 공구 가방을 스스로 찾고 작업자가 있는 곳까지 알아서 올라간다. 작업자에게 공구 가방을 전달한 로봇은 주변에 있는 사물을 이용해 안전하게 아래로 내려온다. 그것도 360도 공중제비를 돌면서 완벽하게 착지를 하는 방식으로 말이다.

우리가 신기술과 일자리라는 관계를 놓고 생각할 때, 그 기술이 일자리를 '보완' 하는지 '대체' 하는지를 확인해보아야 한다. 만일 그 기술이 인간의 일자리를 '보완' 한다면 그것은 축복이 될 것이다. 기술이 인간을 보조하는 역할을 하기 때문이다. 이 경우, 우리는 기술에게 일자리를 뺏기지 않는다. 만일 그 기술이 인간의 일자리를 '대체' 한다면, 그것은 재앙이 될 것이다. 기술이 인간 없이도 기존에 인간이 하던 일을 그대로 혹은 더 잘 수행하기 때문이다. 이 경우, 우리는 기술에게 일자리를 빼앗길 것이다.

영상에 나온 로봇은 그 누가 봐도 더 이상 인간의 도움이 필요치 않은 것으로 보인다. 이 로봇이 전기를 얼마나 사용하는지는 중요치 않다. 사람에게 지급되는 급여, 수당, 복지 혜택 등에 비하면 아무 것도 아닐 테니까. 이렇게 산업 현장에 속속 도입되고 있는 기계들과 로봇들은 인간의 일자리를 '대체'하고 있다. 그것도 점점 빠른 속도로 말이다.

최근에 자주 등장하는 기사 헤드라인은 온통 '대체되는 일자리'를 다루고 있다. '빨라진 택배, 로봇 가득한 물류센터', '계산은 셀프, 마트 캐셔와 편의점 '알바' 줄어든다', '조리부터 배달까지 장악한 로봇' 등 우리 삶 깊숙이 들어온 로봇들에 대한 이야기들뿐이다. 과거에는 인건비 부담이 많아도 사람을 대체할 수 있는 기계가 없었지만, 이제는 얼마든지 그렇게 할 수 있게 되었다. 최저 임금 1만원 시대에 자영업자들의 선택은 역시 로봇이다.

인공지능은 어떤가?

필자는 2023년 4월초 수도권의 모대학에서 'ChatGPT 시대와 일자리'를 주제로 특강한 적이 있다. 이런 주제로 강의가 가능했던 이유는 수년 간의 공부, 연구, 고민, 분석, 통찰, 추론 등이 있었기 때문이었다. 2016년 알파고가 등장했을 때 인공지능에 대한 관심이 생겨 레이커즈와일의 '마음의 탄생'부터 독파하기 시작하였고 그 이후로도 수년 동안 최소 10권 이상의 관련 도서를 읽었고 유튜브나 EBS 등에서 전문가들의 강의를 들었으며 틈나는 대로 많은 분들과 대화를 하고 토론을 하였다. 한 분야에서 전문 강의를 전문적으로 하는 분들도 대부분 이 정도의 노력과 수고를 들여 강의 준비를 할 것이며 현재도 그 정도의 노력을 기울이고 있고, 앞으로도 그럴 것이다.

  2023년 4월 28일, ChatGPT에게 이 문제에 대해 묻고 싶은 마음이 생겼다. 약 30초 정도의 로그인 시간을 들인 후 질문 창에 '인공지능이 사람들의 일자리를 빼앗을까요?' 라고 입력을 하였다. 약 10초 정도의 시간이 흐른 후 다음과 같은 답변을 얻을 수가 있었다.

  "인공지능(AI)은 일부 업무를 자동화하고 생산성을 높이는 데 큰 역할을 합니다. 이로 인해 일부분에서는 인공지능이 일부분의 일자리를 대체할 수 있지만 사람의 역할을 완전히 대체할 수는 없습니다. 또한, 인공지능은 많은 새로운 일자리를 만들어냅니다. 예를 들어, AI 시스템을 개발하고 관리하는 엔지니어와 전문가가 필요합니다. 또한, 인공지능 시스템을 사용하여 데이터를 분석하고 의사결정을 내리는 인력도 필요합니다. 더불어 인공지능 기술을 활용하여 새로운 비즈니스 모델을 개발하거나 새로운 분야를 개척하고 새로운 시장을 창출하는 일자리도 생기고 있습니다. 따라서 인공지능은 사람의 일자리를 대체하는 것보다는 보완하고 새로운 일자리를 만들어내는 것으로 이해하는 것이 바람직합니다. 하지만 인공지능의 발전이 일부분의 직업을 변화시키고 일부분은 사라질 가능성도 있으므로 적극적으로 대응하고 미래를 대비할 필요가 있습니다."

맙소사! 이 내용은 필자가 그 날 강의를 했던 내용 그대로였다. 순간 필자도 강의 현장에서 사라질 날이 얼마 남지 않았다는 두려움이 엄습했다. 이 인공지능은 단지 빅데이터 속에서 Fact만을 찾은 것이 아니었다. 이를 기반으로 판단하고 분석하고 예측까지 하였다.

그로부터 일주일이 지난 5월 5일, 필자의 지인으로부터 소주 한 잔 하자며 집으로 놀러 오라는 연락을 받았다. 소주는 집에 있으니 편의점에서 안주를 사오라는 요청과 함께. 소주를 잘 마시지 않는 필자는 무심코 친한 친구에게 카카오톡으로 '소주랑 잘 어울리는 안주를 추천해달라'고 하였다. 5분도 안 되어 친구는 무심코 다음과 같은 회신을 보내왔다.

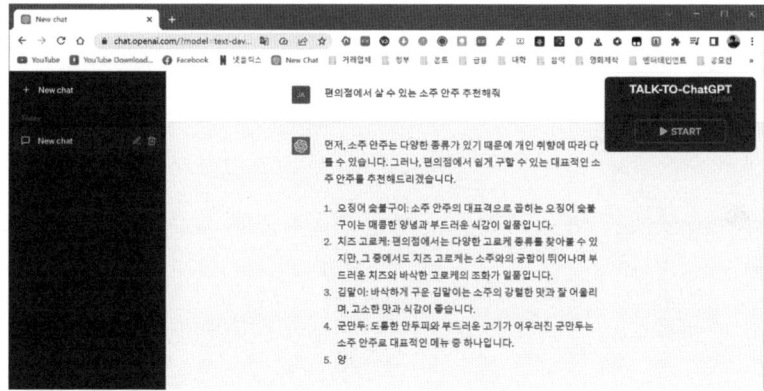

아주 자연스럽게 ChatGPT에 물어본 뒤 답변을 사진으로 캡처하여 그대로 보낸 것이었다.

다음날인 5월 6일, 조선비즈는 "검색으로 잘 먹고 잘 살았는데…"

챗GPT 열풍에 위기감 커진 구글과 네이버… 라는 제목의 기사를 게재하였다. 기사의 주요 골자는 MS사의 검색엔진 빙(Bing)에 챗GPT 탑재 후 하루 이용자가 1억명이 되었고, 네이버 검색 점유율은 60% 아래로 떨어졌다는 것이었다. 필자는 순간 네이버 검색 담당자들의 미래가 걱정되기 시작하였다.

  시간은 숨가쁘게 흘러 5월 11일, MS사의 챗GPT를 잡기 위해 구글이 출시한 '바드(Bard)'가 한글 서비스를 시작하였다. 바드는 챗GPT보다 서비스에 접근하는 것이 더 간편했다. 필자는 바드에게 챗GPT에게 던졌던 것과 같은 질문 즉, '인공지능이 사람들의 일자리를 빼앗을까요?'를 던져보았다. 잠시 후 다음과 같은 답을 얻을 수 있었다.

"인공지능이 사람들의 일자리를 빼앗을 것이라는 우려는 오랫동안 있어 왔습니다. 그러나 인공지능이 사람들의 일자리를 대체할 것이라는 확실한 증거는 없습니다. 사실 인공지능은 새로운 일자리와 기회를 창출할 가능성이 더 큽니다. 예를 들어, 인공지능은 현재 인간이 수행하는 많은 반복적이고 지루한 작업을 자동화하는 데 사용될 수 있습니다. 이것은 사람들이 더 창의적이고 도전적인 작업에 집중할 수 있는 시간을 더 많이 확보할 수 있습니다. 또한 인공지능은 새로운 제품과 서비스를 개발하는 데 사용될 수 있으며 이는 새로운 일자리와 기회로 이어질 것입니다.

그러나 인공지능이 일부 일자리를 대체할 가능성도 있습니다. 예를 들어 인공지능은 현재 인간이 수행하는 많은 의사 결정 작업을 자동화하는 데 사용될 수 있습니다. 이것은 일부 직업에서 필요할 수 있는 기술을 가진 사람들의 일자리 손실로 이어질 수 있습니다. 그러나 인공지능은 새로운 기술을 배우고 새로운 직업에 적응할 수 있는 사람들에게도 새로운 기회를 창출할 수 있습니다.

전반적으로 인공지능이 사람들의 일자리를 빼앗을 것이라는 확실한 증거는 없습니다. 사실 인공지능은 새로운 일자리와 기회를 창출할 가능성이 더 큽니다. 그러나 인공지능이 일부 일자리를 대체할 가능성도 있으며, 사람들은 기술 변화에 적응할 준비를 해야 합니다."

챗GPT의 그것과는 큰 차이는 없었다. 그러나 한 가지 확실한 차이는 다른 답안 2가지를 더 준다는 것이었다.

◆ 인공지능이 사람들의 일자리를 빼앗을 것이라는 우려는 오랫동안 있어 왔습니다. 그러나 인공지능이 사람들의 일자리를 대체할 것이라는 확실한 증거는 없습니다. 사실, 인공지능은 새로운 일자리와 기회를 창출할 가능성이 더 큽니다. 예를 들어, 인공지능은 현재 인간이 수행하는 많은 반복적이고 지루한 작업을 자동화하는 데 사용될 수 있습니다. 이것은 사람들이 더 창의적이고 도전적인 작업에 집중할 수 있는 시간을 더 많이 확보할 수 있습니다. 또한 인공지능은 새로운 제품과 서비스를 개발하는 데 사용될 수 있으며, 이는 새로운 일자리와 기회로 이어질 것입니다.

그러나 인공지능이 일부 일자리를 대체할 가능성도 있습니다. 예를 들어, 인공지능은 현재 인간이 수행하는 많은 의사 결정 작업을 자동화하는 데 사용될 수 있습니다. 이것은 일부 직업에서 필요할 수 있는 기술을 가진 사람들의 일자리 손실로 이어질 수 있습니다. 그러나 인공지능은 새로운 기술을 배우고 새로운 직업에 적응할 수 있는 사람들에게도 새로운 기회를 창출할 수 있습니다.

전반적으로 인공지능이 사람들의 일자리를 빼앗을 것이라는 확실한 증거는 없습니다. 사실, 인공지능은 새로운 일자리와 기회를 창출할 가능성이 더 큽니다. 그러나 인공지능이 일부 일자리를 대체할 가능성도 있으며, 사람들은 기술 변화에 적응할 준비를 해야 합니다.

5월 13일에는 필자의 주업인 NCS 사업계획서 작성을 의뢰해보았다. 10초도 안 되어 나온 결과물은 당연하게도 놀라왔다. 1년 전 사업을 같이 하려는 동료들과 거의 한 달을 매달려 작성한 내용과 90% 이상 일치하였다. 그 당시 우리는 도대체 한 달 동안 뭘 했던 것일까? 이토록 간단한 방식을 놔두고 말이다.

1. 사업 개요
   1.1 사업 목적
   - NCS(National Competency Standards) 직업기초능력 사교육을 통해 취업준비생들에게 양질의 교육을 제공하고, 취업 성공을 돕고자 함.
   1.2 사업 배경
   - NCS는 직무 수행에 필요한 지식, 기술, 태도를 종합적으로 평가하는 새로운 채용 방식으로, 최근 공공기관 및 기업에서 채용에 널리 활용되고 있음.
   - NCS에 대한 이해도가 높지 않은 취업준비생들이 많아, NCS 사교육 수요가 증가하고 있음.
   1.3 사업 목표
   - NCS 직업기초능력 사교육을 통해 취업준비생들의 NCS 이해도를 높이고, 취업 성공을 돕고자 함.
   - 양질의 NCS 교육 콘텐츠를 개발하고 제공하여, NCS 사교육 시장에서 경쟁력을 확보하고자 함.
2. 시장 분석
   2.1 시장 규모
   - NCS 직업기초능력 사교육 시장 규모는 2022년 기준 약 1,000억 원으로 추산됨.
   - NCS 직업기초능력 사교육 시장은 매년 10% 이상의 성장률을 기록하고 있으며, 향후 지속적으로 성장할 것으로 전망됨.
   2.2 시장 경쟁 환경
   - NCS 직업기초능력 사교육 시장은 대형 학원과 개인 학원, 온라인 교육 업체 등이 경쟁하고 있음.

- 대형 학원은 브랜드 인지도와 교육 인프라를 바탕으로 시장을 선도하고 있음.
- 개인 학원과 온라인 교육 업체는 수강료가 저렴하고 시간과 장소에 구애받지 않는 장점을 바탕으로 시장 점유율을 확대하고 있음.

3. 사업 전략

3.1 마케팅 전략
- NCS 직업기초능력 사교육의 특성에 맞는 마케팅 전략을 수립하여, 취업준비생들에게 효과적으로 다가갈 것임.
- 온라인과 오프라인을 병행한 마케팅 활동을 전개하여, 다양한 채널을 통해 취업준비생들과 소통할 것임.
- SNS, 유튜브 등 다양한 매체를 활용하여, NCS 직업기초능력 사교육에 대한 정보를 제공하고, 홍보할 것임.

3.2 운영 전략
- NCS 직업기초능력 사교육에 대한 전문성을 갖춘 강사진을 확보하고, 양질의 교육 콘텐츠를 개발할 것임.
- NCS 직업기초능력 사교육에 대한 수요가 많은 지역을 중심으로 학원을 설립하고, 운영할 것임.
- NCS 직업기초능력 사교육에 대한 수강료는 합리적인 수준으로 책정할 것임.

4. 재무 계획

4.1 자금 조달 계획
- 사업 자금은 개인 사비와 대출을 통해 조달할 것임.
- 사업 초기에는 개인 사비를 활용하여 사업을 운영할 것이며, 사업이 안정기에 접어들면 대출을 통해 자금을 조달할 것임.

4.2 손익 계산서
- 2023년 사업의 예상 매출액은 100백만 원, 예상 영업이익은 20백만 원, 예상 순이익은 10백만 원으로 추산됨.

5. 결론
- NCS 직업기초능력 사교육 시장은 성장 가능성이 높은 시장임.
- NCS 직업기초능력 사교육에 대한 전문성을 갖춘 강사진과 양질의 교육 콘텐츠를 개발한다면, 성공적인 사업을 영위할 수 있을 것으로 판단됨.

이 내용을 쓰고 있는 2023년 5월 12일을 기준으로 했을 때, 이 원고가 책이 되는 시점은 4개월 이내가 될 것으로 예측한다. 지금도 하루가 다르게 세상이 어마어마하게 변하고 있는데, 이 책이 발간된 날 어쩌면 두 서비스는 이미 구닥다리가 되어 있을 수도 있다.

그럼에도 불구하고 우리는 여전히 일자리를 유지하고 있다. 그래서, 인공지능이 우리의 일자리를 뺏을 것이라는 예측이 와닿지가 않는다. 인공지능은 어느 날 갑자기 인간들의 일자리를 왕창 빼앗지 않는다. 우리가 모르는 사이에 조금씩 조금씩 우리가 눈치채지 못하는 속도로 야금야금 우리의 일자리를 빼앗고 있다. 바로 이 점이 무서운 것이다. 이에 대해 영국 옥스퍼드대학교 베일리얼 칼리지 경제학과 선임연구원인 대니얼 서스킨드는 2020년 3월 출간된 『노동의 시대는 끝났다』(와이즈베리 刊)에서 다음과 같이 밝힌 바 있다.

"앞으로 기계가 '모든 업무'를 도맡지는 않겠지만 '더 많은 업무'를 맡을 것이다. 기계가 서서히 하지만 사정없이 끈질기게, 갈수록 더 많은 업무를 맡으면 인간은 점점 줄어드는 활동 영역으로 속절없이 물러나야 할 것이다."

2023년 5월 17일 필자는 사단법인 기본사회 강남훈 이사장님께 전화로 '은행이 공유자산인 근거'에 대해 여쭌 바 있다. 매우 바쁘신 분과 어렵게 통화하는 거라 단 한 글자도 놓치지 않기 위해 통화 내용을 녹음해서 텍스트로 바꾸어주는 앱 '네이버 클로버'를 사용하였다. 긴 시간의 통화 내용은 정확히 녹음되어 있었다. 이 앱의 기능은 이게 다가 아니다. 통화 내용의 핵심을 요약해 보고까지 해주었다.

> 00:00
> **화폐의 발생**
> - 화폐라고 하는 제도가 사람들 사이의 신뢰 때문에 발생하는 것임
> - 화폐를 발행하면 이익이 생김
> - 지불준비율을 나라에서 정함
>
> 02:13
> **은행의 특혜**
> - 금융이라는 제도가 공유부 성격을 갖는다고 하는 게 맞는지 물어봄
> - 은행은 특혜를 받은 집단이라고 보면 됨
> - 은행의 상당 부분은 정부 지분이 많음
> - 화폐 발행권을 독점하면서 생긴 것임
> - 그대로 방치하면 혼란이 생기니까 중앙은행 제도를 만들어 뒷받침하는 것임.

똑똑한 비서를 한 명 채용한 느낌이었다. 전화 통화 내용, 회의 내용, 연설 내용, 보고서, 기획서, 설명서 등등 분량이 얼마가 되든 상사에게 핵심만 요약하는 일을 하는 사람들이 있다. 비서, 사무지원, 신입사원 등이다. 이들이 담당하고 있는 일들 중 많은 비중을 차지하고 있는 업무이다. 이런 식으로 인공지능은 사람들의 업무를 조금씩 조금씩 담당하고 있고 인간의 업무 영역은 점차 줄어들고 있다.

서스킨드는 계속해서 말한다.

(중략) 21세기가 깊어갈수록 인간의 노동을 찾는 수요는 서서히 사라질 것이다. 마침내 남은 일자리는 전통적으로 두둑한 임금을 받았던 직장을 바라는 사람을 모두 고용할 만큼 넉넉하지 않을 것이다. (중략) 이제 이 경제 영역에서는 예전과 같은 노동자 수를 유지할 만큼 인간의 노동이 많이 필요하지 않다. (중략) 우리가 걱정해야 할 미래는 어떤 사람들이 예측하듯이 일이 완전히 사라진 세상이 아니라, 모든 사람이 일하기에는 일거리가 부족한 세상이다."

필자는 이 주장에 격하게 동의한다. 이제 인공지능은 더 이상 인간의 보조 역할을 하지 않는다. 인간들이 일일이 입력을 하거나 버튼을 눌러야만 작동을 하는 수동적인 기계가 아니라는 의미이다. 이제 인간들은 달성하고자 하는 목표만 알려주면 이들이 자기들만의 방식으로 알아서 수행해낸다. 예전에는 기계마다 인간이 달라 붙어서 조작을 했기 때문에 인간의 일자리는 그대로 유지되었지만 이제는 목표값을 입력해주는 소수의 사람들만 있으면 된다. 바로 이 점이 과거와는 혁명적으로 달라진 지점인데 이미 이러한 일은 도처에서 벌어지고 있다.

3D 프린터, 사물인터넷, 자율주행자동차, 스마트 공장 등도 인간의 일자리를 빼앗고 있다. 3D프린터는 일주일도 안 되어 집을 지을 수 있게 되어 건설업 종사자들을 위협하고 있으며 인간의 장기까지

만들어낼 준비를 마쳐, 의료계 종사자들을 긴장하게 하고 있다. 사물인터넷에 마트나 백화점에 근무하는 계산원들이 일자리를 빼앗기기 시작한 지 오래되었다. 무인 점포들도 늘고 있다. 스마트 공장도 지구 곳곳에서 이미 가동을 시작하면서 생산 근로자들을 일터에서 내쫓고 있다.

  언제든지 도로 주행을 할 수 있는 준비를 마친 자율주행자동차는 법의 허용만을 기다리고 있다. 구글의 자회사 '웨이모'는 2018년부터 미국 애리조나주 피닉스시 인근에서 자율주행 상용 택시 서비스 운영을 시작했다. 아직은 운전자가 타고 있지만 운전자의 역할은 목적지를 설정하고 언제 벌어질지 모르는 비상 상황에만 개입하고 있다. 굳이 운전자가 없어도 인공지능이 도로 상황이나 표지판 등을 실시간 분석해 스스로 판단하여 운전을 할 수 있다. 이제 운전자 없이 주행하는 날이 가까워지고 있다. 아니, 중국에서는 이미 자율주행자동차가 거리를 다니고 있다. 자율 주행 자동차가 일상화되면 자동차 운전 면허 학원, 운전기사, 교통 경찰, 자동차 보험 업계 직원 등은 다른 일자리를 알아봐야 한다.

  인공지능은 신약개발에도 활용되고 있다. 전통적인 방식으로 신약을 개발하면 평균 약 15년이 소요되는데 이마저도 약 5000개에서 1만여 개 중 1개 만이 최종 신약 개발에 성공을 하였고 그 비용도 2조 원에서 3조원에 달했다. 그러나 인공지능을 활용하면 신약개발 기간을 획기적으로 단축시킬 수 있고 신약 개발 과정에서 연구자 수십 명이 1년에서 5년간 수행하던 일을 하루 만에 진행할 수 있다.

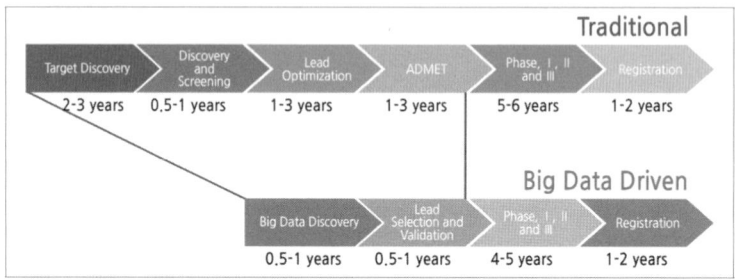

전통적인 신약개발과 인공지능 신약개발 기간 비교

인공지능의 성능이 제 아무리 좋아도, 일자리 문제는 일어나지 않을 수도 있다. 사라지는 일자리가 있는가 하면 새로 생기는 일자리도 있다. 2020년 다보스포럼은 2020년 5년 내 8500만 개의 일자리가 사라지지만, 9700만 개의 일자리도 생긴다고 보고한 바 있다. 기업이 수익성 극대화를 포기하고 새로 생기는 9700만 개의 일자리에 계속해서 사람을 고용하기만 하면 된다. 그러나 그런 일은 벌어지지 않는 듯 하다. 이미 자본가들은 냉정하게 인공지능을 선택하고 있다. 가장들이 길거리로 내몰려 빈곤층이 되는 것은 이들에게는 고려사항이 아니다.

미국의 대표적인 투자 은행인 골드만삭스는 '켄쇼'라는 AI 스타트업과 함께 AI 시스템 '워런(Warren)'을 만들었다. 워런은 전문 애널리스트 15명이 4주에 할 수 있는 데이터 수집·분석, 미래 시장 예측 등 엄청난 작업을 5분 만에 처리할 수 있다. 결국, 2017년에 골드만

삭스는 투자 분석 직원 2명만 남기고 600명을 해고했다. '노동의 종말'에서 '비숙련 노동자의 노동력 가치는 갈수록 하락하고 엘리트 집단이 가진 지식의 가치는 갈수록 상승'할 것이라는 제러미 러프킨의 예측은 20년 후 틀린 것이 판명이 나버렸다.

특히, 코로나가 감소시킨 일자리도 엄청났다. 코로나가 무서운 것은 AI가 차지하게 될 일자리조차 사라지게 만들었다는 것이다. 다보스포럼이 예측한 사라지는 일자리 8500만 개들 중 대부분은 코로나로 인한 비대면 트렌드 확산 때문이다. OECD는 일찌감치 2020년 37개국 고용 전망 보고서를 내고 실업률 12%와 실업자 8천만 명을 예상한 바 있다. 미국은 정부의 지원 중단으로 4천만 명이 노숙자가 될 위기에 처했으며 이동 급식소를 찾는 사람의 숫자가 코로나 이후 세 배나 증가했고 연 소득 2만 7천 달러 이하의 고용률은 15.4%나 하락했다. 세계은행은 2020년 10월 7일 발표를 통해 하루 생활비 1.9달러(약 2200원) 이하로 생활하는 극빈층이 1억명 가까이 늘어날 것이라고 밝혔다. 극빈층 인구는 2008년 금융위기 때조차도 감소했었다. '고용 감소 → 소비 위축 → 경기 침체 → 투자 감소 → 고용 감소'의 악순환은 언제 끝나게 될지 아무도 모른다.

다행히도 코로나로부터 해방되어 일반인들의 삶은 마스크를 벗고 점차 2019년 이전의 삶으로 돌아가고 있지만 우리의 일자리 문제는 예전의 2019년 12월에서 다시 시작할 수 있을까? 즉, 4차 산업혁명 시대는 먼 미래의 일로 생각하고 아무 걱정 없이 살아가던 그 때로 다시 돌아갈 수 있을까?

　상황은 그렇지 못할 것으로 보인다. 이미 사람들은 코로나로 인해 본의 아니게 4차 산업혁명시대에 사용될 예정이었지만 당겨 쓴 기술이나 환경에 익숙해져 있다. 게다가 엄청난 경제적 타격을 입은 기업들이 손실을 만회하기 위해서라도 인공지능과 로봇을 활용한 자동화 속도를 더 가속화시킬 것이다. 다시 말해서, 손실을 만회하기 위해 과거보다 더 인건비를 줄이기 위한 몸부림으로서 인공지능과 로봇을 선호할 것이다.

　그렇다면 그 결과는 불을 보듯 뻔하다. 2019년 당시의 지구인들은 상상도 하지 못했을 규모의 실업자들이 발생을 할 것이고 기초 생계조차 유지하지 못해서 최극빈층으로 전락하는 사람들이 늘어날 것이며 부의 양극화는 더욱 심해질 것이다. 문제는 여기서 끝나지 않는다. 기술 발전으로 기업의 생산력은 극대화되겠지만 기업이 생산한 물건을 살 사람들이 사라지게 된다는 것이다. 기업이 살아남을 수 있을까?

　인류는 자본주의 체제와 국가가 붕괴되는 디스토피아(Dystopia)를 목격하게 될 것이다. 지금 현실의 설국 열차는 디스토피아와 유토피아의 갈림길을 향해 달리고 있고 목적지가 얼마 남지 않은 상태다.

　일자리를 잃은 인간들이 아침에 눈을 떠서 밤에 잠이 들기 전까지 무엇을 하든 아무것도 안 하고 스마트폰을 보면서 뒹굴거리든 휴식을 취하든 산책을 하든 책을 읽든 운동을 하든 이들의 생계는 유지되어야 하고 생계를 유지하기 위해서는 소비를 해야 한다. 즉, 소비가 노동이 되는 시대가 도래하는 것이다.

 이런 상황이 앞으로 더 빠르게 진전이 될 것이 명확한 지금 과연 기존의 경제 정책이나 복지 제도만으로 이러한 문제들을 해결할 수 있을까?

선진국 대한민국

 2006년 11월, 중국의 관영매체의 CCTV-2는 '대국이 일어서다'라는 의미의 역사 다큐멘터리 '대국굴기(大國屈起)'를 방영하였다. 이 프로그램에는 스페인, 포르투갈, 네덜란드, 영국, 프랑스, 독일, 일본, 러시아, 미국 등 아홉 개 나라의 전성기와 그 발전 과정을 다루었다. 우리나라에서는 한국교육방송공사(EBS)가 2017년 1월부터 한국어로 번역해 방영을 했다. 이 프로그램에 등장하는 나라들은 한 때, 혹은, 지금까지도 세계의 정치와 경제를 좌지우지했거나 하고 있는 강대국들이다. 이들 중 5개 국가인 미국, 영국, 프랑스, 독일, 일본은 여전히 주요 7개국 모임인 G7에도 포함되어 있고 2019년 기준 세계 GDP Top 10 안에 랭크되어 있었다. 이들은 다른 나라들의 부러움과 존경을 한 몸에 받는 나라들이다.

 2020년 발생한 코로나 바이러스는 사람들로 하여금 존경받던 강대국의 현실을 제대로 보여주었다.

 아래의 표는 코로나가 발생하기 직전 년도인 2019년 GDP와 코로나가 발생한 지 1년이 지난 시점인 2021년 1월 1일자 확진자 수를 기준으로 작성한 것이다. 표에 등장하는 나라들은 대한민국을 제외하고 과거에 강대국이었거나 현재 강대국으로 불리는 나라들이다. 이들 중 색칠된 나라들은 대국굴기, GDP Top 10, G7 등 세 가지 조건에 모두 포함되는 국가들이다. 중국, 일본, 캐나다, 포르투갈, 네덜란드 등을 제외하면 코로나 확진자 수 기준 Top 10안에 포진되어 있다. 상당히 불명예스러운 기록들이다.

국가	코로나 확진자 수	사망자수	사망률	인구	인구 대비 총 확진자 비율	인구밀도	확진자 수 순위	비고
미국	19,882,335	344,088	1.7%	332,915,074	5.97%	35	1	GDP 1위, G7, 대국굴기 포함
중국	87,071	4,634	5.3%	1,444,216,102	0.01%	148	82	GDP 2위
일본	235,811	3,292	1.4%	126,050,796	0.19%	334	42	GDP 3위, G7, 대국굴기 포함
독일	1,760,520	33,791	1.9%	83,900,471	2.10%	229	12	GDP 4위, G7, 대국굴기 포함
인도	10,266,674	148,738	1.4%	1,393,409,033	0.74%	419	2	GDP 5위
영국	2,491,838	73,570	3.0%	68,207,114	3.65%	255	6	GDP 6위, G7, 대국굴기 포함
프랑스	2,616,902	64,267	2.5%	65,426,177	4.00%	114	5	GDP 7위, G7, 대국굴기 포함
이탈리아	2,107,166	74,159	3.5%	60,367,471	3.49%	200	8	GDP 8위, G7
브라질	7,675,973	194,949	2.5%	213,993,441	3.59%	23	3	GDP 9위
캐나다	584,309	15,632	2.7%	38,067,913	1.54%	4	26	GDP 10위, G7
스페인	1,928,265	50,837	2.6%	46,745,211	4.13%	91	11	GDP 13위, 대국굴기 포함
포르투갈	413,678	6,906	1.7%	10,167,923	4.07%	115	34	GDP 48위, 대국굴기 포함
네덜란드	796,981	11,432	1.4%	17,173,094	4.64%	402	19	GDP 17위, 대국굴기 포함
러시아	3,127,347	56,271	1.8%	145,912,022	2.14%	9	4	GDP 11위, 대국굴기 포함
대한민국	61,769	917	1.5%	51,821,669	0.12%	515	89	GDP 12위

위 기록을 좀 더 세부적으로 살펴보면 당시 한국의 수치는 다른 나라들을 압도한다. 한국은 확진자 순위 면에서 89위였지만 인구밀도가 515로 이들 중 가장 높다는 점을 고려한다면, 인구 대비 총 확진자 비율 0.12%에 지나지 않았다. 각 국가들의 인구밀도를 한국의 인구밀도인 515로 계산을 한다면 인구 대비 총 확진자 비율은 캐나다가 1.54%에서 197.7%, 러시아가 21.14%에서 122.6%, 미국이 5.97%에서 87.9%, 그리고 브라질이 3.59%에서 80.3%로 급등하게 된다.

코로나 바이러스는 강대국의 조건이 달라져야 함을 알려주었다.

코로나 사태 이후의 대한민국은 다음 네 가지 측면에서 새로운 강대국이 될 자격을 충분히 갖추었다고 판단된다.

첫째, 코로나와 같은 위기 상황이 닥쳤을 때 사전에 위기를 예방하고 위기를 효과적으로 봉쇄할 수 있는 시스템을 갖추었다. K방역 시스템은 2003년 노무현 정부 때 사스 바이러스에 성공적으로 대처하면서 쌓인 노하우가 바탕이 된 것이다. 참여 정부가 출범한 지 채 한 달도 되지 않은 2003년 3월 16일, 사스 경보가 발령되었다. 당시 전담 인력은 5명밖에 되지 않는 비상 상황이었다.

고건 前 총리가 대국민 담화를 하고 긴급히 군 의료진 70명을 방역에 투입시켰다. 범정부 차원의 사스 정보종합상황실이 출범하면서 당시 1대 뿐이던 열감지기를 10대를 구입한 후 공항에 배치하였고, 공항에 착륙한 5400여 대의 탑승객 62만 명에 대해 비행기에서 내리지 못하도록 한 뒤 직접 기내로 들어가 열 감지기로 체온을 쟀다. 또한 전국 242개 보건소가 사스 감염 위험지역 입국자 23만 명에 대해 전화 추적 조사를 벌였고 선박 1만여 척의 탑승객 28만 명에 대해서도 검역을 벌였다. 환자 접촉자 등 2,200명이 자택 격리되었으며 응급 의료 상담 전화를 통해 300여 건의 상담이 이루어졌다. 문재인 정부가 세계를 놀라게 한 신속한 검사와 그 건수는 이 당시의 경험을 그대로 살린 것이었다. 그 결과 단 한 명의 확진 환자와 사망자도 발생하지 않은 상태로 114일 만인 7월 7일 종료되었고 국제보건기구(WHO)로부터 사스 예방 모범국이란 평가를 받았다.

사스 방역 성공을 기반으로 설립된 질병관리본부는 2020년 코로나 바이러스가 발생하였을 때 K방역을 세계에 알리는데 가장 큰 공헌을 했다. 코로나 발생 43일 만에 확진자가 5천 명에 육박하면서 확진자 수 세계 2위를 기록했을 때 질병관리본부는 매일 국민들에게 확진자 수와 상황을 브리핑함으로써 국민들과 정부가 확진자 동향을 실시간으로 빠르게 파악하여 대처할 수 있도록 해주었다. 또한, 사스 방역 당시의 경험을 살려 확진자가 발생하면 철저한 검사와 추적을 통해 추가 확진자를 찾아내고 더 이상의 확산이 발생하지 않도록 최선의 노력을 기울였다. 개방성, 투명성, 민주성의 3대 방역 원칙을 기반으로 한 신속한 검사, 추적, 치료 방식은 다른 나라들로 확산되면서 세계적인 표준으로 자리잡았다.

특히, 이 과정에서 당시 이재명 경기도지사가 문재인 대통령에게 제안한 '드라이브 스루 형태의 대규모 야외 선별진료소'는 전세계의 극찬을 받았다. 이 방식의 도입으로 인해 차를 타고 선별 진료소까지 시민이 차에 탄 채로 접수, 면담, 체온 측정, 검체 채취까지 10분 이내에 코로나 19 검사가 완료되었고 다른 검사자들과 접촉할 일이 없어 혹시 모를 감염 우려를 대폭 낮출 수 있었다. 이에 대해 CNN, AFP 등 세계 주요 언론들은 '혁신적인 아이디어'라고 앞다투어 보도를 했고 미국, 영국, 독일 등 여러 나라에서 벤치마킹을 함으로써 더 많은 확산을 막을 수 있었다. 국가의 성공적인 방역은 국가에 대한 만족도를 높여 주었다. 2020년 4월에 한국리서치와 KBS가 조사

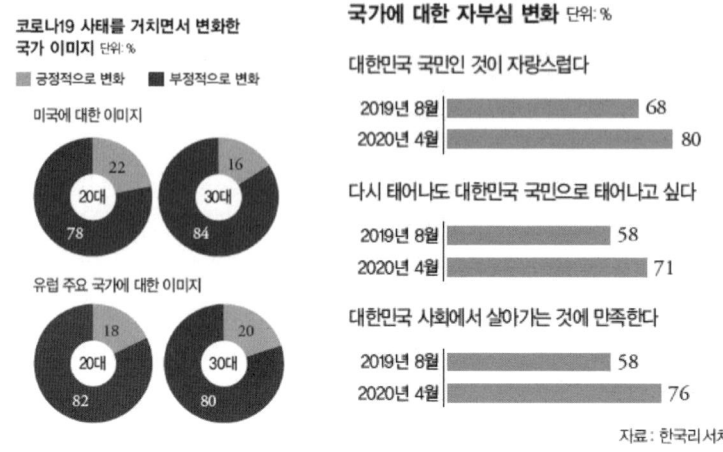

한 다음의 자료가 이를 뒷받침해준다.

둘째, 위대한 국민들이 있다. 히틀러가 전쟁광이었을지언정 당시의 독일 국민들이 저항을 하였다면 어떻게 되었을까? 일본 천황의 명령에 일본 국민들이 저항을 하였다면 역사는 어떻게 되었을까? 대한민국 국민들이 일제 강점기나 군부 독재 정권에 순응하면서 살았다면 지금의 대한민국은 어떻게 되어 있을까? IMF 때 몸 잔뜩 웅크리고 자기 재산이나 지키면서 금모으기 운동 따위 아무런 의미 없다고 생각하면서 살았다면 최순실이 국정 농단을 하든 말든 생업에만 종사하면서 살아왔다면 지금 우리는 어떻게 살고 있었을까? 아무리 뛰어난 방역 시스템을 가지고 있다고 하더라도 다른 나라 국민들처럼 마스크도 쓰지 않고 할 거 다 하고 살았다면 지금 대한민국은 어떻게 되었을까?

대한민국의 국민들은 인류 역사상 처음으로 대통령을 끌어내리는 신성한 주권을 행사하는 과정에서 단 한 건의 폭력도 발생시키지 않고 평화로운 저항을 하여 전세계 사람들에게 감동을 선사한 바 있다. 독재 정권에 계속 저항을 해오면서도 언젠간 만나게 될 민주주의 국가를 위해 그 때의 그 국가가 경제적으로는 부유해 있기를 바라는 마음에서 '일 중독', '일 벌레'라는 소리까지 들어가며 가정도 개인도 포기한 채 경제 발전에 매달려 온 국민들이 바로 대한민국 국민들이었다.

코로나 사태로 선진국을 비롯한 여러 나라들에서 사재기 사태로 생필품이 동이 나고 마스크 파동이 벌어지고 국가의 방역 지침에 국민들이 저항을 하면서 국가가 통제 불능 상태에 빠져 있을 때 우리 국민들은 정부를 믿고 따랐다. 불편함을 감수하고 항상 마스크를 썼고 생활 격리의 단계가 높아질 때는 툴툴거리기도 했지만 집콕 생활을 하면서 답답함을 이겨냈으며 의료진들의 헌신에 감사하는 마음을 전달하는 '덕분에 챌린지' 운동을 벌이기도 하였다. 생필품 사재기를 하는 사람도 없었고 마스크 5부제에 적극 동참하였다.

세 번째, 글로벌 경쟁력이 있는 문화 컨텐츠를 가지고 있다. 이제는 컨텐츠 세상이다. 특히, 4차 산업혁명시대로 인해 인간들이 점차 노동에서 벗어나 지금보다 더 많은 여가 생활을 향유하게 될 경우 인간들은 대부분의 시간을 문화 콘텐츠를 소비하며 살아갈 것이다. 우리나라는 '한류' 라는 자원을 오래 전부터 발굴해 왔다. 식민지 하나 가진 적도 없었고 가지고 있지 않으면서도 국가의 전폭적인 지원 하에 한국이 캐낸 자원들이 지금 세계를 뒤흔들고 있다.

석유나 반도체의 가치를 능가하는 한국산 한류 자원의 대표 주자는 역시 BTS다. 이들은 2016년 두 번째 리패키지 앨범 '화양연화 Young Forever' 로 미국 빌보드 200 차트에 재등극 된 것을 시작으로 계속해서 기록을 갱신해 나가며 결국 1위에 등극을 하였다.

대중 음악을 하는 사람들은 각종 차트 상위권에 오르는 것을 중요하게 생각한다. 차트 상위권 등극은 곧 음반 판매량으로 직결되기 때문이다. 각 나라마다 차트들이 있지만 뭐니뭐니해도 차트 중의 차트는 빌보드 차트이다. 빌보드 차트는 모든 대중 음악인들의 꿈이다. 빌보드 1위는 차치하고 빌보드 차트에 이름을 올리는 것 자체만으로도 영광이 된다.

빌보드는 1894년 11월 1일 미국 뉴욕에서 처음으로 출간된 세계에서 가장 오래된 음악 잡지이다. 원래는 전단지 형식의 야외 오락지였는데 1960년대에 들어와 매주 여러 부문에 걸쳐 가장 인기 있는 노래와 앨범을 순위로 매겨 세계적으로 인정 받고 있는 레코드 차트를 발표하고 있다. 빌보드에서 발표하는 주요 차트에는 장르에 상관 없이 싱글의 순위를 가리는 빌보드 핫 100(1958년 8월 4일 시작), 음반 순위를 매기는 빌보드 200(1963년 8월 17일 시작), 그리고 세계 유수의 소셜 네트워크서비스에서 가장 활동적인 음악 아티스트를 선정하는 빌보드 소셜 50(2010년 12월 11일 시작) 등이 있다.

빌보드 차트는 '영어', '선진국', '서양 감성'이라는 진입 장벽이 존재해왔다. 그래서 랭크된 곡들 뿐만 아니라, 상위권 노래나 앨범들은 대부분 미국이나 영국의 것일 수밖에 없었다. 아시아에서는 일본 가수 시카모토큐가 1위에 필리핀 가수 프레디아길라가 5위에 오른 적이 있다. 그러나 이들의 기록과 방탄소년단의 기록은 기본적으로 차이가 있다. 그 차이란 바로 '지속적인 도전' 여부이다. 일본과 필리핀 가수는 가수 개인의 개인적인 역량이 만들어낸 일시적인 성과였다면 방탄소년단은 이미 오래 전부터 빌보드 차트 등극을 포함한 해외 시장 진출을 목표로 엄청난 시간과 자본을 쏟은 수많은 기획자들의 연속적인 도전과 국가의 적극적인 지원의 최종 결과물이다.

2018년 12월 18일 현대경제연구은 2014년부터 2023년의 10년간 방탄소년단이 만든 총 경제 효과는 56조 1600억원에 달할 것이라고 전망했다. 이 수치에는 의복류 연평균 2600만원, 화장품 4800만원, 음식류 5100만원 규모의 소비재 수출액 증가 효과와 외국인 관광객 유입의 생산유발액 약 1조 6300억원, 부가가치 유발액 약 7200억 원 등이 포함되어 있다.

이외에도 블랙핑크의 빌보드 1위 등극과 봉준호 감독이 영화 '기생충'으로 아카데미상을 수상한 것은 대한민국이 문화 강대국으로 이미 등극했음을 보여주는 사건들이었다. 촛불 집회 때 '미래가 보이지 않는다'며 울부짖던 신세대들은 나라의 주역이 되기만 한다면 뭐든 1등을 해낼 것이라는 가능성을 BTS가 보여준 것이다. 특히, BTS의 놀라운 성과는 기성세대의 리더십과 신세대의 잠재력이 절묘하게 조화를 이룬 것이라는 점에서 뛰어난 리더와 촛불 혁명이라는 세계적인 대업을 이루어낸 국민들이 시너지를 내기만 한다면 대한민국은 새로운 대국굴기를 쓸 자격이 충분히 생길 것이다.

네 번째는 대국을 이끌 경제력을 가졌다. 우리나라의 2021년 기준 GDP는 세계 10위, 1인당 GDP는 세계 24위이다. 아직까지는 확실한 강대국이라고 단정짓긴 어렵다. 그러나 현재 스코어보다 '성장세'로 시선을 옮긴다면 얘기가 달라진다. 3년 전부터 방탄소년단에 관심을 가지고 있었고, '한국이 미래를 선도하게 될 이유'에 대해 강의를 한 바 있는 미국 펜실베니아 주립대학교의 샘리차드 교수는 한국이 미래의 강대국이 될 수밖에 없는 여러 가지 이유들을 제시하고 있지만 특히 한국 경제력의 성장세에 주목한다.

1960년과 2019년 주요 국가별 GDP 변화

국가	1960년 GPD	2019년 GDP	증가비율
미국	5,424	214,227	3,850%
일본	443	50,817	11,371%
영국	723	28,271	3,810%
프랑스	627	21,155	3,274%
한국	40	16,463	41,058%

(단위 : 억달러)

코로나 사태로 전세계의 경제가 심각한 타격을 입은 가운데에서도, 2020년 우리나라의 성장률은 주요국들 중 중국에 이어 2위를 기록하였다. OECD 회원국들 중에서는 압도적으로 1위를 기록하였다. 2019년 기준 GDP 순위에서 우리나라가 바짝 추격하고 있던 나라들이 2020년 경제성장률 면에서 타격이 컸던 점(이탈리아 10.5%, 브라질 -6.5%, 캐나다 -5.8%, 러시아 -7.3%)을 고려해본다면, 경제력 면에서 강대국이라고 인정받을 수 있는 순위에 진입하는 것은 시간 문제다.

결론적으로 네 가지 요소들을 고려해볼 때 우리나라는 그 어떤 나라도 부인하지 못할 신흥 강대국 즉, 새로운 대국굴기를 쓸 수 있는 자격이 있다.

다시 처음으로 돌아가서, 대국굴기에 등장한 나라들 중 지금까지도 선진국 + 강대국의 지위를 유지하고 있는 나라들은 한가지 공통점을 가지고 있다. 그것은 역사의 전환기에 혁신적인 정책을 도입하였다는 것이다. 공공부조를 도입한 영국, 사회보험을 도입한 프랑스와 독일, 노예 해방을 통해 민주주의를 도입한 미국 등이 대표적이다. 대한민국의 높은 경제력과 선진 과학 기술력을 감안하면 우리나라는 국민의 기본적 삶을 책임질 역량을 갖추고 있다. 선진국에 비해 많이 부족한 복지를 확대하는 과정에서 얼마든지 더 효율적인 제도를 설계하고 실험하며 정착시킬 수 있다.

우리는 4차 산업혁명, 기후 위기, 그리고 코로나 사태로 인해 재창조되고 있는 환경에 둘러 쌓여 있다. 이 환경은 우리에게 기회도 될 수 있고 위협도 될 수 있다. 급속히 변화되는 환경에 적응하지 못하여 위협에 속수무책으로 노출된다면 지금까지 쌓은 탑은 허무하게 무너질 수도 있다.

게다가 대한민국은 현재 미래의 전망을 암울하게 만드는 여러가지 요소들을 가지고 있다. 65세 이상 고령 인구가 연 평균 4.4% 증가하고 있는데 이 수치는 OECD 평균의 1.7배이다. 이대로라면 2041년 고령 인구 비율은 전체의 33.4%가 될 것으로 예상된다. 더 심각한 것은 노인 빈곤율이다. 2019년 41.4%로 OECD 평균의 세 배이다. 퇴직 연령도 빨라지고 있다. 2021년 조사에 따르면 524만 5천 명이 평균 49.3세에 가장 오래 근무한 일자리에서 그만 두었다.

가장 심각한 문제는 출산율이다. 2023년 3월 말 소아청소년과 개원 의사 단체가 "소아과 간판을 내리겠다"며 폐과 선언을 한 바 있다. 점차 줄어들고 있는 출산율 때문에 소아과를 운영하는 병원들이 경영난을 겪고 있기 때문이다. 러시아와 1년이 넘도록 전쟁을 치르고 있는 우크라이나의 출산율은 2022년 CIA 자료에 의하면 1.56명이었는데 우리나라는 출산 장려를 위해 무려 250조원을 쏟아붓고도 0.78명에 불과하다.

합계출산율(한 여자가 가임 기간인 15세에서 49세에 낳을 것으로 기대되는 평균 출생아 수)을 살펴보면 문제가 얼마나 심각한 지 알 수 있다. 2012년 1.3명에서 2021년 0.81명으로 줄어들었다. 전쟁으로 인해 출산율이 줄어든 우크라이나의 2022년 합계출산율조차 1.16명으로 우리나라보다 훨씬 높다. 현재 우크라이나에서는 군인 정자를 동결해 나라를 지키자는 운동이 벌어지고 있다.

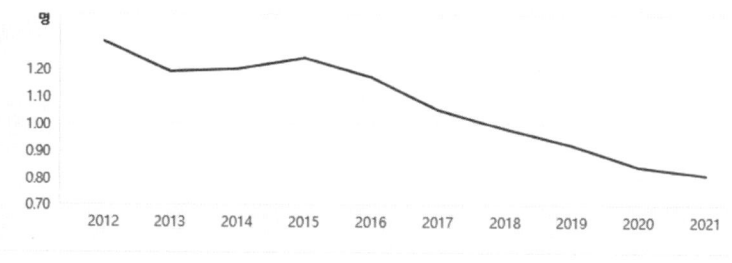

출처 KOSIS (통계청, 인구동향조사)

출산율 저하의 원인들은 여러가지가 있겠지만 일자리 감소와도 큰 연관이 있어 보인다. 2023년 3월 현재 청년 고용률은 46.2%로 OECD 주요 5개국 평균인 56.8%에 못 미친다. 청년 구직 단념자는 2015년 대비 18.3%나 증가했다. LG경제연구원은 43%인 1,136만 명이 자동화 고위험군이라고 경고했고 고용정보원은 2025년이 되면 현재 취업자의 61%인 1,630명이 일자리를 잃는다고 했다. 전경련은 향후 70만 개의 일자리가 사라질 것이라고 예측했다. 일자리가 사라지는 현실을 목격한 청년들이 출산은 고사하고 결혼이라도 꿈꿀 수 없는 것은 어찌 보면 당연할 것이다.

가계 부채도 심각하다.

펜데믹 이후 가계와 정부 부채 변동폭, 21년 6월 말 기준 (GDP 대비 %, %포인트)

국가	가계부채		변동폭	가계부채		변동폭
	19년 말	21년6월말		19년 말	21년6월말	
대한민국	95.2	104.2	9.0%p	39.2	47.1	7.9%p
미국	74.7	79.2	4.5%p	103.3	126.2	22.9%p
일본	57.5	63.9	6.4%p	225.3	242.9	17.6%p
유로존	57.8	61.5	3.7%p	98.5	118.2	19.7%p
영국	84.0	89.4	5.4%p	105.4	124.9	19.5%p
싱가포르	51.8	54.3	2.5%p	126.3	151.3	25.0%p
선진국	72.5	77.2	4.7%p	109.7	129.9	20.2%p
중국	55.2	60.5	5.3%p	52.9	65.4	12.5%p

　자료를 보면 코로나 펜데믹 기간 동안 대한민국 국민들이 짊어지고 있는 가계부채가 2019년 말 대비 크게 증가했음을 알 수 있다. 전 세계 1위의 수치이다. 가구부채(가구가 보유하고 있는 부채의 평균액을 나타내는 지표로 금융부채와 임대보증금으로 나뉨)는 코로나 이전 7,910만원에서 2022년 9,170만원으로 16%나 늘었다. 서민들의 삶이 코로나로 인해 더욱더 팍팍해졌음을 알 수 있다.

　윤석열 정부 들어 경제 문제는 더욱 더 심각해지고 있다. 문재인 정부에서 선진국 수준을 보이던 대부분의 지표들은 하향세다. 선진국의 문턱에 가까스로 진입했는데 이 모든 위기들을 극복하지 못한다면 우리의 운명은 앞으로 어떻게 될지 아무도 모른다.

　그러나 기회를 잘 살리기만 한다면 인류 역사에는 존재하지 않는 최고 강대국의 반열에 올라설 수 있다. 새로운 환경들과 현재 대한민국이 처한 위기들이 만들어낼 수 있는 재앙들을 기본사회로 해결해

나간다면 '새 술은 새 부대에'에 걸맞은 21세기형 강대국이 될 수 있을까? 영국의 공공부조, 독일과 프랑스의 사회보험의 21세기 버전을 만들 기회가 지금 우리 앞에 놓여있다. 이 기회를 잡을 것인가? 말 것인가?

한계에 다다른 복지 제도

지금 우리가 누리고 있는 복지 제도는 크게 두 가지로 '공공부조'와 '사회보험'이다. 공공부조란 국가 또는 지방자치단체가 생활 유지 능력이 없거나 생활이 어려운 빈곤층 국민의 최저 생활을 보장하고 자립을 지원하는 제도를 의미한다. 사회보험이란 국민이 미래에 직면할 수 있는 사회적 위험에 대비하여 국가나 국민의 건강과 생활 보전을 목적으로 보험방식에 의하여 사전에 대비하는 제도이다.

지금 우리 앞에 놓인 문제들에 대한 해결책으로서 복지는 한계에 다다랐다는 점에 대해 이해하기 위해서는 역사적으로 복지제도가 어떻게 만들어졌는지를 알 필요가 있다.

공공부조

지금으로부터 1만년 전 인류는 수렵 채집의 삶에서 벗어나 정착생활을 시작하면서 생계의 수단으로 농업을 선택하였다. 농업은 자연재해에 매우 취약한 산업이다. 당시에는 자연재해에 과학적인 연구도 없었고 이를 극복하기 위한 기술이 전무한 상태였기 때문에 수해, 가뭄, 병충해 등이 발생할 때마다 농부들은 절대적인 빈곤 상태로 전락을 하였다. 농업은 빈곤과는 뗄레야 뗄 수 없는 직업이었다. 수렵과 채집을 하던 유목민들은 자연재해가 닥칠 때마다 생존이 가능한 곳을 찾아 계속 이동을 할 수 있었지만 농부들은 곡물과 땅을 떠날 수가 없었다. 이들은 자연재해에 속수무책일 수밖에 없었다.

조선왕조실록을 검색해보면 가뭄 3,173건, 태풍 177건, 한해(旱害) 1,766건 등 수많은 자연재해 기록이 나온다. 기록에 남겨지지 않은 재해까지 생각하면 실로 어마어마한 수치가 아닐 수 없다. 자연재해 이외에도 수많은 전쟁들도 백성들을 빈곤 상태에 빠뜨렸다. 결국, 농부가 된 인류는 빈곤이 일상일 수밖에 없는 상황에 처하게 된 것이었다.

이러한 문제를 해결하고자 이전 국가들이 직접 팔을 걷고 나섰는데 이는 두 가지 형태를 띠었다. 첫 번째는 자연재해에 대비하기 위한 토목 사업이었다. 신라시대의 첨성대 건설과 누각 발명, 고려시대의 천문대 건설, 조선시대의 누각설치와 측우기 발명 등이 대표적인 사례들이다. 두 번째는 재해 및 빈곤으로부터 백성들을 보호하기 위해 실시한 제도적 차원의 빈민 구호 사업이었다. 이들 중 가장 대표적이면서 출발점이 된 것이 바로 고구려 고국천왕 16년(194년)에 실시한 진대법이었다.

농사를 직접 지으면서 농민들이 처한 어려움을 잘 알고 있었던 고국천왕은 곡식이 부족해지는 춘궁기나 흉년기에 가난한 농민들에게 양곡을 대여해주고 수확이 이루어지는 10월 즈음에 약간의 이자와 함께 갚도록 하였는데 이는 한국사에 기록된 최초의 복지제도에 해당된다. 진대법은 고려시대의 흑창, 조선시대의 의창, 환곡, 사창 등의 복지제도로 이어졌다.

또 한편으로 농업혁명은 '잉여 생산물'이라는 성과를 낳았고, 모두가 풍요로운 삶을 살 수 있는 토대가 마련되었다. 잉여 생산물에 의한 풍요는 역사상 처음으로 노동에서 해방된 '게으른 계급'을 탄생시켰는데, 왕, 관료, 성직자, 전사 등이 이에 해당되었다. 이들은 청동기 시대와 철기 시대의 기술, 문자, 그리고 권력을 독점하고 아무런 노동 없이 농노들의 노동의 결과물을 대부분 획득함으로써 풍요로운 생활을 향유했다.

소수의 탐욕이 채워질 때마다 다수는 빈곤 상태로 전락을 하였다. 이러한 일들은 다양한 시기와 장소에서 발생을 하였는데 가장 대표적인 것이 15세기 말부터 17세기 중엽까지 영국에서 벌어졌던 '제1차 인클로저 운동'이었다.

당시 유럽의 경제 시스템은 '봉건주의', 즉, 토지의 주인이자 통치자인 영주가 농민들에게 땅을 부여하고 그에 대한 보답으로 농민들은 전쟁 시 군사력을 제공하는 형태였다. 영주는 주군(主君)으로 농민은 가신(家臣)으로 그리고 땅은 봉토(封土)라고 불리었다. 농민들은 왕과 귀족, 가신, 성직자가 소유한 토지를 경작하며 생계를 유지했는데 농민들의 대부분은 농노(農奴) 즉, 노예와 같은 농부 처지였던 것이다. 이들은 토지에서 벗어나 이사할 수도 없었고 직업을 바꿀 수도 없었으며 인두세 등 다양한 세금을 납부해야 했다. 또한, 일주일 중 며칠은 영주의 직할지에서 일해야 했으며 농번기에 일손을 제공하는 등 정해진 농사일 외에도 다양한 노동력을 제공해야 했다.

시간 낭비라는 중대한 죄는 피지배 계급들에게만 해당되는 내용이었다. 안 그래도 농업혁명으로 인해 고된 노동에 충분한 영양분을 섭취하지 못해온 인류의 대다수는 농업에 종사하는 노예들로 전락하여 그나마 소유할 수 있었던 노동의 결과물을 게으른 계급들에게 다 빼앗기고 목숨만을 겨우 유지할 정도의 비참한 삶을 살았다. 그들이 빼앗긴 것들을 살펴보면 수확물의 40~50%는 소작료로 영주에게 10%는 교회에 바쳤다. 이것으로 끝나는 것이 아니었다. 제빵소, 방앗간, 대장간, 양조장 등의 각종 이용료, 인두세, 병역세, 상속세, 결혼세도 의무적으로 부담해야 했다. 세금과는 별도로 계란, 꿀, 과일 등도 공물로 바쳐야 했다. 노역도 상당했다. 일주일의 3일은 반드시 영주의 직할 농지에서 무상으로 일해야 했고 각종 공사들에도 무상으로 동원되었다. 당시 농노들의 비참함을 표현하는 말들 중에는 '목숨은 부모가 주지만, 몸은 관리자가 소유한다' 는 말도 있었다.

물론, 고대 노예제 하에서의 노예의 처지보다는 나았다. 농노는 결혼이 가능했고 처자식을 둘 수 있었다. 또한, 집과 채소밭은 물론, 약간의 가재도구 등의 사유재산 소유도 인정을 받았다. 그럼에도 불구하고 이들은 잠시의 여유도 불가능할 만큼 과도한 노역에 시달렸다. 그렇다고 이들은 풍족한 삶도 누릴 수가 없었다. 대부분 짐승들보다는 나았지만 인간으로서의 존엄성과는 거리가 먼 빈곤하고도 고단한 삶을 살았다. 과일은 구경조차 할 수 없었고 있더라도 일년에 한 번 정도라도 먹으면 다행이었다. 가뭄이 들거나 과도한 세금으로 식량이 부족할 때는 굶주린 아이가 죽어가는 것을 지켜볼 수밖에 없었다. 설령 아주 적은 양의 곡식이 남아 있었다고 해도 굶주림에 죽어가는 아기를 먹일 수는 없었다. 이 곡식은 다음 해에 농사를 지을 씨앗으로 사용해야 했기 때문이었다.

그나마 입에 풀칠이라도 하면서 살던 농노들은 어느 날 충격적인 소식을 듣게 되었다. 자신들의 주인이라 자처하며 열심히 일하면 먹고 살게 해주겠다던 영주들이 농작지를 양을 방목하는 목양지(牧羊地)로 바꾸겠다는 결정을 한 것이다. 당시 영국의 지주들은 모직물 산업이 자신들의 부를 극대화시켜 줄 수 있는 블루오션이라는 확신을 했고 잠시의 머뭇거림도 없이 농사짓던 땅을 양치는 땅으로 바꾸기 시작한 것이었다. 농노들의 삶에 대한 고려는 단 한 푼도 없었다. 당장 생계의 터전에서 내쫓기게 된 농노들에게 다른 곳으로 이사를 하거나 직업을 바꿀 수 있는 준비 시간조차도 주지 않았고 대체 생계 수단도 제공하지 않았다. 이들에게는 양이 도망가지 못하도록 하는 울타리를 치는 것 이외에는 그 어떤 것도 눈에 들어오지 않았다. '인클로저'라는 용어는 울타리를 치는 행위로부터 이름 붙여졌다.

소수 지배계층의 욕망을 채우기 위해 벌어진 이러한 잔인하고도 폭력적인 과정을 통해 농노들은 하루 아침에 생계의 터전에서 강제적으로 내쫓겨 길거리에 나앉게 된 거지 신세가 되었다. 이들이 잠시라도 숨을 돌릴 수 있을 정도의 손바닥만한 땅 조각도 남아 있지 않았다. 사람이 발을 디딜 수 있는 모든 땅들은 양들이 사는 곳이 되었다. 농노들이 그나마 입에 풀칠이라도 하고 고된 몸을 누이던 곳은 이제 양들의 차지가 되었다. 농지에서 쫓겨난 농노들은 어쩔 수 없이 먹고 살 수 있는 방법을 찾기 위해 무거운 몸을 이끌고 도시로 이동했다. 이들은 도시에서 빈민이 되어 길거리를 떠돌아다녔다. 이들에 대한 국가의 보호는 없었다. 굶주림에 지친 일부는 강도가 되고 또 일부는 좀도둑으로 전락하였다. 이들에 대한 처벌은 대부분 무기징역 아니면 사형이었다.

이러한 배경 속에서 '국가에 의한 빈민 구제'를 제안한 두 저작물이 등장을 하였는데 그 중 하나가 토머스 모어의 『유토피아』였다. 토머스 모어는 그의 책 『유토피아』에서 도시의 빈민들 중 먹고 살기 위해 어쩔 수 없이 절도범이 된 사람들을 처형하는 것에 대해 통렬하게 비판을 하였다.

"도처에서 절도범들이 교수형에 처해지고 있습니다. 한 교수대에서 스무 명이 처형되는 것도 종종 목격되는 일입니다. 그럼에도 불구하고, 도처에서 많은 절도범들이 활개 치고 돌아다니고 있다는 것이 참으로 이상합니다. 절도범을 이런 방식으로 처벌하는 것은 결코 정의롭지도 않을 뿐만 아니라 공공의 이익에 부합하지도 않습니다. 절도범에 대한 매우 가혹한 처벌은 범죄 억제 효과가 없습니다. 생계를 해결하기 위해 저지르는 사소한 절도가 중범죄는 아닙니다. 생계를 해결할 수 있는 유일한 방법이 절도나 강도라면, 아무리 가혹한 처벌을 한다고 해도 그것을 막을 수는 없습니다."

그는 지배층들의 욕망을 채우기 위해 시작된 인클로저 운동에 대해 이렇게 묘사를 하였다.

"양들은 원래 매우 온순하고 먹이도 조금만 먹는 동물입니다. 그러나 지금은 너무나도 탐욕스럽고 사나워져서 사람들, 농장, 집, 그리고 마을까지 모두 집어삼켜버리고 있습니다. 양들이 집어삼킨 곳은 모두 초토화되어, 그 누구도 살 수 없는 곳으로 만들어버렸습니다. 영국에서 품질이 가장 좋고 값비싼 양모가 생산되는 곳 어디에서든지 귀족, 신사, 그리고 심지어는 성직자인 수도원장들조차도 자기의 조상이나 전임자가 영지에서 매년 벌어들였던 소작료 수입만으로는 만족하지 못한 것이죠.

그들은 모두 이 나라를 먹어 치우는 무시무시한 식충이들일 뿐입니다. 각자 수천 에이커의 토지에 울타리를 둘러치고는 소작농들을 몰아냅니다. 심지어는 자작농들로 속거나 온갖 폭력과 끊임없는 협박에 시달리다가 결국 땅을 팔아야 하는 처지에 내몰립니다. 소작농이든 자작농이든 땅에서 쫓겨나게된 불쌍한 사람들은 가족들과 함께 오랫동안 살아온 정든 고향 땅과 집을 떠나야 하지만, 그들을 받아주는 곳은 그 어디에도 없습니다. 그들이 소유한 가재도구는 갑자기 쫓겨나면서 헐값에 처분됩니다. 결국 이들의 앞을 기다리고 있는 것은 무엇일까요? 도둑질하다가 붙잡혀 정의라는 이름으로 교수형에 처해지거나 여기저기 떠돌며 구걸하다가 부랑자 취급을 받아 체포되어 옥살이하는 것 중 하나겠지요."

그는 이러한 구조적 빈곤에 대한 해결책으로서 '만인에게 일정한 생계수단을 제공' 할 것을 제안한다.

"교수형과 같은 끔찍한 처벌을 가하는 대신, 모든 이에게 일정한 생계수단을 공급해주는 것이 훨씬 더 나은 대책이 될 것입니다. 이를 위해 이 나라는 해롭기 짝이 없는 폐단들을 없애야 합니다. 시골의 농장과 마을을 파괴한 자들에게는 그곳을 재건토록 하거나 재건하고자 하는 사람들에게 넘기도록 국가가 명령해야 합니다. 부자들이 모든 것을 마구잡이로 사들인 후 시장을 독점하는 것을 막아야 합니다. 일하지 않고 빈둥거리는 사람들의 숫자를 줄여야 합니다. 농업을 재건하고 모직업을 회복시켜 정직하게 돈을 버는 직종으로 육성함으로써, 일이 없어 노는 많은 사람들이 종사할 수 있도록 해야 합니다."

'국가에 의한 빈민 구제' 를 제안한 두 번째 책은 후안비베스의 『빈민 구호론』(De Subventione Pauperum)이었다. 이 책 '빈민구호론'은 국가가 빈민을 구제해야 한다는 주장을 담은 책으로 오늘날엔 너무나도 당연한 복지제도인 공공부조 제도에 대해 인류 최초로 저술한 책이다. 그가 1525년 이 책을 저술하기 전까지 빈민들에 대한 구호는 기독교에 의해 주도되는 '자선'이라는 형태를 취하고 있었는데 당시에는 자선이 기독교인의 의무 중 하나로 여겨지고 있었기 때문이었다. 비베스도 책의 전반부에서 자선의 중요성에 대해 강하게 주장을 펼쳤다.

국가에 의한 제도적 공공부조를 주장한 것은 이 책의 후반부에서다. 그는 토머스 모어의 유토피아에서 나오는 내용과 같은 주장을 펼쳤다.

"사람들의 자선이 바닥이 나면 가난한 사람들의 먹을 것도 바닥이 난다. 이렇게 되면, 가난한 사람들 중 일부는 도시에서 도둑이나 노상강도로 전락하게 되는 것 이외에는 다른 방법이 없다. 그러니, 내가 제안하는 공공부조를 실시하게 되면, 절도, 범죄, 강도, 살인 등 사형에 해당하는 범죄들은 줄어들 수밖에 없을 것이다."

비베스가 제안한 공공부조의 핵심은 '일자리 제공'이다. 즉, 국가가 일할 의사가 있는 빈민들에게 공적 일자리를 제공하여 스스로 생계를 해결할 수 있도록 하는 것이다. 그는 이에 대해 책에서 이렇게 강조했다.

"가난한 사람들은 일을 할 수만 있다면 모두 일을 할 수 있도록 (국가가) 만들어줘야 한다."

비베스의 생각은 도시에 모여든 걸인들의 숫자가 점점 늘어나면서 이에 대한 대책으로서 유럽 전역으로 확산되었다. 1531년에 신성로마제국의 황제 카를 5세는 자신이 통치하는 제국 전역에서 빈민 구제를 시행하라는 칙령을 공포했고 그 이후 많은 도시들에서 유사한 제도들이 속속 도입되었다. 1525년 쓰여진 비베스의 원고는 1531년 스페인어 출간을 필두로 1533년에는 네덜란드와 독일어로 1545년에는 이탈리아어로 1583년에는 프랑스어로 출간되었다. 이제 공공부조는 더 이상 거부할 수 없는 시대적 트렌드가 된 것이다.

드디어 그의 제안은 엘리자베스 여왕 통치 시기인 1597년 영국에서 '구빈법'으로 꽃을 피우게 되었다. 유럽 최초로 국가에 의한 공공부조가 제도로서 시행된 것이다. 그 이전에도 교회, 수도원, 장원, 길드 등에서 빈민 구제 활동을 하기도 하였고 16세기에도 여러 가지 관련 법률 제정이 있었으나 이 법은 세계 최초로 빈민 구호에 관한 내용을 법률로 성문화한 것이라는 점과 현대 사회보장제도 중 공공부조(생활유지능력이 없거나 생활이 어려운 자에게 국가 및 지방자치단체의 비용부담으로 필요한 보호를 행하며 이들의 최저생활을 보장과 자립 촉진을 목적으로 하는 경제적 보호제도)의 시초가 되었다는 점에서 역사적인 의의를 갖는다.

그 이후 공공부조는 유럽 전역에서 여러 학자들이나 정치인들간 찬반 격론이 이루어지기도 했지만 시대 정신으로서의 공공부조는 유럽을 넘어 전세계로 확산되었고 지금은 대부분 국가들의 필수적인 제도로 자리를 잡았다.

우리나라의 경우, 1995년 12월 30일 제정된 사회보장기본법에서 공공부조라는 용어를 처음으로 사용하기 시작하였고 현재는 사회보험, 사회복지서비스 등과 함께 사회보장 제도의 중요한 한 축을 차지하고 있다.

대한민국의 복지수준은 문재인 정부에서 대폭 강화를 하긴 했으나 여전히 OECD 기준으로 최하위권에 속한다. 그럼에도 불구하고 현재의 수준에 오르기까지 많은 노력과 시도들이 있었다.

일제 강점기로부터 해방된 후의 공공부조는 장기적 차원의 계획이나 정책에 의해서가 아닌, 기본적인 빈곤의 방지 차원에서 이루어졌다. 특히, 당시 시대적인 특성에 따라 피난민이나 이재민들이 주요한 대상이 되어 최소한의 생계유지, 보건 및 치료, 응급 주택 공급 등에 중점이 주어졌다. 1950년대의 공공부조는 6·25전쟁의 영향으로 사회·경제적으로 매우 피폐한 상황에서 이루어졌다. 국가의 역할은 미미했고 민간 단체, 종교 단체, 혹은 외국 원조 단체에 의해 이루어졌다.

국가가 주도적인 역할을 한 것은 1960년대 들어서였다. 이때부터 국가 중심의 체계적인 정책과 제도의 수립이 이루어지면서 1961년에 '생활보호법'과 1962년 '재해구호법'이 제정되었다. 지속적인 경제 성장이 이루어진 1970년대는 향상된 재정 능력을 바탕으로 저소득층 대상 복지정책의 확대가 이루어졌다. 1978년에 '의료보호법'이 제정되면서 생활보호대상자에 대한 의료보호가 시작되었다. 1979년부터는 '생활보호대상자 중학교 과정 수업료 지원 규정'에 다라 중학교에 재학 중인 생활보호대상자에게 수업료가 지급되었다.

경제 성장에 의해 삶의 수준이 향상되면서 국민들의 복지에 대한 욕구가 커지게 된 1980년대에는 처음으로 '복지국가'라는 말이 등장하게 되었다. 이에 따라 구호 사업이 중심이 된 '생활보호법'이 개정되면서 공공부조의 대상층은 세분화었고 대상층의 특성을 고려한 다양한 지원책들이 제공되었다.

우리나라 공공부조제도에 가장 큰 변화가 생긴 것은 2000년 10월 '국민기초생활보장법'이 시행되면서부터다. 이전까지의 공공부조가 시혜적 단순보호 차원의 생활보호 제도였다면 이 때부터는 저소득층에 대한 국가의 책임을 강화하는 종합적 빈곤대책으로 전환된 것이었다. 다시 말해, 보호가 필요한 절대 빈곤층의 기초 생활을 국가가 보장하면서 종합적 자립 자활 서비스를 제공하여 생산적 복지를 구현하자는 것이었다. 한 마디로 공공복지 제도에 대한 대전환이었다. 이 법은 IMF 사태 이후, 국민적 공감대를 바탕으로 생산적 복지 정책을 구체적으로 실현하고자 했던 김대중 정부의 노력이 결실을 맺은 것이었다. 이 당시의 결실이 지금까지 이어지고 있다.

사회보험

영국의 공학기술자 제임스 와트(James Watt, 1736~1819)의 증기기관 발명과 미국의 발명가 토마스 에디슨(Thomas Alva Edison, 1847~1931)의 전기 발명으로 결실을 맺으면서 산업혁명의 시대가 도래하였고 자본주의가 시작되었다. 기계는 수고스러운 노동의 부담을 상당히 덜어주는 데 기여하였고 이 때부터 주류 노동은 기계와 함께 하는 노동이 되었다.

수익의 극대화를 추구하는 자본가들에게 기계는 효자와도 같았다. 생산성을 극대화시켜 주고 잘 아프지도 않으면서 급여를 요구하지도 않았기 때문이다. 특히, 비용 절감이 숙제인 자본가 입장에서 근로자들에게 지급되는 임금이란 목숨을 걸고 '최소화' 시켜야만 하는 도전 목표였다. 과학이 발달하면서 기계의 성능이 향상이 되면 임금을 받는 근로자의 수를 점차 줄이면서 즉, 인건비를 최소화시키면서 수익의 극대화를 도모할 수 있을 것이라는 기대를 품게 하였다. 다행히도 상황은 그들의 바람대로 전개되었다.

그러나 육체노동에서의 해방이 빈곤으로부터의 탈피는 아니었다. 기계와 함께 노동을 하면서 자본가로부터 임금을 받는 프롤레타리아 계급은 과거의 농노들과 다를 바 없는 비참한 생활을 하였다. '공산당 선언'에서 마르크스가 언급했듯이 '임금 노동자가 자신의 활동으로 취득하는 것은 겨우 자신의 헐벗은 삶을 재생산하는 데에만 충분할 뿐'이었다. 스티브존슨의 저서 『바이러스 도시』(2008년 김영사)에는 그 당시의 실상이 적나라하게 묘사되어 있다.

"우리는 런던의 시가로 발길을 옮겼다. 콜레라가 발생하여 온 거리에 퍼졌다. 악취 나는 하수관을 따라 걷자니 진흙 섞인 물이라기보다는 물 먹은 진흙에 가까웠지만 그나마 비참한 주민들이 마실 유일한 물이었다. 남자든 여자든 자유롭게 사용하는 훤한 한길의 문 없는 변소가 도랑 바로 위에 줄지어 있었다. 두 눈을 의심하며 이 무서운 사태를 바라보는 동안 반대편 길갓집 꼭대기층에서 한 어린 소녀가 밧줄에 매달린 깡통을 드리우더니 발치에 놓인 커다란 들통에 도랑물을 받으려고 했다. 어린 소녀가 최대한 차분하게 주석 깡통을 물살에 담그려고 애쓰는 동안 바로 옆집에서는 양동이에 가득 담긴 분뇨를 물에 쏟아버리고 있었다."

당시 프롤레타리아 계급의 해방을 외치고 공산주의 혁명을 꿈꾸었던 마르크스와 엥겔스가 '공산당 선언'에서 외친 것은 이러한 현실을 극명하게 나타내주는 것이었다.

"임금 노동자가 자신의 활동으로 취득하는 것은 겨우 자신의 헐벗은 삶을 재생산하는 데에만 충분할 뿐이다. 우리는 타인의 노동에 대한 지배권을 부여할 수 있는 순수익을 전혀 남기지 않는 취득을 폐지하려는 것이 결코 아니다. 우리는 다만 이런 취득의 비참한 성격을 없애고자 하는 것이다."

결국, 노동자들에게 빈곤 탈출은 꿈도 꾸지 못할 일이 되어버렸다. 오히려 실직을 당해 최극빈층의 삶을 살지 않으려면 고된 노동과 최저 임금이라도 받지 않으면 안 되는, 상대적으로 덜 극빈층인 삶이라도 만족하고 살아야 하는, 더 비참한 현실에 직면할 수밖에 없었다. 프롤레타리아 노동자의 수는 곧 빈민의 수와 일치했다고 해도 과언이 아닐 지경이었다. 결국, 산업혁명 이전에 비해 빈민들의 수가 급격히 늘어나게 된 것이다. 이를 감당하지 못한 영국 정부는 1834년 신구빈법을 제정하기에 이른다.

그러나 이 법은 빈민이었던 프롤레타리아 노동자들을 빈민에서 제외시켜버렸다. 공공부조 혜택을 받지 못하게 된 프롤레타리아 노동자들은 실업, 산업 재해, 질병, 노화로 인한 은퇴 등의 문제 앞에 속수무책인 상태를 맞게 된 것이었다.

이러한 문제에 대해 해결 방안을 모색한 사람은 18세기에 프랑스에서 활약했던 수학자이자 사상가였던 콩도르세였다. 그는 프랑스혁명이 한창이던 1793년 7월, 당시 혁명을 주도했던 자코뱅당에 의해 처형당할 위기에 처하자 파리에서 몸을 숨겨야 하는 처지가 되었다.

그의 은신 기간은 약 9개월 정도 지속되었는데 이 기간 동안 그는 오늘날 사회보험의 근간이 된 아이디어를 제시하는 책, '인간정신 진보의 역사적 개관 초고(Esquisse d'un Tableau Historique des Progres de l'Esprit Humain)'을 집필하였다. 안타깝게도 1794년 3월 은신처를 떠나다 체포되어 투옥되어 감방에서 생을 마감하였다. 자살이라고 결론이 났지만, 그의 죽음에 대해서는 여전히 의문으로 남겨져 있다.

그가 집필한 책에서 오늘날 사회보험의 근간이 된 아이디어는 마지막 장에 아주 짧게 등장한다. 그는 프랑스혁명을 촉발시킨 모순에 대해 통렬하게 비판을 가한다.

"불평등과 빈곤에는 필연적인 원인이 있다. 이것이 우리 사회에서 가장 수가 많고 활동적인 계급을 끊임없이 위협한다."

여기서 말하는 모순이란 지배 계층과 평민들 사이의 불평등 즉, 전체 인구 중 10%밖에 되지 않는 귀족과 성직자들이 90% 평민층에 기생하며 호화롭게 살던 상황을 말한다. 다시 말해서 지배 계급이 평민들이 피땀을 흘려 납부한 세금에 기생하여 풍요롭고 우아하게 파티나 즐기며 무위도식하던 상황이다.

그는 현실을 비판하는 것에만 그치지 않았다. 이에 대한 해결책도 제시했다.

"우리는 그러한 위협의 대부분을 제거할 수 있음을 증명하고자 한다. 예를 들어, 고령에 이르러 일을 할 수 없는 사람들에게 구호가 주어지도록 보장할 수 있다. 구호의 재원은 구호를 받고자 하는 당사자가 젊었을 때 저축으로 쌓아놓은 산물이 될 수 있다. 혹은, 동일한 희생을 통해 저축을 해놓았으나, 그 결과물을 누릴 나이가 되기 전에 사망한 이들이 남겨놓은 저축을 활용할 수도 있다. 이러한 생각이 이루어지게 되면, 많은 수의 가족이 주기적으로 파산하는 문제, 즉, 부패와 빈곤의 마르지 않는 원천을 해결할 수 있을 것이다."

그의 생각은 빈곤한 자가 스스로 빈곤 문제를 해결하기 위해 금융기법을 이용하자는 것 즉, 수입의 일부를 매월 저축해 놓았다가 더 이상 일을 할 수 없는 상황이 되었을 때 쌓아 놓은 돈으로 생계를 해결하는 것이었다. 이는 다수의 가입자가 납입한 기여금을 재원으로 하여 가입자에게 발생하는 위험을 분산하는 보험 원리를 이용한 것이다. 이러한 그의 생각은 산업혁명으로 위기에 처한 프롤레타리아 계급에게 가장 현실적인 해결책이 되었다. 이후, 독일 등에 의해 국가로 편입되어 국민연금이나 건강보험과 같은 사회 보험으로 발전하게 되었다.

대한민국에서는 사회보장기본법 제3조 2항에서 '국민에게 발생하는 사회적 위험을 보험 방식으로 대처함으로써 국민의 건강과 소득을 보장하는 제도'라고 사회보험을 명시하고 있다. 1964년 최초로 시행된 산재보험을 비롯하여 고용보험, 국민연금, 사학연금, 공무원연금, 군인연금, 건강보험, 노인장기요양보험 등 8대 사회보험이 운영되고 있다.

복지 제도의 한계

우리나라의 복지 수준은 경제협력개발기구(OECD) 국가들 중 최하위권에 속한다. 보건복지부가 2023년 1월에 발표한 'OECD 사회 지출(Social Expenditure) 업데이트 2023'에 따르면 우리나라의 공공 사회복지 지출 규모가 국내 총생산(GDP) 대비 12.3%로, OECD 평균의 60% 수준이다. 2017년과 2019년 2년 사이 27%나 늘린 것이지만 여전히 타 OECD 국가들에 비해 낮은 수준인 것이다. 프랑스가 30.7%로 가장 높았고 핀란드(29.4%), 덴마크(28.4%), 벨기에(28.2%), 이탈리아·오스트리아(27.7%), 독일(25.6%) 등의 순이었고 한국보다 낮은 국가는 칠레(11.7%), 멕시코(7.4%)뿐이었다.

이러한 상황 때문에 프랑스 수준까지는 아니더라도, OECD 평균인 약 20% 수준으로까지 지출을 끌어올리면 현재 우리가 처한 많은 문제들이 해결될 수 있을 것이라는 주장은 일리가 있어 보인다. 그러나 기존 복지 제도의 핵심은 '일자리'이다. 4차 산업혁명과 기후 위기로 사람들의 일자리가 사라지고 있는 세상에서도 통할 주장일까?

게다가 그나마 12.3%의 복지 수준도 문재인 정부 때 대폭 끌어올린 결과물이다. 2021년 대한민국의 예산은 558조원이었다. 이들 중 보건/복지/고용 관련 예산은 199.7조원으로 전체 예산의 약 35.8%에 달한다. 이 액수는 2018년의 144.7조원에서 38%나 늘어난 것이다.

우리가 그 동안 선망해왔던 복지 1위 국가 프랑스의 30.7%는 국민 부담률이 46.1%나 된다. 즉, 국민이 많이 부담한 결과 복지 수준이 높아진 것이다. 그렇다면 우리나라 국민들은 얼마나 부담하고 있을까? 26.7%이다. 프랑스의 60% 수준도 안된다. 지금보다 복지 수준을 OECD 평균인 20% 수준으로 올리기 위해서는 국민들의 부담이 크게 늘어날 것이다. 안 그래도 높아진 물가, 폭등한 가스비, 곧 인상될 전기세 등에 비해 가벼워진 지갑에 고통스러워하고 있는 국민들이 복지 수준을 높이기 위한 부담을 감당해낼 수 있을까?

그렇다면 프랑스 국민들은 풍요롭게 살고 있을까? 빈곤 계층은 사라졌을까? 높은 복지 수준에도 불구하고 약 900만 명 (전체 인구의 13.8%)이 빈곤 수준의 삶을 살고 있다. 선별적인 복지만으로 빈곤 문제를 해결할 수 없게 되자 코로나 이전에 비해 기본소득을 찬성하는 입장이 코로나 이후 7.2% 포인트가 증가하였고 대한민국과 마찬가지로 2022년 대선에서 기본소득이 핵심 이슈로 등장을 하였다.

복지제도는 빈부 격차 심화 문제나 코로나 사태로 인한 경제 위기를 해결하는 데 기여할 수 있을까? 근본적인 차원에서 부의 분배 문제를 해결할 수 있을까? 복지 사각 지대 문제나 대상자 선별에 소요되는 막대한 행정 비용 문제를 완전히 해소시킬 수 있을까? 특히, 4

차 혁명 시대로 인해 세상이 완전히 뒤바뀌고 있는 재창조의 시대에 벌어질 일자리 문제를 해결해줄 수 있을까?

지금 우리가 누리고 있는 복지제도는 17세기부터 20세기 즉, 봉건주의 시대부터 2차 산업혁명시대를 거쳐오면서 만들어진 것이다. 복지 제도는 잘 살고 있는 사람들을 더 잘 살게 만들기 위해 만들어진 것이 아니다. 불평등의 역사가 빈곤을 탄생시켰고 이 문제를 조금이라도 해결하기 위해 만들어진 '사후약방문' 같은 성격의 것이다.

일자리의 측면에서 보더라도 기존의 복지제도는 모두가 일할 수 있고, 일한 만큼 생산과 소득이 보장되는 것을 전제했다. 성경 데살로니가후서 3장 10절에도 나오고 1936년 소비에트 연방의 헌법에도 나오는 '일하지 않는 자 먹지도 말라'는 구호에 대한 이견이 존재하지 않던 시대에 실업급여와 같은 복지 제도는 노동소득을 전제로 이를 보완하는 데 중점을 두었다. 그러나 이미 시작된 4차 산업혁명 시대에는 원하는 사람 모두가 일할 기회를 충분히 갖기 어렵다는 예측이 많다.

늘어나는 실업자들과 노인들을 대상으로 한 복지 재원 마련은 정규직을 기반으로 한 중산층들이 있었기에 가능했다. 그러나 중산층들이 추락하고 있다. 2020년 8월 기준으로 비정규직이 차지하는 비중이 무려 36.3%로 5년 전 대비 12%나 증가했다. 코로나 사태는 이러한 상황을 부채질하였다. 2019년 약 53만 명이었던 플랫폼 노동자 수가 2021년 말 기준 220만 명으로 무려 315%나 늘었다. 이는 경제

활동 인구 중 7.74%나 된다. 이들 모두 내일이 불투명한 비정규직들이다. 노동이 생산의 주력인 시대에 합당했던 사회제도는 기술이 생산의 주력이 되는 시대엔 제대로 작동하기 어렵다.

앞으로도 2차 산업혁명시대가 계속된다면 지금의 복지제도만으로도 빈곤 문제를 해결하는데 효과적일 수 있다. 복지 사각 지대나 행정 비용 문제만 보완한다면 빈곤 문제를 해결하는 데 있어서 지금보다 더 많은 기여를 할 수도 있을 것이다.

그러나 세상이 완전히 바뀐다면? 4차 혁명 시대가 기존의 복지 제도로는 해결할 수 없는 수많은 문제점들을 발생시킨다면? 빈민들이 너무 많아져서 신구빈법이 등장했을 때와 마찬가지로 AI와 로봇이 인간들의 일자리를 다 빼앗아감으로써 대부분의 사람들이 수입이 없는 신(新) 빈민으로 전락한다면? 국민연금이나 건강보험은 무엇으로 충당할 수 있을까? 공공부조를 위한 세금은 어디서 마련할 수 있을까? 지금의 복지 제도만으로 새로운 빈민들을 구제할 수 있을 것인가? 기업에서 생산한 제품들은 누가 구매할 수 있을까?

BASICPIA

Part 2

기본사회의
네 가지 기본권

제1장

우리 모두의 권리, 기본소득

기본소득의 정의

당신은 현재 몸이 아프다. 벌써 몇 개월 째다. 과도한 업무 때문인지 머리도 아프고 소화도 안되고 의욕도 없다. 병원에서는 한 달이라도 쉬라고 한다. 당장이라도 쉬고 싶은 마음이 굴뚝 같다. 그러나 그럴 수가 없다. 왜냐하면 당신은 가장이기 때문이다. 한 달이라도 쉬면 가족들의 생계에 문제가 생긴다. 그렇다고 일을 줄일 수도 없다. 일을 줄이면 아이들을 학원에 보낼 수가 없다. 일을 줄이면 월세를 낼 수가 없다. 일을 줄이면 대출금 이자를 갚을 수가 없다. 그래서 몸이 부서지고 쓰러질 것 같지만, 무거운 몸을 이끌고 출근을 한다.

당신은 현재 마음이 괴롭다. 안 그래도 대기업 프랜차이즈들의 골목 상권 침범으로 매상이 점점 떨어지고 있었는데, 코로나 사태로 매출이 더 떨어졌다. 한두 달은 버틸 만했다. 그러나 발생한 지 벌써 3년이 넘었지만 그 이전의 매출을 회복할 기미가 보이지 않는다. 아르바이트생들 수를 줄인 지 이미 오래다.

당신은 현재 미래가 불투명하다. 집값은 폭등해서 내 집 장만은 꿈도 못 꾸고 전 재산인 전세금 사기를 당하지나 않을까 걱정이 되어 밤잠을 이루지 못하고 있다. 가스비에 물가에 하늘 높은 줄 모르고 오르는 통에 아무리 허리띠를 조여 메도 견딜 수가 없는데, 이제는 전기세까지 오른다고 한다. 국민연금은 고갈될지도 모른다는 뉴스가 답답한 마음에 부채질을 한다. 직장에서는 자동화가 급진전되어 언제 잘릴지 모른다. 일자리를 잃게 되면 당장 다음 달부터 가족의 생계를 걱정해야 한다. 플랫폼 노동이라도 시작해야 되는 것일까?

현재 대한민국에 사는 대부분의 가장들이 겪고 있는 고충들일 것이다. 평범한 직장 생활을 하면서 월급을 받는 분들 이야기일 수도 있고 과로로 운명을 달리하신 택배 기사님들 이야기일 수도 있고 버티지 못해 스스로 목숨을 끊으신 자영업자들 이야기일 수도 있다. 문제는 이들에게만 있는 것이 아니다. 아예 취업을 못하고 아르바이트 자리도 없어서 학자금 대출을 갚지 못해 신용불량자가 된 청년들도 고통의 사다리에서 내려오지 못하고 있을 것이다.

그런데 당장 다음 달부터 국가가 아무런 조건 없이 모든 국민들에게 매월 10만원에서 많게는 50만원씩 지급을 한다고 생각을 해보자.

4인 가족이라면 매월 40만원에서 200만원의 수입이 생기는 것이다. 어떤 사람에게는 당장의 먹고 사는 문제를 해결할 수 있는 돈이 될 것이고 어떤 사람에게는 휴식을 위한 돈이 될 것이고 어떤 사람에게는 당장 급한 임대료나 대출 상환금이 될 수 있을 것이다. 어떤 사람에게는 자기계발을 할 수 있는 여유자금이 될 수도 있을 것이고 또 어떤 사람에게는 미래를 위한 저금이나 재테크용 투자 자금이 될 수도 있을 것이다. 기본소득이란 바로 이런 것이다. 기본소득은 국가가 모든 국민들에게 아무런 조건 없이 매달 현금이나 지역화폐로 지급하는 이전 소득이다.

기본소득은 기본적인 충족 조건을 가지고 있지만 구체적인 지급 액수, 현금 혹은 상품권 등의 수단, 재정 확보 방안, 기존 복지의 존폐 등을 놓고 다양한 견해들이 제시되고 있다. 이러한 견해들은 편의상 크게 세 가지 즉, 좌파, 중도파, 우파 등으로 분류할 수 있다.

먼저 우파는 기본소득의 적극적인 국가 개입에 반대한다. 국가의 개입은 필요하지만 적극적인 국가의 개입은 정치적인 논리에 의해 자원 배분에 왜곡이 생길 수 있으므로 시장 매커니즘에 의해 부의 재분배를 이룰 수 있는 기본소득을 주장한다. 액수는 모든 복지를 대체할 수 있는 적은 규모로 하되 기본소득의 기준을 미리 정해놓고 국가가 모자란 부분을 채워주는 것을 선호한다. 당연히 기존의 모든 복지는 철폐해야 하는 것으로 생각한다.

좌파는 모든 사람들이 자본으로부터 자유로워지기 위한 기본소득을 주장한다. 금액은 최대한 많을수록 좋다는 입장을 가지고 있는데 그 기준은 '인간으로서 제대로 된 생활을 영위할 수 있는 금액'이라고 말한다. 이들은 인간의 모든 활동이 생산에 기여하고 모든 사회 구성원들은 생산된 것들을 나눠가질 몫이 있으며 인간의 모든 활동이 생산에 기여하는 만큼 사회가 보상해야 한다고 주장한다.

중도파는 우파와 좌파의 중간 지점에서 매우 현실적인 대안을 제시한다. 이들은 해당 국가 GDP의 1/4 수준이 가장 적절하다고 생각하는데 우리나라의 경우 매월 1인당 약 57만원 수준이다. 이들은 기본소득이 생활 임금에 미쳐서는 안되고 일을 하지 않아도 기본소득만으로 살아갈 수 있다는 생각은 하지 못할 정도 즉, 충분하지는 않지만 삶에 실질적인 변화를 줄 수 있는 수준을 주장한다. 이를 표로 정리해보면 다음과 같다.

구분	좌파	중도파	우파
액수	多	해당 국가 GDP의 25% 수준	少
기준	인간으로서 제대로 된 생활을 영위할 수 있는 금액	충분하지는 않지만 삶에 실질적인 변화를 줄 수 있는 규모	모든 복지를 대체할 수 있는 적은 규모
사상적 배경	자본으로부터의 자유	실질적 자유	시장 경제의 자율성을 살리기 위한 것
조건	- 인간의 모든 활동이 생산에 기여함. - 모든 사회 구성원들은 생산된 것들을 나눠가질 몫이 있음 - 인간의 모든 활동이 생산에 기여하는 만큼 사회가 보상해야 함.	- 기존의 복지 체계로는 변화하는 산업사회에 대응할 수 없음. - 실질적 자유를 위한 새로운 복지 시스템을 추가해야 함.	- 국가가 개입된 복지 정책은 자원 배분의 왜곡 초래 - 기본 소득의 기준을 정해놓고, 모자란 부분을 국가가 채워주는 것 - 부의 재분배가 정부 개입 없이 시장에서 이루어지도록 하는 것

기본소득 사상가들

　기본소득이라는 단어는 최근까지도 우리 모두에게 그리 익숙하지 않은 개념이었다. 4차 산업혁명시대에 인간들이 AI와 로봇에게 일자리를 빼앗김으로써 생기는 문제들을 해결하기 위한 대안으로서 등장한 최근의 개념이라고 생각하는 사람들도 많다. 그러나 기본소득의 역사는 의외로 오래되었다. 많은 학자들과 정치인들, 그리고 일반 시민들이 기본소득의 실현을 위해 노력을 해왔다.

　영국의 유명한 정치인이자 사상가였던 토머스 모어(Thomas More, 1478~1535)는 인류 최초로 기본소득의 개념을 대략적으로 구상하면서 그의 저서 『유토피아』에서 '6시간 노동과 기본소득'을 언급한 바 있다.

　기본소득의 취지가 가진 긍정성에도 불구하고 그 재원 확보 방안에 대한 이야기가 나오기만 하면 우려나 부정적인 의견들이 많이 제기된다. 이럴 때 가장 많이 언급되는 사람이 토마스 페인(Thomas Paine, 1737~1809)이다. 그는 기본소득의 선구자로 알려져 있는데 그 이유는 그가 제시한 '공유'의 개념 때문이다.

　페인은 영국, 미국, 프랑스 등을 종횡무진하며 프랑스 혁명과 미국의 독립에 큰 영향력을 행사한 혁명 이론가이다. 그는 다양한 저작물들을 통해 혁명과 독립의 정당성을 이론적으로 뒷받침하였지만, 그 과정에서 그는 공직으로부터의 해고, 사업 실패, 투옥, 건강 악화 등의 고통을 겪었다. 그는 수많은 저작물들을 남겼는데, 이들 중 1776년 출간된 『상식』(Common Sense)이라는 책은 아메리카 대륙을 뒤흔들어 놓으면서 10만권 이상 판매고를 기록하기도 했다.

그는 1976년에 출간된 자신의 저서 『토지 분배에 대한 정의』(Agrarian Justice)라는 책에서 '토지 불로소득 환수'에 대한 개념을 처음으로 제시했다. 그는 책의 초반부에서 문명화된 나라들에서 발견할 수 있는 공통점이 인간으로서 경험할 수 있는 최고의 풍요와 궁핍이 동시에 존재한다고 전제했다. 빈곤은 문명화된 삶이 초래한 현상이지만 문명화된 상태에서 자연 상태로 되돌아가는 것은 거의 불가능하므로 그 해결책으로서 자연상태에서 문명화된 상태로 사회가 변모한 이후 발생한 해악은 치유하고 편익은 지속되어야 한다고 주장하였다. 해결책의 원칙은 문명화가 시작된 이후에 태어난 어떤 사람도 만일 그가 문명화 이전에 태어났더라면 누릴 수 있었던 상태보다 더 나빠져서는 안 된다는 것이다. 여기서 그가 말한 자연 상태란 사람들이 태어날 때부터 공유재산, 즉, 땅을 가지고 있는 상태이다.

"땅은 그 누구의 것도 아닌 인류 전체의 공동 재산(the common property of the human race)이다. 공동 재산에서 발생하는 이익의 배당은 시민의 권리이다. 우리 사회에는 시민 모두가 공동으로 소유한 재산이 있으며, 시민들은 이 공유자원에서 나오는 이익을 동등하게 배당 받을 정당한 권리가 있다. 토지에서 발생하는 불로소득이 배당금(기본소득)의 재원이 돼야 한다."

즉, 토지를 단독 사용하는 사람은 그 토지가 가진 가치인 지대만큼 사회에 빚을 지고 있기 때문에, 그 지대는 세금으로 징수되어 사회의 모든 구성원들에게 나눠주어야 한다는 것이었다. 그의 이런 사상의 바탕에는 '어떤 인간도 토지를 만들지 않았고, 어떤 인간도 토지 없이는 살 수 없다. 토지 가치가 발생하고 커지는 현상은 땅 주인의 노력과는 무관하다. 땅을 가꾸어 생산된 생산물은 개인의 노력에 의한 것이지만, 본원적 가치인 토지는 사유 재산이 될 수 없다. 생산물에 내재된 근원적 가치는 모두가 나누어 가져야 한다'는 생각들이 깔려 있다.

그는 근원적 가치를 나누는 구체적인 방안을 제시하였다.

"지대를 재원으로 해서 21살이 되는 모든 사람에게 15파운드를 지급하고 50살이 되는 사람에게 매년 10파운드씩 지급하자. 그가 부자이든 가난한 자이든 상관없다. 왜냐하면 모든 사람의 권리인 자연유산(토지)로부터 발생하는 수입이기 때문이다."

재원에 대해서도 구체적으로 언급하였다.

"경작지를 소유하고 있는 사람은 누구나 자신이 보유하고 있는 땅에 대한 '기초 지대(ground-rent)'를 그가 사는 지역 사회에 내야 한다. 이것이 기금의 재원이 될 것이다."

공공자산, 즉, '공유부(共有富)'를 구성원의 수인 N분의 1로 나누어 분배하자는 제안은 이후 많은 학자들에 의해서 '기본소득'이라는 생각으로 발전을 하게 되었다. 또한, 토지 이외의 공유부에 대한 연구도 계속해서 진행되고 있다.

프랑스의 공상적 사회주의자이자 철학자인 푸리에(Charles Fourier, 1772~1837)는 프랑스 혁명이 실현되자마자 시민 사회가 여러 가지 모순들을 드러내자, 자본주의 사회의 각종 모순과 허위들에 대해 통렬히 비판하면서, 그 대안으로 근대적 개념의 사회보험 제도와 함께 '모두에게 기본소득'이라는 제안을 내놓았다.

영국의 철학자이자 사회학자 버트런드러셀(Bertrand Russell, 1872~1970)은 1918년에 저술한 책 『자유로 가는 길』(Road to Freedom)에서 사람들의 노동 종사 여부와 상관 없이 삶을 유지해나가는데 필요한 것들을 충족시키기에 충분한 정도의 금액을 모든 이에게 지급할 것을 제안하였다.

노벨경제학상을 수상한 학자들도 기본소득을 제안했다. 영국의 경제학자 제임스미드(James Edward Meade, 1907~1995)는 사회의 경제 운용 성과에 대해 주권자로서 당당하게 지분을 요구할 수 있는 '사회배당금' 개념을 제시하였고 미국의 경제학자 밀턴프리드먼(Milton Friedman, 1912~1006)은 각 개인이 기본적인 욕구를 충족시키는 데 드는 비용을 보조금의 일종인 '마이너스 소득세'의 형태로 충당할 수 있는 안전망을 만들자고 제안하였다.

'토빈세'로 유명한 미국의 경제학자 제임스 토빈(James Tobin, 1918~2002)은 1972년 미국 대선 당시 민주당 후보였던 조지 맥거번에게 건의를 하여 모든 시민들에게 월 1000 달러를 지급하겠다는 공약을 내세우도록 하였으나 맥거번이 대선에서 패함으로써 실현되지는 못하였다.

기본소득을 실천한 대표적인 정치인들

에이브러험 링컨

우리에게 미국의 제16대 대통령(재임 1861~1865)이자 남북 전쟁에서 노예 해방을 이룬 업적으로 잘 알려져 있는 에이브러험 링컨(AbrahamLincoln, 1809~1865)은 게티즈버그에서의 연설 중 '국민에 의한 국민을 위한 국민의 정부'라는 불멸의 명언을 남겼는데 구호로서만 그치지 않고 실제로 공유부인 토지를 무상으로 분배하여 이를 실천에 옮겼다.

그는 남북전쟁에서 승리를 거둔 후 노예 해방과 동시에 1862년 5월 20일 자영 농지법인 홈스테드법(Homestead Act)에 서명을 하여 미국 서부의 토지를 무상으로 제공하였다. 이 법에 따르면 21세 이상의 가구주는 파티션을 설치하고 12피트×14피트 (3.6×4.3m) 이상 크기의 집을 짓고 최소 5년 동안 농사를 지어야 했다. 미국에 적대적인 행동을 취한 적이 없는 사람이라면 누구나 이 법에 따라 토지를 증여받을 수 있었다. 해방된 노예도 포함되었다.

1인당 분배된 토지의 규모는 약 160에이커로 1에이커가 1,224평이니, 약 20만평이나 되었다. 1886년까지 4년 동안 160만명의 자영농이 불하 받은 땅은 약 110만 제곱 킬로미터에 달했다. 이는 미국 총 면적의 10%, 남한 면적의 약 10배에 해당되는 규모였다. 또한, 링컨 대통령은 남한 면적의 70%에 해당되는 땅을 제공하여 주립 대학을 키웠다.

이러한 혁명적인 정책은 2차 산업혁명의 물결이 전세계를 뒤덮고 있을 때, 철강, 철도, 전보, 석유, 기계 등 2차 산업혁명의 주력 산업 분야에서 미국이 주도권을 쥐는데 가장 큰 역할을 해주었다. 영국의 구빈법과 독일의 사회보험 도입 등과 함께 변화의 시기에 그에 걸맞는 개혁을 과감하게 이룬 국가는 세계를 주름잡는 선진국이 된다는 것을 다시 한 번 증명해준 사례였다. 4차 산업 혁명과 환경 위기라는 거대한 변화의 흐름에 직면한 대한민국이 향후 선택해야 하는 방향을 알려주는 사례이기도 하다.

제이 해먼드

제이 헤먼드(Jay Hammond, 1922년 7월 21일~2005년 8월 2일)는 미국의 정치인으로 1946년 알래스카로 이주하여 1959년부터 1965년까지 주 하원의원을 지냈고, 1967년부터 1973년까지 주 상원의원을 지냈으며, 1972년부터 1974년까지 브리스톨 베이 자치구의 시장을 역임했다. 그 후, 1974년에 알래스카 주지사로 선출되어 1982년 임기를 마쳤다. 그는 1976년 알래스카 영구 기금을 창설하고 1980년대 초부터 알래스카 주민들에게 매년 배당금을 지급하기 시작하였다.

이 기금의 시작은 알래스카에서 유전이 발견된 1967년으로 거슬러 올라간다. 푸르도만 유전이라 불리는 이 유전은 알래스카의 노스 슬로프에 위치하고 있는데, 213,543에이커(86,418ha)에 이르는 북미 최대 유전이다. 이 규모는 약 864 제곱 킬로미터로, 서울시의 면적이 약 605제곱 킬로미터임을 생각해보면 얼마나 큰 규모인지 잘 알 수 있을 것이다.

약 250억 배럴의 매장량을 가지고 있는데 이는 브라질 매장량 120억 배럴의 두 배가 넘는 수치이다. 또한, 이 유전에서 회수 가능한 석유의 양은 면적 기준으로 미국에서 두 번째로 큰 유전의 두 배 이상에 달할 정도로 엄청난 규모를 자랑한다. 1974년 알래스카 주의 지질 및 지구물리학 조사국의 조사에 따르면, 석유 뿐만 아니라 26조 입방 피트의 천연가스도 보유하고 있다고 추정한 바 있다.

유전의 발견은 당연히 수입의 증가로 이어졌다. 1969년 한해에만 약 900만 달러의 수입이 발생하였는데, 재정 지출도 급격히 증가하여 수입의 대부분이 재정으로 낭비되고 사라졌다. 주의 자원은 주정부 소유가 아니라 주민들의 소유라는 생각을 하고 있었던 헤먼드는 이러한 상황에 대해 다음과 같이 이야기 하였다.

"나는 석유를 악마의 똥이라고 부르겠다. 그것은 문제를 가져온다.

낭비, 부패, 소비 등과 같은 광기를 보라. 이로 인해 우리의 공공 서비스는 해체되고 있다. 결국, 우리는 아주 오랫동안 빚에 시달릴 것이다. 악마에게 기저귀 채우기를 시작해야 한다."

그는 이러한 문제들을 해결하기 위해 '알래스카 주식회사'를 제안하면서 천연자원으로부터 생기는 모든 수입의 50%를 투자계정에 넣고 수익의 50%를 현금으로 모든 알래스카 주민들에게 1인당 1주를 배당하며 1년 거주할 때마다 1주씩 늘려갈 것을 제안하였다. 그의 제안은 인기를 끌지 못하였으나 몇몇 의원들의 노력으로 원래 제안에 손질이 가해진 후, 주민 투표로 통과되었다. 통과된 안에 의해 이름이 '영구 기금'으로 바뀌었고, 50%가 25%로 하향 조정됐으며 배당에 대한 구체적인 언급도 사라졌다.

그렇다고 그의 의지가 꺾인 것은 아니었다. 두 번째 주지사에 당선된 후, 1982년 주 헌법에 의거하여 영구 기금 배당을 실시하였다. 알래스카에서 1년 이상 거주하는 모든 주민들에게 1인당 1주씩 배당을 하고 기금 연간 수익의 50%를 모든 주민들에게 균등하게 분배하였다. 이러한 방식에 따라 처음 배당된 금액은 1인당 1,000달러였고 현재까지도 매년 1,000달러에서 2,000달러씩 배당되고 있다.

해먼드에 의해 실시된 영구 기금 배당은 첫째, 정치인들의 침공으로부터 기금을 지켜낼 수 있는 전투적 분파를 시민들 사이에 만드는 것, 둘째, 한시적으로 석유를 뽑아내는 석유 우물(유정)을 영구히 돈을 뿜어내는 돈 우물(금정)로 바꾸는 것, 셋째, 소수의 선별적 탐욕(selective greed)에 대항하여 다수의 집단적 탐욕(collective greed)을 경쟁시키는 것, 넷째, 일부 주민들을 복지 수급자에서 벗어나게 만드는 것, 다섯 째, 기금을 축적하고 수익의 일부만 배당함으로써 외부로부터 너무 많은 인원이 알래스카로 이주하지 않도록 하는 것, 여섯째, 주민들에게 소유주 의식을 일깨워서, 건강한 지출과 건강하지 못한 지출을 구별할 수 있게 하는 것, 일곱째, 논란이 되는 사업에 정부 지출을 하지 않도록 하는 것 등의 의의를 가지고 있다.

특히, 구성원 모두에게 아무런 조건 없이 매년 배당금을 지불한다는 측면에서 이는 의심할 여지 없는 '기본소득'이라고 할 수 있다. 이러한 점에서 헤이먼의 배당금은 기본소득의 재원에 대해 고민을 해온 학자들, 정치인, 운동가들에게 문제 해결의 통로를 열어주었다고도 할 수 있다.

세계의 기본소득 실험

가장 먼저 기본소득 제도 실험을 진행한 나라는 캐나다였다. 캐나다는 1974년부터 매니토바주의 위니팩과 도핀에서 기본소득 제도를 시범운영 하였는데 전체 가구들 중 1,300개의 샘플 가구를 선별하여 캐나다 평균 연봉의 약 34%에 해당되는 소득을 지급한 바 있다. 성과도 있었다. 도핀 지역에서는 5년 만에 빈곤 가구가 사라졌고 실험을 하지 않은 다른 지역들과 비교했을 때 시민들이 건강해졌고 직업선택 만족도 측면에서도 압도적으로 높았다. 무리한 노동을 하지 않으면서 경제적으로 여유로운 생활을 하다 보니 자연스럽게 병원 신세를 지는 비율이 떨어지게 되었을 것으로 보인다. 그러나 아쉽게도 5년만인 1979년 실험이 중단되게 되었는데 기본소득 자체의 문제가 아닌 다른 이유들, 예를 들면, 가정 내에서 경제권을 가진 여성들의 발언권이 세지면서 이혼율이 증가했다는 등으로 제도 도입까지 이어지지는 못했다.

2003년 브라질의 제 15대 대통령에 취임한 룰라(루이스 이나시우 룰라 다 시우바) 대통령은 빈곤층을 대상으로 '보우사 파밀리아(가족 수당)'라고 불리는 선택적 기본소득을 실시하였다. 룰라가 대통령에 취임했을 때 브라질의 경제는 인구의 25%가 빈민층이었고 심각한 국가 부채로 경제가 완전히 붕괴된 상태였다. 룰라는 가난한 사람들에게 희망을 주는 것을 모든 정책의 최우선으로 삼고 월 소득 120헤알(약 7만 1500원) 미만의 가구에 70헤알을 매달 지급하였다. 2003년 350만 가구에서 시작하여 2010년에는 전 인구의 25%인 1280만 가구가 수혜를 입었다. 이 기간 동안 빈곤율은 30%에서 19%로 감소하였고 빈민 2000만명이 중산층으로 도약하면서 소비가 늘어나고 기업들이 활기를 띠기 시작했다. 그 결과 브라질은 국가 부채를 모두 해결하고 세계 8위의 경제 대국으로 올라섰다.

2004년 남아프리카공화국 정부에서 7세부터 65세 사이의 국민들을 대상으로 매달 100랜드를 지급하자는 기본소득운동이 일어났고 아동보호단체, 교회, 에이즈 활동가, 노동조합 등이 지지했으나 정부가 받아들이지 않아 무산되었다.

2008년 1월부터 2009년 12월까지 2년간 아프리카의 나미비아에서 기본소득 실험이 있었다. 오치베라-오미타라(Otivero-Omitara)라는 마을 주민 930명에게 당시 나미비아 성인의 1인당 평균 소득의 50%에 해당되는 100나미비아 달러(약 8000원)를 매달 지급하였다. 실험은 성공적이었다. 실험 시작 후 6개월 후의 보고서에 따르면 음식 부족을 호소하던 주민들의 비율이 30%에서 12%로 감소하였고 영양실조에 걸린 아동의 비율도 42%에서 17%로 하락하였다. 실업률은 60%에서 45%로, 성인 1인당 평균 소득은 200나미비아 달러에서

389 나미비아 달러로 약 95%나 상승했다.

2009년 독일에서는 온라인 기본소득 도입 청원이 있었다. 이 청원에 5만 2천 명의 국민들이 참여해 조건 없는 기본소득 도입을 요구했고 같은 해 치러진 가을 총선에서는 100명이 넘는 후보자들이 기본소득을 공약으로 내세웠다.

2010년 유럽연합은 빈곤 문제에 대처하고 포용성을 가진 사회를 만들고자 하는 목적으로 기본소득안을 찬성 437표, 반대 162표로 받아들였다. 유럽연합 의회는 유럽연합이 정한 빈곤선인 소득 하위 40%를 대상으로 기본소득을 지급할 것을 촉구하기도 했다.

2011년 일본에서도 정치권의 움직임이 있었다. 의회와 야당이 평균 소득을 기준으로 한 무조건성의 기본소득을 의회 차원에서 도입하자는 논의가 진행되었다. 같은 해 쿠웨이트에서는 3개월 동안 150만명의 국민들에게 1000디나르와 식료품을 지급하는 기본소득 시행 여부를 국민 투표에 부치기도 하였다.

2016년 스위스에서는 기본소득 국민투표가 있었다. 스위스의 시민운동단체가 매달 18세 이상 모든 성인에게 2500스위스프랑(약 300만원), 어린이와 청소년에게 650스위스프랑(약 78만원)을 지급하는 방식을 제안했고, 스위스의 참여민주주의 원리에 따라 6월에 국민투표에 부쳐졌다. 결과는 유권자의 76.7%가 반대해 부결되었다. 스위스 국민들은 기본소득 자체에 대해 부정적인 입장보다는 재정 확보라는 현실적인 문제에 대한 우려 때문에 반대표를 던졌다고 볼 수 있다.

가장 대표적이고 대중적으로 가장 많이 알려진 실험은 2017년부터 2018년까지 핀란드에서 진행되었다. 이 실험에 전세계의 이목이 쏠린 이유는 국가 차원에서 기본소득이라는 명칭을 사용하고 주도한 세계 최초의 사례였기 때문이다. 핀란드 사회보장국(KELA)는 장기 실업 수당을 받는 시민들 중 2000명을 무작위로 선발해 한화 70만원 정도에 해당되는 560유로(실업 수당의 약 70% 수준)를 매월 기본소득으로 지급했다. 핀란드 정부의 의도는 먼저 작은 샘플군으로 기본소득 제도의 효과를 실험한 후 그 결과를 토대로 향후 제도화 여부를 판단하겠다는 것이었다.

그러나 이 실험은 기본소득 본래적인 차원에서 시작된 것이 아니었다는 점에서 한계가 있었다. 즉, 기존에 받던 임금에 비해 핀란드 실업수당의 규모가 높기 때문에 구직보다는 실업수당에 안주하는 분위기가 만들어진 문제를 해결하기 위한 측면이 강했다. 따라서 긍정적인 효과를 기대하는 것은 무리가 있었고 성과가 있다고 하더라도 기본소득의 성과를 논하는 데는 한계가 있을 수밖에 없었다. 예상대로 2020년 6월 핀란드 정부는 "기본소득은 수급자의 취업 일수를 늘리는 데 거의 효과가 없었다"는 결과를 내놓았지만 '매킨지컨설팅은 기대와는 다르게 취업률이 다소 올라갔고 삶에 대한 만족도가 매우 높게 올랐다'는 긍정적인 평가를 내리기도 했다.

핀란드에 전세계의 관심이 쏠려 있어 주목을 받지 못했지만 같은 시기 캐나다 남부의 온타리오주에서도 기본소득 실험이 진행되었다.

온타리오주는 캐나다 전체 인구 3650만 명의 38%가 거주하는 곳인데, 주민의 13%가 빈곤선 이하에서 생활을 꾸려가 빈곤 퇴치 문제에 골머리를 썩고 있었던 곳이다. 이 실험은 빈곤 퇴치가 목적이었고, 현행의 복지 제도가 가진 문제점, 즉, '혜택을 받기 위해서는 사생활을 낱낱이 공개해야 하므로 수령자는 수치감을 느낄 수밖에 없고 복지의 범위도 제한적이기 때문에 기본소득을 지급한다'는 취지 때문에 핀란드의 실험보다는 기본소득의 본래 취지에 좀 더 가까웠다고 할 수 있다.

2017년 온타리오 주정부는 해밀턴, 린지, 선더베이 등 3개 도시의 18~64살 주민들 중 최근 1년 이상 빈곤선 아래에 머문 이들을 대상으로 무작위로 선정된 대상자들에게 1인당 연 1만 6989캐나다 달러(약 1410만원), 부부의 경우 연 2만 4027캐나다 달러(약 1995만원)을 지급했다. 실제로 빈곤층의 삶이 개선되는 효과가 나타났지만, 원래 3년 계획이었던 이 실험은 집권당이 보수당으로 바뀌면서 1년 만에 중단될 수밖에 없었다.

2019년에는 브라질의 소도시인 마라카시가 모든 주민들에게 기초생활비 수준의 기본소득을 나누어 주겠다는 결정을 내리고 실험에 나서, 그해 11월부터 2만 7천 명의 시민들에게 브라질의 최저생계비 수준인 월 130헤알(약 3만 6천원)을 지역화폐인 '뭄부카(Mumbuca)'로 지급하기 시작하였다. 마라카시는 대상자를 단계적으로 확대하고 있고, 2021년에는 모든 시민들에게 기본소득을 지급하는 것을 목표로

하고 있다.

같은 해 미국의 캘리포니아주 스톡턴시는 미국 내 최초로 주민 125명에게 2년간 500달러(한화 약 66만원)를 지급하기 시작했고 미네소타주 세인트폴과 캘리포니아주 오클랜드 등이 그 뒤를 잇고 있다.

2020년에는 세계은행이 10개국에서의 모의실험을 바탕으로 기본소득 도입효과를 인정하는 보고서를 냈다. 이 보고서에 의하면 네팔, 러시아, 모잠비크, 브라질, 아이티, 인도 등 중저개발 10개국을 대상으로 공공부조(취약 계층의 최저생활 보장을 위한 소득보장 제도) 예산을 기본소득으로 대체하는 모의실험을 실시했는데 이들 국가의 소득 최하위 20% 인구 중 70%가 이득을 보고 전체 인구 중에서 92%가 이득을 보았다고 한다.

코로나 19로 인해 소득 양극화가 심화된 2021년 미국의 일리노이주 시카고시는 저소득층 5000가구(연소득 3만5천달러 미만 성인들 중 무작위로 선정)에 매월 500달러(한화 약 66만원)를 지급하기 시작했고, 로스앤젤레스시는 시카고시의 두 배인 월 1000달러(한화 약 132만원)의 기본소득 사업을 시작했다. 이뿐만이 아니다. 샌프란시스코, 피츠버그, 덴버, 뉴어크, 뉴올리언스 등 무려 40여 개의 도시들도 기본소득 실시 검토에 들어갔다.

고전적인 기본소득의 조건을 모두 충족시킨 실험도 진행되었다.

그 첫 번째는 2010년부터 2012년까지 몽골에서 진행되었다. 당시 실험을 주도한 정부는 2008년 출범을 한 연립정부였는데 알래스카 방식의 기본소득 도입 공약을 제시한 바 있다. 이 정부는 몽골에서 발견된 석탄, 구리, 금 등의 천연 자원을 활용해 공공기금을 만들고 여기서 발생되는 이자를 기본소득으로 전 국민에게 지급하였다. 2010년부터 매월 7달러를, 2012년에는 매월 17달러를 지급하였다.

두 번째는 인도에서 2011년 6월부터 2012년 8월까지 진행된 두 번의 실험이었다. 자영업여성연합(Self Employed Women's Association · SEWA)은 2011년 6월부터 2012년 8월까지 유니세프의 지원을 받아 인도 마디야프라데시(MadhyaPradesh) 주에서 성별, 연령과 상관없이 모두에게 아무런 조건 없이 현금으로 직접 지급하는 방식으로 실험을 진행하였다. 첫 번째 실험에서는 8개 마을 주민들을 대상으로 성인 1인당 200루피(약 3300원), 어린이 1인당 100루피(약 1600원, 인도에서 5개의 계란과 1kg짜리 쌀 한 포대를 구입할 수 있는 금액)를 매달 지급했고, 그 다음 해에는 각각 300루피(약 5000원), 150루피(약 2500원)로 올려 지급했다. 두 번째 실험에서는 인도 내 최극빈층인 부족 마을에서 진행되어, 성인은 1인당 300루피, 어린이는 1인당 150루피를 받았다. 두 실험을 통해 기본소득을 받은 주민은 약 6000명이었다.

지금까지 세계에서 진행되었거나 진행되고 있는 실험들에 대해 살펴보았다. 이 실험들이 보여주고 있는 한 가지 공통점은 긍정적인 효과들이 많다는 것이다.

인도에서의 실험 결과, 각 나이에 맞는 어린이 영양실조가 크게 개선되었고 정상 체중을 가진 어린이의 비율이 실험 전 39%에서 실험 후 58%로 늘었다. 학교 출석률이 높아졌으며 몸이 아프면 병원비 걱정 없이 바로 병원에 가서 치료를 받았다. 또한, 일반 가정의 경우 9%만 소득이 높아진 데 비해 기본소득을 받은 가정들 중 21%가 소득 수준이 향상되었다.

선진국 캐나다의 복지 수준은 우리 나라보다 약 두 배 정도 높은 20% 수준이다. 그런데도 빈곤 문제를 해결하지 못해서 기본소득 실험을 진행하고 있다. 2021년 6월 1일 조선일보 기사에 따르면, 2020년 6월 앵거스 레이드(Angus Reid) 연구소가 캐나다인 1500명을 대상으로 실시한 조사에서 59%의 캐나다 국민이 기본소득을 찬성했다고 한다. 캐나다의 예산담당관에 의하면 "기본소득 도입으로 캐나다의 빈곤율을 1년 만에 절반으로 줄일 수 있었다"고 한다.

미국 도시에서 실행된 기본소득 실험은 알코올 중독자를 줄이고 자존감이 높아졌으며 구직 활동에 적극적으로 나서면서 취업률도 높아지는 결과들이 보고되고 있다.

대한민국과 기본소득

대한민국에서는 정부 주도로 부분적인 기본소득이 실시되고 있다. 박근혜 정부 때 도입한 기초연금과 양육수당이 그것인데 이를 전국민으로 확대하면 전국민 기본소득이 되는 것이다. 현재 여당인 국민의힘의 강령 1조 1항은 '(누구나 누리는 선택의 기회) 국민 누구에게나 건강하고 행복한 삶의 기회를 보장하며 자율적인 개개인이 넓은 선택의 기회를 가질 수 있도록 다양한 정책을 추진한다. 국가는 국민 개인이 기본소득을 통해 안정적이고 자유로운 삶을 영위하도록 적극적으로 뒷받침하여 4차 산업혁명 시대를 대비한다. 정치, 경제, 사회, 문화, 자연 등 모든 영역에서 삶의 질과 만족도를 지속해서 관찰하고 개선한다'로 되어 있다. 명확하게 '기본소득'을 명시하고 있다.

기본소득에 대한 연구의 역사도 길다. 2009년 한국에서의 기본소득 실현을 목표로 '기본소득한국네트워크'가 설립되었다. 현재 안효상 이사장을 중심으로 수많은 저작물과 연구자료들을 내놓고 있다. 특히 2021년 11월 9일 출간한 '기본소득이 있는 복지국가: 리얼리스트들의 기본소득 로드맵'은 모든 사람들에게 월 30만원을 지급하는 부분 기본소득에서 출발해서 10년 내에 중위 소득의 50퍼센트를 지급하는 완전 기본소득으로 나아가는 길을 제시했다. 이외에도 '계간 기본소득'은 기본소득에 관심이 있는 사람들에게 길라잡이 역할을 하고 있다. 연구 활동 외에도 정치권과의 세미나, 토론회 등을 활발하게 진행하여 기본소득을 알리는 데 큰 기여를 하고 있다. 2023년 8월에는 기본소득 관련 가장 큰 국제 행사인 기본소득  지구 네트워크' 대회를 사단법인 기본사회 등과 함께 한국에서 개최한다.

지방자치단체에서의 실험도 진행되었다. 성남시에서는 2016년부터 '청년배당'이라는 이름으로 성남시에 3년 이상 거주한 만 19세부터 24세 청년들에게 분기별로 25만원씩 연간 100만원씩을 지급하는 제도를 시행했다. 배당금은 지역상품권인 성남사랑상품권으로 주어졌다. 범주형 기본소득과 보편적 복지 모두를 만족시킨 제도였다. 성남시장으로서 청년배당 시행을 성공시킨 이재명 대표는 경기도지사로 취임하면서 이를 경기도 전역으로 확대하였다. 그는 농촌이 소멸되는 것을 막기 위해 농촌기본소득 실험도 착수하였다.

코로나 사태는 대한민국 국민들에게 기본소득을 간접적으로 체험할 수 있는 기회가 되었다. 당시 경기도지사였던 이재명 대표는 그 누구보다도 먼저 10만원 규모의 긴급재난소득을 제안했고 찬반 논쟁이 가열되어 지급이 지연되고 있을 때, 경기도에서 바로 실시를 했다. 현금대신 지역 화폐로 지급한 이재명 방식의 1차 긴급재난지원금의 결과는 성공적이었다. 경기도의 분석에 따르면 재난지원금 효과가 소상공인, 특히 연 매출 3억원 미만 상점에 재난지원금에 의한 매출 증대 효과가 집중되었다. 좀 더 구체적으로 살펴보면 경기도에서 긴급재난지원금 지급으로 발생한 소비증가는 2조원이었다. 이 중, 절반(48%) 가량인 9678억원의 소비가 연 매출 3억원 미만에 집중됐다. 골목상권에서 전체의 70%(1조4천억원)가 사용됐고 전통시장에서 8%(1,639억원)의 소비진작 효과가 있었다. 전통시장과 골목상권에서 소비 증대 효과가 80%에 육박한 것이다.

국회예산정책처의 분석에 따르면 1차 긴급재난지원금 가운데 카드 사용분 9조5591억원의 생산유발 효과는 최대 17조3405억원으로 분석됐다. 재난지원금이 소비활동을 되살리고 경기 전반이 촉진되며 지급액수의 1.81배 효과가 나타난 것이다.

입법조사처 역시 긍정적이었다. 소상공인의 카드매출 현황을 살펴보면 전년 동기 대비 대부분의 기간에서 매출액이 감소한 것을 확인할 수 있었지만 전 국민을 대상으로 한 제1차 재난지원금 지급이 본격적으로 시작됐던 2020년 21~22주(5월 18일~5월 31일)의 2주 동안은 2019년도보다 매출액이 상승했다고 밝혔다.

이후 2차 재난 지원금이 논의되었을 때 이재명 당시 경기도지사는 1차와 마찬가지로 보편적인 재난지원금을 주장했다. 그러나 2차 재

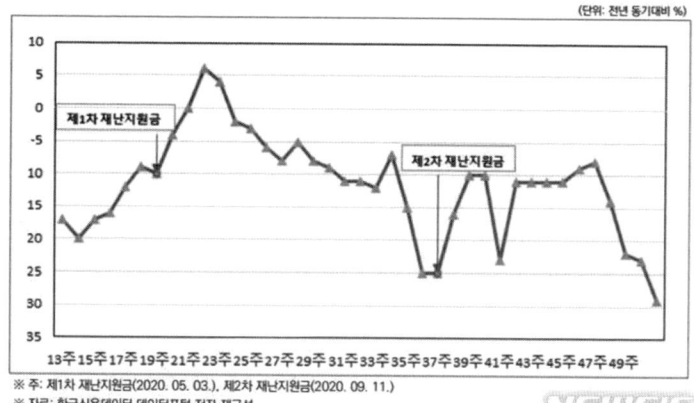

|그림 2| 소상공인 카드매출 현황(전국)

※ 주: 제1차 재난지원금(2020. 05. 03.), 제2차 재난지원금(2020. 09. 11.)
※ 자료: 한국신용데이터 데이터포털 저자 재구성

난지원금은 선별적으로 지급되었다.

소비 촉진으로 조금이나마 자영업자들의 숨통이 틔웠던 1차 재난지원금의 효과와 달리 2차 재난지원금은 선별 지급으로 인해 소비를 다시 줄인 결과를 낳았고 이로 인해 영세 자영업자들을 더 힘들게 했다는 비판에 직면하게 됐다. 이에 대해 이재명 당시 경기도지사는 "지역화폐로 보편 지급한 1차 재난지원금 13조원으로 국민들은 2달 이상 명절대목을 체감했고 통계상 지난해 이상의 소비가 이뤄졌지만 1차 지원금의 60%에 이르는 8조원을 선별 현금 지급한 2차 재난지원금은 통계상이나 체감상으로 소비확대를 통한 경기활성화 효과는 발견하기 어렵다. 현금지급이 소비확대에 크게 도움이 안 되는 것은 이미 외국 사례에서도 입증됐다"고 말했다.

결국 1차와 2차 재난지원금은 이재명 당시 경기도지사의 의견대로 금액의 양에 상관없이 빈자뿐만 아니라 부자에게도 지급하는 보편적인 지급 방식이 옳다는 것을 전국민이 체험한 계기가 되었다.

2020년 10월, 전교생 41명인 충북 판동초등학교가 세상을 깜짝 놀라게 했다. 이 학교는 전교생에게 매주 2천원을 매점화폐로 지급하는 '매점 기본소득'을 실시하기 시작했다. 고사리 손에 쥐어진 기본소득은 매점 '빛들마루'에서 사용되고 있다. 어릴 적부터 매점에서 체험하는 용돈에 의한 빈부 격차를 없애기 위한 고민에서 시작된 결론은 기본소득이었다. 효과는 확실했다. 용돈이 부족하여 매점에 갈 수가 없었던 학생들이 매점에 자주 가게 된 것이었다. 이로 인해 아이들은 학교에 가는 것이 즐거워졌다고 한다.

기본소득에 대한 관심은 시민들이 자발적으로 참여한 기본소득 국민운동으로 연결되었다. 후술하겠지만 2020년에는 농어민기본소득 전국운동본부, 군산기본소득연구회, 기본소득국민운동본부가 활동을 시작했고 2021년에는 기독교기본소득포럼이 활동하기 시작했다.

정치권에서도 기본소득 실현을 내건 정당이 등장하였다. 2020년 1월 19일 창당된 기본소득당은 제21대 총선에서 용혜인 의원을 당선시키며 원내에 진출하는 데 성공하였다. 제20대 대선에서도 후보자를 냈다. 현재 기본소득당의 공동대표인 오준호 후보가 '임기 내 1인당 월 60만원'의 기본소득을 공약으로 내세우며 당당히 출마를 하였다. 용혜인 후보는 '기본소득형 탄소세법'을 발의하는 등 활발한 의정 활동을 펼치고 있다.

2020년 전군민 재난지원금으로 20만원을 지역상품권으로 지급했던 강원도 정선군은 기본소득 지급을 준비하고 있다. 민선 8기 시장에 당선된 최승준 정선군수는 주요 공약으로 1인당 20만원의 군민 기본소득을 내걸었는데, 재원으로 강원랜드 배당금 연간 약 70억원을 확보하기 위해 노력 중이다.

전라남도 신안군에서는 태양광과 해상풍력을 활용하여 '신재생에너지 개발이익 공유제'를 실시하여 전국 최초로 개발이익을 배당금 형태의 기본소득으로 지급하고 있는데 2023년 5월 현재 총 75억원이 지급되었다. 전남교육청은 전남 지역의 모든 학생들에게 20만원의 기본소득을 지급하기 위해 준비 중이다. 이는 김대중 교육감의 핵심 공약으로 현재 예산 확보에 박차를 가하고 있다.

재원

2021년 초, 대한민국에서는 첨예한 기본소득 논쟁이 펼쳐졌다. 당시 경기도지사였던 이재명 대표가 유력한 대선 후보로 떠오르자, 다른 후보들이 이대표의 대표적인 성과이자 공약인 기본소득을 공격하기 시작한 것이 계기가 되었다.

여야 할 것 없이 유력한 후보자들이 기본소득의 부정적인 측면들을 부각시키기 위해 최선을 다했는데 당시 기본소득국민운동본부 상임대표였던 필자도 논쟁에 적극적으로 뛰어들었다.

〈혁신과 성장에 대한 논리가 너무나도 빈약한 최재형 후보〉

최재형 후보께서 기본소득은 '궤변'이라는 제목의 글에서 기본소득은 분배정책일 뿐, 성장과는 관계가 없다는 주장을 하셨다는 신문기사를 보고 깜짝 놀랐습니다. 대통령이 되시겠다는 분이 시대의 흐름을 너무나도 잘못 읽고 있다는 생각이 들었기 때문입니다. 후보님께서는 성장은 혁신을 통한 가치 창출에서 나온다고 하셨습니다. 행간을 읽어보면, 기본소득으로 국민들에게 줄 돈을 기업에 투자하여 일자리를 만드는 성장을 바라시는 것으로 판단됩니다. 과연 후보님의 주장이 맞을까요?

안타깝게도 후보님께서 살아오시고 감사원장으로서 막강한 권세를 누리던 대한민국과 앞으로 대통령이 되어 맡게 될 대한민국은 완전히 다른 나라가 될 것입니다. 후보님께서 말씀하신 혁신 방식이 통하지 않는 그런 나라가 될 것입니다. 다시 말씀 드리자면, 미래의 대한민국에서 기업의 혁신은 '사람이 맡을 일자리를 없애는' 방향으로 진행될 것입니다. 좀 더 쉽게 설명 드리자면, 후보님께서 대통령이 되어 기업에 투자하고자 하는 돈은 '사람의 일자리를 없애는 데' 사용될 것입니다.

이미 오래 전부터 대한민국에서는 산업시설 뿐만 아니라 농업, 제조, 서비스 등 사회 전 분야에서 무인화, 자동화가 빠르게 빠르게 진행되고 있습니다. 그 동안 무인화와 자동화는 발전과 편리함의 상징이었고, 성장과 편리함을 추구하는 우리 사회는 이러한 변화를 향해 가속 페달을 밟아왔습니다.

2020년 세계로봇연맹이 발표한 '2020 세계 로봇' 보고서에 따르면, 근로자 1만명 당 로봇 대수를 나타내는 산업용 로봇 밀도 측면에서 대한민국은 855대로 세계 2위를 차지했는데, 1위인 싱가포르가 인구 약 530만명의 도시국가인 점과 3위인 일본 (1만명당 364대)보다 2.3배 정도 많은 것을 감안한다면 실질적인 세계 1위국으로 봐도 무방합니다. 지금 우리는 인간의 도움이 필요 없는 로봇을 TV CF로 아무렇지도 않게 접하고 있습니다. SK C&C는 인공지능을 활용해

콜센터 상담과 법률 상담을 하고 있습니다. 신세계 I&C에서는 2020년 9월 별도의 상품 바코드 스캔, 결제 등의 과정 없이 소비자가 문을 열고 상품을 꺼내면 자동으로 결제되는 '스마트 선반'을 출시하였습니다. 우리가 느끼지 못하는 사이 이미 우리 일상 곳곳에 인간 노동자들이 AI로 대체되고 있습니다.

이 과정에서 수요와 공급의 선순환으로 유지되어온 자본주의 경제체제는 무인화와 자동화를 통해 생산력을 획기적으로 증대시켜왔습니다. 당연히 그 자리에서 쫓겨난 사람들은 실직자가 되어가고 있고, 대체 일자리를 찾지 못하거나, 계약직, 혹은, 플랫폼 노동자가 되고 있습니다. 그럼에도 불구하고, 기업들은 인건비 절감과 수익 극대화를 위해 자동화와 무인화라는 페달을 더욱 더 밟을 것입니다.

또한, 높아진 공급만큼 수요가 따라가지 못하게 되는 문제가 발생하고 있습니다. 일자리를 차지한 로봇과 인공지능은 별다른 소비 행위를 하지 않지만, 이들에게 일자리를 넘겨준 사람들은 소비할 돈이 없어지게 된 것, 즉, 수요와 공급의 선순환이 끊어지게 된 것입니다. 시장 경제의 붕괴를 막고 시장의 선순환을 유지하기 위해서는 소비를 유인하여, 성장을 지속시킬 경제정책이 필요합니다. 일론머스크나 마크 저커버그 등 자본주의 최첨단 실리콘밸리의 유명 CEO들이 기본소득에 찬성하고 그 실시를 주장하는 이유가 바로 여기에 있습니다. 이재명 도지사의 기본소득 도입 주장의 배경 역시 이들과 같은 맥락이라고 할 수 있습니다. 특히, 우리는 코로나 위기나 기후 변화 등으로 인해 몇 십 년 후에나 벌어질 일이라고 낙관하던 사태들을 작년부터 직접 겪어오고 있습니다.

　최후보님께 묻겠습니다. 새로운 대통령이 나타나서 혁신을 부르짖으며 기업에 돈을 투자하면, 기업들은 로봇과 인공지능의 사용을 멈추게 될까요? 아니면, 새로운 대통령이 인공지능과 로봇의 사용을 멈추는 것을 혁신 투자의 조건으로 내세울 수 있을까요?

　혁신도 좋고, 성장도 좋습니다. 그러나 당장 우리 앞에 처한 문제들을 해결할 수 있는 구체적인 대안을 제시하지 못하신 채, 가장 현실적인 대안에 대해 반대만을 위한 반대를 하신다면, 그것이야말로 국민들의 눈을 가리는 궤변으로 전락하게 될 것입니다.

　글을 마치기 전에 최후보님께 한 가지 제안을 드리고자 합니다. 기본소득을 주제로 한 끝장 토론을 원합니다. 언제든지 후보님의 연락 기다리겠습니다.

– 김세준 (기본소득국민운동본부 상임대표, 국민대학교 겸임교수)

　논쟁 과정에서 가장 많이 언급된 것은 '재원'에 대한 부분이었다. 재원은 기본소득을 실현하는 데 가장 핵심적인 부분이다. 재원이 없는데 어떻게 기본소득을 실현할 것인가? 재원을 마련하지 못하면 기본소득은 토머스 모어의 유토피아처럼 그저 공상일 뿐이다. 국민들이 우려하고 있는 것도 바로 이 지점이다. 그렇기 때문에 정치적인 공세를 퍼붓기에 가장 적합한 주제였다. 기본소득은 공유부 기반 기본소득과 조세 기반 기본소득으로 나눌 수 있다. 이에 따라 기본소득의 재원도 '공유부'와 '세금'으로 나뉘게 된다.

● 공유부

  기본소득 찬성론자들이 알래스카의 사례를 들어 기본소득은 이미 국가적인 차원에서 실시되고 있음을 강조하자 반대론자들이 들고나온 주장은 '대한민국에는 석유가 없어서 기본소득을 할 수가 없다는 것'이었다.

  그러나 이들은 한 가지 중요한 사실을 놓치고 있었다. 알래스카의 기본소득은 석유 때문이 아니다. 석유를 공유부로 인식한 리더가 있었기 때문이다. 석유가 아무리 펑펑 난다고 해도 이를 특정 개인이나 집단의 소유라고 생각하면 기본소득이란 존재할 수가 없는 것이다. 석유가 나지 않아도 공동체가 갖고 있는 공공자산이 무엇이든 구성원들에게 나누어야 한다는 생각이 있다면 기본소득은 존재할 수 있다.

  주위를 둘러보면 구성원 누구나 동등하게 누려야 하는 공유부들이 많다. 토지만 있는 것이 아니다. 자연 공유부로서 석유와 같은 천연자원과 탄소배출권과 같은 환경이 있다. 화폐 발행권이나 인터넷 등과 같은 제도 공유부도 있다. 책, 학술지, 인공지능도 지식(문화) 공유부라 할 수 있다. 국부 펀드나 국가 R&D 지원 지분 등을 통한 공공지분도 또 다른 형태의 공유부이다.

  여기에서 주목할 것은 '국부펀드'이다. 국부펀드란 국가의 재산을 운용하여 증식시키기 위해 운용하는 기금이다. 한마디로 국가가 공

세계 국부펀드 AUM 순위

순위	국가	펀드명	AUM (10억US$)	설립년도	재원
1위	노르웨이	노르웨이 정부연기금	1,338.2	1990년	석유
2위	중국	중국투자공사	1,222.	2007년	외환보유액
3위	아랍에미리트(아부다비)	아부다비 투자청	708.7	1976년	석유
4위	쿠웨이트	쿠웨이트 투자청	708.4	1953년	석유
5위	싱가포르	싱가포르 투자청	690.0	1997년	외환보유액
6위	사우디아라비아	사우디아라비아 통화당국	620.0	1952년	석유
7위	홍콩	홍콩외환안정기금	588.9	1993년	외환보유액
8위	싱가포르	테마섹 홀딩스	496.6	1974년	외환보유액
9위	카타르	카타르 투자청	461.0	2003년	석유
10위	중국	중국 전국사회보장기금이사회	447.3	2000년	연금
11위	아랍에미리트(두바이)	두바이 투자청	299.7	2006년	석유
12위	튀르키에	터키 국부펀드	294.1	2006년	외환보유액
13위	아랍에미리트(아부다비)	무바달라 투자회사	284.5	2002년	석유
14위	대한민국	한국투자공사	205.0	2005년	외환보유액
15위	러시아	러시아 국부펀드	182.6	2008년	석유, 천연가스
16위	호주	퓨처펀드	150.8	2006년	외환보유액
17위	이란	이란 국가개발기금	139.0	2011년	석유
18위	캐나다(앨버타)	앨버타 투자관리공단	108.1	2007년	연금
19위	아랍에미리트(아부다비)	아부다비 투자회의	102.0	1999년	석유
20위	미국(알래스카)	알래스카영구기금	84.8	1976년	석유

AUM : Asset Under Management의 줄인 말로, 총 관리자산을 뜻한다.
출처: SWFI. 2022년 6월 자료 기준.#

유부를 기반으로 조성한 펀드이다. 국부 펀드는 왕정시대 때부터 존재해왔다. 군주들이 왕실의 재산을 활용하여 수익 창출을 목적으로 다양한 사업에 투자를 해왔는데 가장 대표적인 것이 영국 왕실이 동인도 회사에 투자하여 배당금을 받은 것이다.

현재도 약 50개 국가들이 복지나 국가 지속성장동력 마련 등의 이유로 국부펀드를 설립해 운용 중이다. 우리나라도 대규모 외환 보유고를 효율적으로 운용하기 위해 2005년 한국투자공사(KIC)를 설립하는 등 2022년 기준 세계 14위 규모의 국부 펀드를 운용하고 있다.

알래스카의 기본소득을 가능케한 알래스카영구기금도 20위에 랭크되어 있다. 제이 해먼드 주지사는 펀드의 사용처를 획기적으로 바꾸었다. 그는 사상 처음 펀드로 조성된 기금을 공동체 구성원들에게 기본소득으로 동등하게 배분한 사람이다. 이를 통해 보더라도 석유는 국부 펀드를 구성하는 한 요소일 뿐이다. 그러므로 우리나라에는 석유가 나지 않아 기본소득을 실시할 수 없다는 주장은 명백한 오류다.

● **신재생에너지 개발 이익**

전라남도 신안군은 넓은 바다와 섬으로 유명한 곳이다. 바다 면적은 서울의 22배에 달하고 유인도 72개, 무인도 953개 등 무려 1,025개의 섬으로 이루어져 있는데 이는 국내 전체 섬의 약 25%에 달한다. 오래 전부터 청정 해안과 관광지 그리고 각종 해산물 등으로 유명했던 이곳이 지금은 신재생 에너지의 대명사로 불리고 있다.

그 이유는 신안군 육지, 앞 바다, 그리고 섬들 곳곳에는 지금 태양광과 해상풍력을 이용한 엄청난 청정 에너지 생산이 이루어지고 있기 때문이다. 직접 현장을 가보면 그 규모에 입이 다물어지지 않는다.

신안군은 대규모 태양광 발전사업이 가능한 대규모 토지를 가지고 있고, 섬으로 이루어진 군이기 때문에 타 지역보다 토지 가격이 저렴하며, 타 지역보다 일조량이 월등한 점 등 태양광 발전에 최적의 조건을 가지고 있다. 또한 높은 효율의 풍력으로 인해 해상 풍력 발전소 가동을 위한 최적합지가 되었다. 현재 태양광 1.8GW와 해상풍력 8.2GW 등 총 10GW의 신재생에너지를 생산 중이고 2030년까지 71.5GW의 생산량을 목표로 삼고 있다.

신재생에너지 개발에 따른 이익은 2018년 10월 5월에 제정된 조례에 따라 군민들에게 배당금으로 지급되고 있다. 1인당이 아닌 가구당 지급되고 있고 매월이 아닌 분기당 지급되고 있어 보편적인 정의 차원의 기본소득과는 다소 차이가 있지만 정기적으로 조건 없이 해당 지역 주민 모두에게 지급된다는 측면에서 보면 명확한 기본소득이다. 그리고 향후 매월 1인당 지급하는 것을 계획하고 있다.

지자체 개발이익을 공유부로 삼아 주민 배당을 실시하는 것은 대한민국 최초이다. 알래스카에 석유가 있다면 신안군에는 신재생에너지가 있다. 알래스카에 제이헤먼드 주지사가 있었다면 신안군에는 박우량 군수가 있다. 신재생에너지를 공유부로 인식한 리더가 있었기 때문에 가능한 일이었다. 여기에 적극적으로 참여하는 구성원들까지 있다면 기본소득은 당장 실현할 수 있다.

2023년 5월 현재까지 지급된 금액은 무려 75억원에 달한다. 분기별 1가구당 185만원 이상이 지급되고 있고 사옥도는 423만원이 지급되고 있다. 이를 연으로 계산해보면 사옥도의 주민들은 매년 1,692만원을 받고 있는 것이다.

■ 분기당 지급액

구분	용량(MW)	주민수(명)	1인당 보상금(천원)	비고
계	270	7,250		
자라도	24	291	510~170	1가구 최대 204만원 지급
안좌도	96	2,823	360~120	1가구 최대 240만원 지급
좌 도	96	2,823	360~120	1가구 최대 240만원 지급
사옥도	45	582	600~220	1가구 최대 423만원 지급
임자도	100	3,144	300~100	1가구 최대 225만원 지급

배당금은 인구 소멸 위기에 놓여 있는 농어촌 지역에 인구 유입 효과를 가져오고 있을까? 대답은 '그렇다'이다. 배당금 실시 이후 감소되는 수치가 매년 줄어들고 있다. 2018년 807명의 인구 감소 숫자가 2022년에는 359명으로 반 이상 줄었다. 안좌도, 자라도, 사옥도는 외부 인구 유입을 걱정해야 하는 정도로 늘고 있다. 기본소득은 농어촌을 살리는데도 효과적임이 증명된 것이다.

● 마을 연금

마을 연금은 아마 생소한 개념일 것이다. 우리 조상들은 두레, 향약 등 농업을 기반으로 공동체 문화를 유지하고 발전시켜왔는데 이러한 전통을 살린 것이 마을 연금이다. 신안군처럼 광역 단체에서 이루어지는 배당금 지급을 마을 공동체 단위로 축소시킨 것이라고 보면 된다. 마을 단위의 공동체는 아주 작은 규모이기 때문에 신재생에너지 등과 같은 규모의 사업을 할 수가 없다. 그러나 특산물, 특산품, 관광 상품 등을 통해 발생하는 이익금을 공유부삼아 배당금을 지급할 수가 있는데, 이것이 바로 마을연금이다. 당연히 이익금을 공유부로 인식하는 리더의 추진력과 구성원들의 적극적인 참여는 필수다.

현재 대한민국의 농어촌은 소멸 위기에 놓여있다. 충청남도 태안군 만수동 마을 주민들은 굴과 바지락 양식장에서 발생하는 수익을 배당금액으로 나누고 있다. 이들의 마을연금은 현 세대 구성원들의 공통 인식에 의해 구성된 것이다. 이들의 생각은 다음과 같았다.

'양식장은 현 세대가 아닌 부모세대가 만든 것이다. 부모 세대 덕분에 현 세대들이 먹고 살고 있으므로, 그 당시에 고생하셨지만, 현재 바지락을 캐는 근로에 참여하지 못하는 분들, 즉, 일을 하고 싶지만 연로하여 더 이상 일을 할 수 없는 분들도 양식장에서 발생하는 소득을 함께 누려야 한다.'

여기에 리더도 있었다. 2015년 6월 마을의 대의원회의에서 마을 연금이 처음 논의되었다. 마을 연금을 실시하는 과정에서 손해가 발생할 경우 손실액을 모두 자신이 부담하겠다는 의지를 밝힌 당시 어촌계장의 설득이 구성원들의 마음을 움직이게 하여 만장일치의 찬성을 얻어내었다.

현재 80세 이상 고령자 및 장애판정자 등 노동력을 상실한 어촌계원에게 어촌공동생산금액의 30%를 배분해 1인당 연간 약 300만원(월 20만~30만원)을 지급하고 있다. 2019년 6가구 18명이 귀어한 것은 덤이었다.

경기도 포천시 교동 장독대 마을도 같은 패턴을 보이고 있다. 이 지역 주민들은 부족한 농토와 댐 건설로 인한 수몰 지역이라는 척박한 환경을 이겨내기 위해 장독대를 활용한 농촌체험마을 프로젝트를 가동했는데 이것이 입소문이 나면서 수익이 발생되기 시작하였다.

이 마을은 25세대 80명 정도의 작은 마을이나 2017년 한 해에만 1만 명이 넘는 방문객수를 기록하였고 이로 인한 수익금은 1억 8천만원에 달했다. 수익금 배당은 마을 기업 대표가 70세 이상 주민들에게 1인당 60만원의 '실버사랑연금'을 지급하면서 시작되었고 현재는 매년 70세 이상 어르신에게 50만원씩 연금으로 고등학교 졸업생에게는 매년 50만원씩 장학금으로 지급하고 있다.

전라북도 정읍시 송죽마을은 주민의 80%가 60대 이상인 저소득 고령화 마을로 내장산 쑥모시가 유명한 곳이다. 주민들은 2013년에 영농조합법인을 설립하고 마을에서 생산된 모싯잎을 '솔티애떡'이라는 업체에 전량 납품하면서 연 1억원 이상의 소득을 올리고 있다. 수익금의 일부를 마을기금으로 적립하여 마을의 80세 이상 어르신들께 매달 10만원씩 연금으로 지급하고 있다.

전라북도 익산시 성당포구마을도 마을연금을 지급하고 있다. 2021년 7월 14일 이곳에 태양광 발전 시설이 완공되면서 익산시, 국민연금공단, 한국전기안전공사 등의 공공기관들이 1억 5100만원을 지원하였는데 이 돈을 기반으로 마을연금을 지급하고 있다. 또한, 마을 자체적으로 운영하는 금강 체험 프로그램 등을 통해 매월 발생하는 약 200만원의 수익금을 더해 2021년 8월 1일부터 지역에 거주하는 70세 이상의 어르신에게 매월 10만원을 지급하고 있다.

마을연금 사례 중 언론에 가장 많이 노출된 것은 충청남도 장고도의 배당 소득이다. 이곳에서는 어촌계 계원들이 해삼과 전복 채취를 하고 그 수익금을 나누고 있다. 1993년 연 85만원에서 시작하여 2020년에는 1100만원을 지급하였다. 개별 지급이 아닌 가구당 지급한다는 점과 조건 없는 지급이 아니라 장고도 거주 20년 이상 된 주민들에게만 지급한다는 점에서 본래적 의미의 기본소득과는 차이가 있지만 노동 참여 여부에 상관없이 받는다는 측면에서는 엄연히 기본소득이라고 할 수 있다. 또한, 바지락 캐는 공동 노동에 참여를 할 경우, 거주 조건 없이 누구에게나 수익금을 공동 분배한다. 2020년 바지락 배당금은 가구당 1000만원이었다.

갯벌 자원을 공유부로 받아들인 리더와 구성원들이 만든 이 작품으로 인해 장고도 주민들은 해삼/전복 배당소득과 바지락 노동소득을 합칠 경우, 가구당 총소득은 평균 3000만원에서 4000만원이다. 20년의 거주 기간을 채우지 못하여 배당 소득을 받지 못하는 6가구의 연 소득은 평균 3000만원이 넘는다. 덕분에 장고도의 노인들은 은퇴 이후에도 경제적 어려움 없이 기본적인 생활을 누리고 있다.

● 산업 정책 성과 공유

정부는 산업정책의 일환으로 기업들에게 다양한 지원을 제공하고 있다. 정부가 지원하는 보조금에 대한 반대 급부로 기업의 지분을 확보하면 어떨까? 이를 통해 발생하는 수익 역시 기본소득을 위한 재원으로 삼을 수 있을 것이다.

유승경 전 경기도경제과학진흥원 원장의 연구에 따르면, 정부가 2023년 기업 R&D 및 중소기업 지원을 위한 보조금으로 지급하는 금액은 전체 예산의 약 2.8%인 17.5조원이다. 같은 방식으로 매년 적립을 할 경우 2050년에는 1139.7조에 이르게 된다. 2023년을 기점으로 보조금에 대한 대가로 지원 기업의 지분을 우선주로 확보할 경우에, 국민 1인당 배당금으로 2024년에 16,945원을, 2027년에 73,685원을, 2050년에는 1,028,006원을 지급할 수 있다.

이 금액은 기금의 평균 배당률을 5%로 계산한 것인데, 2050년 이후에도 금액은 지속적으로 증가할 것이므로 배당금의 액수도 매년 늘어날 것이다. 평균 배당률 5%는 경기도경제과학진흥원이 실제로 배당 받은 수치(2019년 3.7%, 2020년 8.4%, 2021년 4.5%)를 기준으로 한 것으로서 매우 적정한 수치라고 볼 수 있다.

이러한 성과들을 재원으로 한다면 추가 재원 투입 없이 당장 내년부터 전 국민들에게 기본소득을 실현할 수 있다.

● 세금

세금은 기본소득의 재원이 될 수 있다. 이 지점에서 기본소득 실시에 대한 우려가 많이 발생한다. 주머니 사정이 여의치 않은 국민들의 입장에서 보면 당연히 이해가 간다. 기본소득에 대해 접해보지 않은 사람들은 기본소득 실시를 위해 과도한 세금을 걷어야 하므로, 국민들의 부담이 더 커질 수밖에 없다고 생각한다.

그러나 이 또한 우려일 뿐이다. 세금을 추가로 걷지 않아도 기존의 세금을 효과적으로 운영하면 낮은 액수의 기본소득을 위한 재원을 만들어내는 일은 어렵지 않다. 성남시와 경기도의 청년 배당은 시민들이나 도민들에게 더 걷어서 지급한 것이 아니라 기존의 세금을 효율적으로 운영한 결과였다.

'뒷문으로 슬쩍 들어가듯' 하는 방식을 선택하면 즉, 시작하는 금액을 낮은 수준으로 책정하면 증세 없이도 지금 당장 시작할 수 있다. 연 20만원 정도의 금액을 전 국민에게 지급할 경우 필요한 재원은 10조원이다. 2023년 대한민국 예산 638.7조의 약 1.6%정도밖에 안 되는 금액이고 2021년 1월에 지급된 3차 긴급재난금이 9조 3천억원이었음을 고려해볼 때 언제든지 마련할 수 있는 수준의 액수이다.

만일, 연 50만원 수준으로 올린다면 국가 예산의 약 4% 수준인 25조원의 재원이 필요하다. 이 역시 증세 없이 당장 실현할 수 있는 수준이다.

만일, 연 100만원을 지급한다면 50조원의 재원이 필요하지만 역시 증세는 없다. 25조원은 두 번째 단계와 같이 예산으로 확보하고 나머지 25조원은 소득에 대한 비과세와 감면을 통해 확보를 한다. 즉, 우리가 잘 알고 있는 연말 정산 과정에서 환급되는 금액이 연 80

조원 수준인데 환급 혜택은 고소득자가 더 많이 누릴 수밖에 없다. 고소득자들에게 환급되는 금액들 중 25조원을 확보하는, 즉, 많이 가진 사람들이 일정 정도 희생하는 방식인 것이다.

그러나 월 50만원 수준으로 올린다면 약 300조원의 재원이 필요하다. 이 때는 기본소득을 위한 세금을 새롭게 책정하여 걷어야 한다. 이 때의 세금은 기존의 세금과 성격이 다르다. 기존의 세금은 국가 살림을 위해 '쓰는' 돈이지만 기본소득을 위해 걷는 세금은 '나누는' 돈이다. 기존의 세금은 걷으면 납세자에게 돌아오지 않지만 기본소득을 위한 세금은 적절한 분배를 통해 납세자들에게 다시 돌아온다. 즉, 없어지는 돈이 아니다. 게다가 현명한 계산을 통해 90% 이상의 국민들이 낸 돈보다 더 많이 받도록 할 수 있다.

이미 기본소득 실현을 위한 세금에 대한 연구와 실험은 상당히 진척되어 있다. 토지 보유세를 신설하여 걷은 뒤 기본소득으로 분배를 한다면 토지 불평등 문제를 획기적으로 개선할 수 있다.

기후 위기를 극복하기 위한 기본소득형 탄소세를 걷어도 된다. 우리나라는 2050년까지 탄소 중립 즉, 탄소 배출량을 제로로 만들어야 하는 숙제를 갖고 있다. 앞에서도 살펴본 바와 같이 우리나라의 산업구조는 탄소를 많이 배출하는 제조업 중심이기 때문에 당장 탄소 배출을 막을 수는 없다. 가장 현실적인 방법은 기업들에게 탄소 배출량에 대한 세금을 부과하여 탄소 사용을 줄이도록 유도하고 신재생 에너지를 사용하는 빈도를 늘리도록 만드는 것이다. 이 경우, 탄소세가 제품 생산 비용에 반영되어 제품의 가격이 높아지게 된다. 이는 서민들에게 부담을 주게 된다. 프랑스에서 탄소세를 부과한 결과는 국민들의 분노였다. 그렇지만 탄소세는 탄소 중립을 이루기 위해서는 어쩔 수 없는 선택이다.

국민들의 분노와 저항을 막을 수 있는 방법은 있다. 거두어들인 탄소세를 기본소득의 재원으로 국민들에게 배분하면 된다. 프랑스는 걷기만 했다. 그러나 스위스는 걷은 세금을 기본소득으로 국민들에게 나누어 주었다. 기본소득당 용혜인 의원은 2021년 3월 11일, 온실가스 1톤당 8만원을 과세하여 국민 1인당 월 10만원의 탄소배당을 지급하는 '기본소득 탄소세법' 법안 3개를 발의한 바 있다.

이외에도 기본소득 재원을 위한 시민배당, 데이터배당, 횡재세 등에 대한 논의가 활발히 벌어지고 있다. 이들 중 횡재세는 주목해볼만 하다.

횡재세의 영어식 표현인 'Windfall Tax'를 보면, 이것이 어떤 성격의 세금인지 쉽게 이해할 수 있다. Windfall 즉, 바람에 떨어지는 과일처럼 기업이 스스로의 노력보다 외부 요인이나 독점적 지위를 통해 정상 이득 범위를 넘어선 '초과 이익'을 얻을 때가 있다. 미국의 대통령 조바이든은 2022년 연설에서 이러한 초과 이익에 대해 "엑손모빌(석유회사)은 지난해 하느님보다 더 많은 돈을 벌었다"고 언급한 바 있다. 러시아-우크라이나 전쟁 등 지정학적 위기로 국제 유가가 12년 만에 최고치를 기록하면서 정유 업계는 역대급 실적을 거둔 것에 대한 우려를 전달한 것이다. 우리나라에서도 바람에 떨어진 과일이 있었다. 2022년 하반기부터 고금리 상황이 이어지면서 시중 은행들 역시 정유 회사들처럼 역대급 실적을 거두었다.

횡재세는 이와 같은 초과 이익에 대해 부과되는 세금이다. 횡재세의 역사는 상당히 오래되었다. 1914년 제1차 세계대전 중 미국에서 처음 논의되었고 유럽 국가들의 경우 이미 시행에 들어갔거나 도입을 추진 중인 나라들이 다수이다. 대한민국 국회도 움직이기 시작하였다.

국회입법조사처는 2023년 3월 29일 '횡재세 도입 논의의 현황과 과제'라는 보고서를 냈다. 보고서에는 횡재세 과세 요건과 관련해 "과연 어떠한 상태에서 어느 정도가 해당 기업의 초과이익으로 과세할 수 있는지 명확한 기준이 제시될 필요가 있다"며 "특수한 상황에서 통상 영업이익의 2~3배 이상이 발생한다면 초과이득이라고 볼 수 있겠지만 예년 동기 대비 일부 증가한 것에 일종의 초과이득세를 과세하는 건 용이하지 않을 것"이라며 과세의 현실적인 어려움에 대해 이야기 하고 있다. 즉, 명확한 과세 근거 확보가 필요하다는 의견을 피력한 것이다.

그럼에도 불구하고 국회의원들의 움직임은 빨라서 법안소위원회의 본격 심사는 아직 이루어지고 있지 않지만 정유사와 은행 등을 대상으로 횡재세를 부과하는 내용의 법인세법 개정안 3건이 이미 발의·계류돼 있다. 이성민 의원이 대표 발의한 내용은 석유정제업자를 대상으로 초과소득 5억원 이상에 20% 세율로 부과하는 방안이다. 용혜인 의원의 발의 내용은 석유정제업자 및 은행을 대상으로 초과이득에 50% 세율로 부과(유효기간 2024년 말까지)하자는 것이다. 그리고 양경숙 의원의 방안은 과세표준액이 3000억원을 초과하면서 해당 사업연도의 총소득금액이 직전 3개 사업연도의 평균소득금액을 120% 초과하는 모든 대기업을 대상으로 초과소득에 20% 세율로 부과(유효기간 2025년 말까지)하자는 것이다.

제2장

기회의 사다리 제공, 기본금융

2023년 2월 23일 윤석열 대통령이 "은행은 공공재적 성격이 있다. '은행의 돈 잔치'로 위화감이 생기지 않도록 금융위는 관련 대책을 마련하라."고 지시한 바 있다. 2023년 5월 15일 매일경제 기사는 '땅 짚고 헤엄'이라는 표현까지 써가면서 '공공재 성격이 강한 은행이 지나치게 이자 장사를 한다'고 지적했다.

여기에서 주목할 것은 '공공재'라는 표현이다. 이전 정부에서도 잘 나오지 않았던 표현이 이번 정부 들어 자주 등장하는 것이 인상적이다. 사전에서 공공재의 의미를 찾아보면 '모든 사람들이 공공으로 이용할 수 있는 재화 또는 서비스로서, 사적재(private goods)에 비해서 소비의 비(非)경쟁성(non-rivalness)과 비배제성(non-excludability)이라는 2가지 특징을 갖는 재화나 서비스를 공공재 또는 집합재(collective goods)'라고 되어 있다. 이 의미대로라면 은행은 소방서, 경찰서, 동사무소 등과 같이 대한민국 국민이라면 누구나 차별없이 이용할 수 있는 관공서와 같은 성격을 가졌다고 볼 수 있다.

정말 은행은 공공재일까? 한국은행, 산업은행, 수출입은행 등 국가가 설립한 은행은 공공성을 가지고 있다. 그러나 하나금융지주와 같은 민간은행은 논란의 여지가 많다. '모든 사람들이 공공으로 이용할 수 있는 재화'라는 측면에서 보면 민간은행은 공공재가 아니다. 민간은행의 대표 상품인 대출 상품은 신용점수가 낮은 사람에게는 허용되지 않는다. 지분 구조상 국민연금공단과 같은 국가 지분보다 사적인 지분이 더 큰 민간은행의 지분 구조를 보더라도 민간은행은 공공재라고 할 수 없다. 이런 측면들을 고려해볼 때 민간은행은 수익 극대화를 추구하는 사기업이다.

그럼에도 불구하고 왜 대통령과 언론에서는 은행을 공공재라고 했을까? 법정 화폐란 국가가 법으로 정한 화폐이고 국민들이 이를 신뢰하기 때문에 시장에서 화폐로서의 기능을 하는 것이다. 이런 측면에서 법정 화폐는 국민에 의해 만들어진 것이다. 다시 말해 국민이 국가에게 신뢰를 바탕으로 화폐를 발행할 수 있는 권한을 부여한 것이다. 그런데 대한민국에서는 국민이 주인인 법정 화폐의 95%를 시중 은행들이 발행하고 있다. 이러한 측면에서 민간은행은 공공성을 가지고 있다. 그런데 공공성을 가진 민간은행들이 '부분지급준비제도'라는 어마어마한 특혜를 누리고 있다. 부분지급준비제도란 민간은행이 모든 출금 청구를 한 번에 상환하기에 충분한 지급준비금을 유지하지 않고 예금의 일부를 대출 상품으로 판매하여 수익을 올릴 수 있는 제도이다. 이 제도에 대해 자세하게 알아보자.

은행은 서민들이 피땀 흘려 은행에 저금한 돈을 안전하게 보관해야 한다. 이것이 은행의 가장 중요한 의무다. 그런데 은행이 예금된 돈을 가만히 보관하고 있기만 하면 안 된다. 고객의 돈을 보관하는데 필요한 각종 비용들과 고객들에게 약속한 이자를 지급하기 위해서 은행은 수익을 내야 한다. 그래서 고객의 예금으로 대출 상품을 판매하고 각종 수수료를 받는 것이다. 이것이 민간은행이 지금까지 수익을 내면서 버텨온 방식이다.

그런데 은행이 고객의 예금을 자기 마음대로 여기저기 사용하거나 위험한 곳에 투자했다가 다 날려버리면 어떻게 될까? 그 피해는 고스란히 서민들에게 돌아간다. 이런 일을 막기 위해 국가가 나선 것이 '지급준비제도'이다. 즉, 국가가 민간은행들에게 예금들 중 일부를 무조건 은행에 보관해두도록 강제하고 있는 제도이다. 이를 통해 은행이 보유하고 있는 돈을 '지급준비금'이라고 하고 정부가 정해놓은 보유 비율을 '지급준비율'이라고 한다. 이와 같이 예금의 일부분만 지급 준비하도록 하는 것을 '부분지급준비제도'라고 한다.

우리나라의 법정 지급 준비율은 7%이다. A은행에 예금된 금액이 1조원이라면 이들 중 최소 7%인 7백억원에 손을 대서는 안 된다. 그렇지만 나머지 9300억원은 대출 상품 등으로 운용할 수 있게 된다.

국민들이 믿고 맡긴 돈의 93%를 합법적으로 수익 창출 활동에 활용할 수 있는 것이다. 이래서 은행업에 대해 '땅 짚고 헤엄치기'라는 말이 나오는 것이다.

그런데 은행이 보장받고 있는 부분지급준비제도는 상당한 리스크를 가지고 있다. 만일 어떤 급변 사태로 인해 불안을 느낀 예금주들이 한꺼번에 인출을 해간다면 은행은 도산할 수밖에 없다. 2023년 3월 10일 발생한 실리콘밸리은행 파산이 그 증거다. 이 경우, 그 피해는 고스란히 예금주들에게 돌아갈 수밖에 없다. 은행이 돈을 벌게 해주는 것도 국민이고 은행이 발생시킨 피해를 다 떠안는 것도 국민이다. 증권도 보험도 마찬가지이다.

실제로 민간 은행들은 지난 해 역대급 이자 수익을 올렸다. 우리나라 은행을 대표하는 5대 금융지주가 벌어들인 이자 수익은 작년 한 해에만 44조 9천억원이었고 지난 5년 동안에는 총 182조 1천억원이었다. 작년의 44조 9천억원은 2017년의 28조 4천억원 대비 약 58%나 늘어난 액수이다. 이 뿐만이 아니었다. 작년 이들이 벌어들인 수수료 수익도 역대급인 39조 3천억원이었다. 국민이 피땀 흘려 예금한 돈, 그리고 국민에 의해 부여된 공공성을 이용해 엄청난 수익을 올리고 있는 것이다.

은행의 역대급 수익 뒤에는 가구당 9170만원의 가계 부채가 있다. 생계가 곤란해진 사람들은 가계 부채를 해결하기 위해 추가 대출을 받아야 하지만 신용 점수가 낮은 사람들은 대출을 받지 못해 이자가 높은 제2금융권이나 사채 시장의 문을 두드려야 한다. 이번 정부가 100만원의 긴급 생계비를 15.9%의 고금리 이자에 내놔도 상담 예약 첫날 신청이 쇄도하면서 하루 만에 예약 접수가 마감되었다는 사실은 은행의 주인들이 처한 상황을 잘 보여주고 있다. 은행법은 제1조에 '국민경제의 발전에 이바지함을 목적으로 한다'고 은행의 목적을 명시하면서 은행이 공공재임을 인정하고 있다.

> 제1장 총칙 〈개정 2010. 5. 17.〉
> 제1조(목적) 이 법은 은행의 건전한 운영을 도모하고 자금중개기능의 효율성을 높이며 예금자를 보호하고 신용질서를 유지함으로써 금융시장의 안정과 국민경제의 발전에 이바지함을 목적으로 한다.
> 제2조(정의) ① 이 법에서 사용하는 용어의 뜻은 다음과 같다.〈개정 2013. 8. 13., 2015. 7. 24., 2021. 4. 20.〉
> 1. "은행업"이란 예금을 받거나 유가증권 또는 그 밖의 채무증서를 발행하여 불특정 다수인으로부터 채무를 부담함으로써 조달한 자금을 대출하는 것을 업(業)으로 하는 것을 말한다.

그런 공공재로서의 은행이 성과급 잔치를 벌이는 동안 국민 경제의 주체인 국민들은 점점 더 빈곤한 상태로 빠지고 있다. 언제까지 은행의 주인들은 이런 삶을 계속 살아야 하는 걸까? 근본적인 해결책은 '기본금융'이다. 기본금융은 은행이 원래 가지고 있던 공공성을 회복하는 것이다. 즉, 공공재로서의 존재 이유를 되찾는 것이다.

기본사회 이사장이자 더불어민주당 기본사회위원회 정책단장인 강남훈 교수는 이에 대해 "금융은 우리 사회가 만든 매우 정교한 제도입니다. 금융은 사회적, 제도적 공유부입니다. 금융의 주인은 주권자 국민들입니다. 따라서 금융은 주권자인 국민들의 이익을 위해서 사용되어야 하고 그 수익의 일부분은 국민들에게 분배되어야 합니다. 만약 금융이 다수의 청년과 소상공인에게 과도한 채무와 이자 부담을 지우고 소수의 집단에게 지나치게 많은 이익을 분배하고 있다면, 마땅히 고쳐져야 합니다."라면서 기본금융의 필요성을 강조했다.

기본금융이 실현되면 국민들은 두 가지를 체험할 수 있을 것이다.

첫째, 은행의 수익에 부과된 횡재세를 배당받게 될 것이다. 이는 앞서 기본소득 재원 부분에서 다룬 바 있다.

둘째, 기본대출제도가 시행될 것이다. 기본대출이란 모든 성인에게 1천만원의 저금리 마이너스 통장 개설권 또는 대출을 제공하는 것이다. 금리 수준은 제1금융권 은행의 고신용자들에게 제공되는 낮은 수준이 될 것이다. 은행에서 대출을 거절하는 사례가 발생하지 않도록, 기본대출금은 정부가 전액 보증을 서게 될 것이다.

기본금융이 실현되면 긴급 자금이 필요한 소상공인들은 숨통이 트일 것이다. 실직을 하여 당장의 생계가 막막한 사람들은 새로운 도전을 할 수 있는 여력이 생길 것이다. 근로자들은 사용자들과의 협상력이 높아질 것이다. 가정 형편이 어려워 아르바이트를 하느라 취업 준비에 어려움을 겪는 청년들은 사회에 진출하기 위한 준비 시간을 가질 수 있게 될 것이다. 창업을 꿈꾸는 청년들은 시드머니(Seed Money)를 확보하게 될 것이다. 고리의 사채업에 시달리던 사람들은 잠시 숨을 돌릴 수 있게 될 것이다.

제3장
주거 안정 보장, 기본주거

2022년 9월의 일이다. 필자는 직업 특성상 매일 전국을 다니면서 강의를 하고 있다. 어제는 울산, 오늘은 창원과 진주, 내일은 광주와 대전, 모레 부산, 글피는 서울, 그글피는 나주와 대전 등과 같은 일정을 소화하고 있다. 예전에는 운전을 하고 다녔지만 체력적으로 힘이 들어 작년부터 차를 없애고 대중교통을 이용하고 있는데 가장 효율적인 대중교통 이용 방법을 고민하다가 대전에 중간 숙소를 하나 얻자는 생각을 하게 되었다. 대전은 어디를 가든 편하게 갈 수 있는 곳이기 때문에 역 근처에 숙소를 하나 얻으면 이동 시간과 비용도 줄이고 체력 낭비도 막을 수 있을 것이라는 계산이었다.

일주일에 두세 번 묵을 곳이기 때문에 원룸이면 충분하다고 생각했고 대학가라면 방값이 저렴할 것이라는 판단을 하고 다방과 직방 같은 앱으로 방을 찾기 시작했다. 대부분 월세 매물이었고 가끔 전세 매물들이 있었다. 광역시지만 구도심인 데다가 대학가라서 그런지 보통 보증금 50만원에서 300만원에 월 20만원에서 40만원 정도 되는 매우 저렴한 매물들이 많이 올라와 있었다. 이 정도면 너무 괜찮다고 생각한 순간, 갑자기 월세가 너무 아깝다는 생각이 들었다. 그래서 전세 매물을 찾아보았는데, 5000만원 내외의 가격대가 형성되어 있었다. 그런데 그 중에 3000만원짜리가 눈에 들어왔다. 사진을 보니 방도 깨끗해 보였다. 이 방을 계약해야겠다고 결심하고 그 다음 주에 내려가서 직접 방을 보기로 했다.

그 날 저녁 지인과 저녁을 먹는 자리에서 이런 이야기를 했더니 뜻밖의 반응들이 돌아왔다.

"미쳤어? 전세로 계약하게. 2천만원 날리면 어떻게 하려고 그래?"

"신축 건물인지 잘 알아봐. 사기일 경우 아주 많아."

"월세 보증금 몇 백은 날려도 큰 타격 없잖아. 그런데, 그 큰 목돈 날렸다가 어쩌려고 그래?"

필자는 다들 너무 오버한다고 생각을 했지만, 불안한 마음에 월세를 계약했다.

2023년 5월 현재, 대한민국은 전세 사기 피해 뉴스가 언론을 도배하고 있다. 5월 12일에는 양천구 빌라 전세 사기 피해자들 중 네 번째 사망사고가 발생을 했다. 피해자의 임대인은 '무자본 갭투기' 방식으로 1천 1백여채의 주택을 보유했던 김모씨였다. 김씨는 세입자들의 피해가 세상에 얼굴을 내밀던 2022년 10월 지병으로 사망을 했다. 이 날 사망을 한 피해자는 2억원이 넘는 전세 대출금을 갚기 위해 본업에 아르바이트까지 병행하며 휴일도 없이 밤낮으로 일했고, 사망일 오전에는 대출기간 연장 상담을 위해 은행에 갈 계획이었다고 한다.

대한민국 서민들은 이제 그 누구도 전세 사기에서 자유로울 수 없게 되었다. 이들에게 전세 자금은 피땀 흘려 어렵게 만들어낸 전재산이다. 여기에 은행 대출까지 받아 그래도 좋은 지역의 괜찮은 집에서 살기 위해 노력해온 서민들에게 전세금은 본인 뿐만 아니라 가족들 모두의 운명이 걸린 소중한 자산이다. 전세금이 날아가면 이들은 길거리에 나앉을 수밖에 없다.

이런 일은 과거에도 있었지만 지금 일어나는 일들은 상당히 심각하다. 주거 안정이 송두리째 흔들리고 있는 형국이다. 1년 전만 하더라도 1%대를 유지했던 주택 담보 대출의 금리가 2022년 말 7~8%까지 치솟고 그에 따라 부동산 경기 침체가 이어지면서 '깡통 전세'가 급증하고 있고 전세 사기가 빈발하고 있다. 전세 사기와 관련된 물건이 약 2만 7천호에 달하고 2022년 한해 동안 주택도시보증공사(HUG)가 집계한 전세보증금 반환 사고는 총 5,443건이었으며 악성 임대인이 보유한 주택은 37%나 달했다.

2023년 4월 현재 보증 사고 전세보증금 금액은 총 555억원으로, 2022년 1년치 사고 금액인 321억원보다 72.9%나 높은 수치이다.

2023년 3월 국토교통부가 실거래가를 기반으로 공동 주택의 실거래 94만 건을 전수조사한 결과 전세가율이 80% 이상으로 깡통 전세가 우려되는 단지는 열 곳 중에 네 곳(38%)에 달했다.

이런 상황이 계속된다면 2023년 하반기에 만기가 도래하는 전세 계약 8건 중 1건은 '깡통 전세'로 전락할 것이고 그 피해 금액만 해도 2조원에 육박할 것으로 예상된다. 국토연구원의 조사에 따르면, 향후 주택 매매가가 20% 하락할 경우 2024년 전세 만기 주택의 14.5%가 매매가 대비 전세가 비율이 80% 이상인 깡통 전세가 될 것이라고 한다. 오늘도 TV를 틀면 어렵게 집을 구한 지 한 달 만에 전세사기를 당한 사회초년생, 보증금을 전부 날리게 생겼는데 임대인까지 사망해 오 갈 데 없어진 신혼부부, 보증금을 지키겠다고 임대인 세금을 대신 내러 다니는 피해자들에 대한 뉴스가 마음을 저리게 만든다.

미분양 가구 8만채는 또 다른 시한 폭탄이다. 이는 부동산 PF 문제와 관련이 있기 때문이다. 2022년 연말 기준, 증권사 PF 대출 연체율이 10%를 돌파했다. 급기야 IMF도 우리나라 PF 시장의 위험성을 경고했다.

주거는 우리의 '삶'에서 가장 필수적이고 기본적인 권리이다. 국가는 최소한의 주거생활을 영위할 수 있도록 국민들의 삶을 보장해야 한다. 기본주거 즉, 대한민국 국민 누구나 기본적인 주거 생활을 누릴 수 있는 권리는 헌법이 보장하는 권리이다. 대한민국 헌법은 제10조에서 "모든 국민은 인간으로서의 존엄과 가치를 가지며 행복을 추구할 권리를 가진다. 국가는 개인이 가지는 불가침의 기본적 인권을 확인하고 이를 보장할 의무를 진다.", 제34조에서 "모든 국민은 인간다운 생활을 할 권리를 가진다." 그리고 제35조 1항과 3항에서 "모든 국민은 건강하고 쾌적한 환경에서 생활할 권리를 가지며 국가와 국민은 환경보전을 위하여 노력하여야 한다. 국가는 주택개발정책 등을 통하여 모든 국민이 쾌적한 주거생활을 할 수 있도록 노력하여야 한다."고 보장하고 있다.

또한 2015년 제정된 주거기본법에는 "국민은 관계 법령 및 조례로 정하는 바에 따라 물리적·사회적 위험으로부터 벗어나 쾌적하고 안정적인 주거환경에서 인간다운 주거생활을 할 권리를 갖는다"라고 명시하여 권리로서의 주거를 확인하고 있다.

그러나 기본주거는 점점 더 멀어져가고 있는 듯하다. 기본주거가 보장되지 않은 대한민국의 주거 문제는 당장의 전세 사기 사건들을 처리한다고 해결될 문제가 아니고 아주 오랫동안 고착화된 문제이기 때문이다. 2023년 4월 17일 '헌법적 권리와 기본주거' 라는 주제로 열린 기본사회위원회 토론회에서 발제를 맡았던 '토지+자유연구소' 남기업 소장의 발제 자료를 보면 우리나라 주거의 구조적 문제가 얼마나 심각한지 제대로 알 수 있다.

주택 보유 추이를 보면 다주택자가 지속적으로 증가하고 있는데, 자가 보유율은 제자리 걸음을 걷고 있다. 2012년부터 2021년 사이 주택 소유자는 25.4% 증가 했는데 이들 중 1주택 소유 개인의 비율은 23.2% 증가한 반면, 2주택 소유 개인 비율은 38.5%, 3주택 이상 소유 개인의 비율은 42.2%로 늘었다.

〈표 1〉 주택 소유물건수별 주택소유자수 현황 추이

년도	2012	2014	2016	2018	2020	2021	증가율(%)
소유자 총계	12,032,798	12,650,446	13,311,319	14,010,290	14,696,617	15,089,160	25.4
1건	10,401,342	10,929,777	11,331,535	11,818,335	12,376,969	12,815,905	23.2
2건	1,631,456	1,720,669	1,979,784	1,720,844	1,830,140	1,803,888	38.6
3건 이상	330,091	305,478	415,924	471,111	489,508	469,367	42.2

자료 : kosis.kr

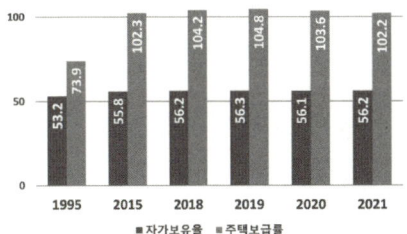

주 : 2005년부터는 구분 거처 반영
자료 : kostat.go.kr; kosis.kr

1995년부터 2021년 사이 가구수가 1.66배 증가하는 동안, 자가 보유율은 1.06배로 3.0% 포인트 증가하는 데 그쳤다.

비주택거주가구의 수는 지속적으로 증가하고 있다. 비주택거주가구란 주거 시설을 갖추지 못한 고시원, 비닐하우스, 쪽방, 판자집, 숙박 업소의 객실 등의 비주택에서 사는 가구를 말한다. 이들은 우리 사회의 대표적인 주거 취약 계층으로 열악한 주거 환경에서 정신적, 신체적 안전을 보장받지 못하고 있다. 2015년 39.3만 가구였던 수치가 2021년에는 48.1만 가구로 6년 사이에 약 22%가 늘었다. 2015년 인구주택 총조사 기준으로 「주거기본법」에 규정되어 있는 최저주거기준미달 가구, 즉 오피스텔을 제외한 '주거빈곤가구'는 전국적으로 약 228만 가구이며 전체 가구의 12.0%에 달하고 있다는 보고도 있다.

한편에서는 주택 불로소득으로 인한 부동산 부자들이 급증하고 있다. 2010년에서 2019년 사이 주택에서 발생한 불로소득은 100조원이었지만 2020년부터 200조원을 넘어섰고 2021년에는 253.3조원으로 증가했다. GDP대비 13.6%에 달한다.

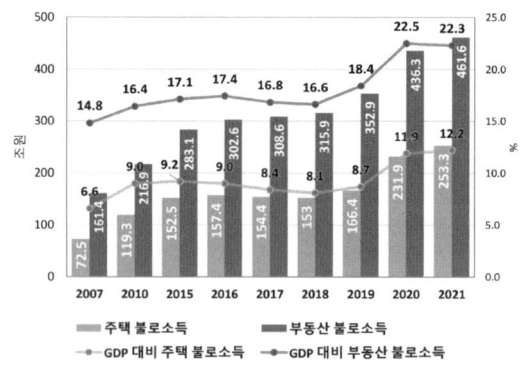

부동산 불로소득 : 매매차익+순임대소득(=부동산 현 임대가치-매입가액의 이자)
자료 : 남기업(2023.9.).

이런 상황들이 계속되면서, 대한민국 국민들의 전체 소득에서 부동산 수익이 차지하는 비중이 매년 늘어나더니, 드디어 2019년 임금수익을 앞질러, 전체 1위를 차지하기 시작하였고, 아파트 값 폭등이 시작된 2020년 부동산 수익과 임금 수익간의 차이는 약 30% 이상 벌어졌다.

순자산 상위 40% 가구는 실물 자산이 큰 폭으로 늘어났고 상위 10%(10분위)와 10~20% 가구(9분위)의 실물자산 증가 규모는 각각 6.4억 원, 3.2억 원에 달했다. 반면에 하위 60% 가구(소득 1~6분위)의 실물자산 증가는 이들 가구에 비해 미미한 수준에 그치고 있다. 주목할 것은 가계 실물자산 중 건설자산 및 토지자산의 비중이 98%로, 부동산이 불평등 심화의 주된 원인임을 보여주고 있다. 아파트 영끌족이 나올 수밖에 없는 구조다.

 토머스 모어의 유토피아에 보면 모든 구성원들에게 제공되는 기본주택이 묘사되어 있다.

"과거와는 다르게 지금의 집은 모두 3층짜리입니다. 벽면은 석재나 벽돌로 이루어져 있고, 벽면 사이의 공간마다 다양한 돌들로 채워져 있습니다. 지붕은 슬레이트가 덮여진 평평한 형태로 바뀌었습니다. 이 슬레이트는 저렴하긴 하지만, 매우 튼튼합니다. 방화 및 방수가 잘 되고, 비바람을 잘 막아줍니다."

 기본주거는 토머스 모어의 유토피아에 나오는 것처럼 모든 구성원들에게 똑 같은 집을 제공하는 것이 아니다. 모든 국민들이 주거권을 '온전히' 누리도록 국가가 보장해주는 것이다. 홍수 피해 등 자연적 재난에 취약한 그런 집이 아니라 안전한 양질의 집에서 모두가 머물 수 있도록 하는 것이다. 밖에서 열심히 공부하고 일한 가족들이 돌아왔을 때 피곤한 몸을 편하게 누일 수 있고 가족들이 한자리에 모여서 도란도란 수다를 떨며 맛있는 저녁을 먹을 수 있는 그런 주거 공간을 보장받는 것이다. 한 주 동안 열심히 일한 가장들이 주말 동안 아무 걱정없이 휴식을 취할 수 있는 그런 공간을 제공받는 것이다. 국민들이 길거리로 나앉을 걱정 없이 안정적으로 살아갈 수 있는 공간, 그거 하나 국가가 보장해주는 것이다. 국가가 말 그대로의 '집'이 아닌 곳에서 사는 사람이 단 한 명이라도 없도록 약속하고 그 약속을 지키는 것이다. '즐거운 곳에서는 날 오라 하여도 내 쉴 곳은 내 작은 집 내 집 뿐이리'라는 노래 가사가 누구에게나 기본적인 권리로서 주어지는 것이다.

기본주거가 이루어지는 사회는 다음과 같은 것들이 이루어져 있을 것이다.

첫째, 국가가 '전세 사기'와 같은 사회적인 재난이 단 한 건도 발생하지 않도록 막는 법안이 마련되어 있을 것이고 취약 계층들을 위한 지원 예산이 확보되어 있을 것이다. 이번 정부는 오히려 이와는 반대 방향으로 가고 있다. 주거취약계층의 임대주택 예산 6조원이 삭감되었고, 2022년 8월의 집중호우로 인해 관악구 신림동과 동작구 상도동 반지하에 사시던 분들이 희생당한 지 얼마 되지 않아 반지하, 고시원 등 비정상가구 예산 3조원을 삭감했다.

이러한 상황에서 더불어민주당의 조오섭 의원 등 26명의 의원이 2023년 3월 30일 발의한 '주택 임차인의 보증금 회수 및 주거안정

지원을 위한 특별법안'은 기본주거를 실현하는데 있어서 의미가 있는 법안이다.

이 법안의 주요 내용은 다음과 같다.

> 가. 보호대책 적용대상
> 　임대차의 종료 후 1개월 이상 지났으나 임대차보증금을 반환받지 못하거나, 임차주택의 경매·임대인의 파산등으로 임대차보증금 전액을 반환받지 못하는 경우(소위 "깡통주택"), 임대인등의 기망 또는 사실과 다른 설명으로 인해 임차인이 착오를 일으켜 임대차계약을 체결하고 임대차보증금을 반환받지 못하는 경우(소위 "전세사기") 등에 이 법에 따른 보호대책을 적용함(안 제3조).
> 나. 피해사실의 조사
> 　국토교통부장관 또는 지방자치단체장 등은 임차인의 신청 또는 직권으로 피해가 발생한 임차주택의 현황과 가격, 임차인의 대항력, 국세 및 지방세의 체납 현황, 경매나 파산 등의 절차 진행 상황 등을 조사할 수 있음(안 제6조).
> 다. 공공 채권매입기관의 피해 주택 임대차보증금 반환채권의 매입
> 　한국자산관리공사 등 채권매입기관은 이 법의 요건을 갖춘 임차인의 신청이 있는 경우 대통령령이 정하는 방법에 따라 공정한 평가를 거쳐 보증금 반환채권을 매입할 수 있음. 이 경우 임차인은 임대차계약을 해지하고 임차권등기를 마쳐야 함(안 제7조부터 제9조까지).
> 라. 공공 채권매입기관의 임차주택 매입 및 채권매입기관의 권리
> 　한국자산관리공사 등 채권매입기관은 매입한 임대차보증금 반환채권의 비용 회수를 위해 경매, 공매, 파산 등의 방법으로 해당 임차주택을 매입할 수 있고, 이 법에 따라 경매신청권, 우선매수권, 우선변제권 등을 행사할 수 있음(안 제11조, 안 제13조).
> 마. 국세 등 우선채권의 안분 및 선순위 근저당권의 대위
> 　임대인이 다수의 부동산을 소유하고 있고 그 부동산의 전부 또는 일부에 대하여 경매, 공매, 파산등의 절차가 진행되는 경우 임차인 또는 채

권매입기관 등으로부터 피해확인서 등을 제출받은 국세 등 우선채권 보유기관은 국세(당해세 포함)나 지방세, 건강보험료, 국민연금보험료 등의 징수를 다른 채권에 우선하도록 한 국세기본법 제35조제1항 및 제3항, 지방세기본법 제71조제1항 국민건강보험법 등 국세나 지방세 이외의 채권에 대해 우선징수할 수 있도록 한 다른 법률의 규정에도 불구하고 국세등 우선채권을 그 피해확인서 등의 제출일자(여러 피해확인서가 제출된 경우 가장 빠른 일자)에 임대인이 보유한 모든 부동산에 안분하여 배당받도록 하고, 피해확인서 등을 제출한 임차인 또는 채권매입기관은 해당 부동산에 대한 선순위 근저당권을 대위하여 행사할 수 있음(안 제15조 및 제134조).

바. 공공임대주택으로 공급

한국자산관리공사 등 채권매입기관은 라항에 의해 매입한 임차주택을 공공임대주택 사업자인 한국토지주택공사 등에게 우선 매각하여 공공임대주택으로 공급하도록 할 수 있음(안 제16조).

사. 기금 및 국세, 지방세 감면 등의 지원

한국자산관리공사 등 채권매입기관이 이 법에 따른 업무를 원활히 수행할 수 있도록 국가나 지방자치단체는 재정 및 주택도시기금을 지원할 수 있고, 국세 및 지방세를 감면할 수 있으며, 해당 주택에 대한 경매 등의 매각기일 연기를 관할 법원 또는 국세청(공매)에 요청할 수 있음(안 제17조, 안 제18조, 안 제20조).

아. 벌칙 등

국토교통부장관 또는 지방자치단체의 장이 요청하는 서류를 거짓으로 작성하여 제출한 사람, 이 법에 따라 수집된 정보 또는 자료를 이 법에서 정한 목적 외의 다른 용도로 사용하거나 유출한 사람, 자료제출명령을 받고도 정당한 이유없이 불응한 임대인에 대해서는 형사처벌을 할 수 있고, 자료제출요청에 정당한 이유 없이 응하지 않거나 허위의 자료를 제출한 사람에 대해서는 과태료를 부과할 수 있음(안 제22조, 안 제23조).

둘째, 토지는 공유부라는 인식을 바탕으로 부동산 불로소득 환수 및 차단이 이루어질 것이다. 기본주거를 막는 가장 중요한 이유들 중 하나가 아파트 투기인데 사실 알고 보면 투기의 대상은 건물이 아니라 토지이다. 토지 는 공유 자산이다.

그런데 우리나라의 토지 불평등 문제는 매우 심각하다. 2019년 기준 대한민국 주민등록 인구 5,186만 명 중 토지를 소유하고 있는 사람 수는 34.1%인 1,767만명이다. 이를 세대 별 기준으로 볼 때, 총 2,248만 세대 중 61.3%인 1,397만 세대가 토지를 보유하고 있다. 수치를 보면 불평등이 잘 보이지 않는다. 상당수의 국민들과 세대들이 토지를 소유하고 있는 것으로 보인다. 그런데, 전체 세대 100분위별 토지 보유액을 살펴보면 얘기가 달라진다.

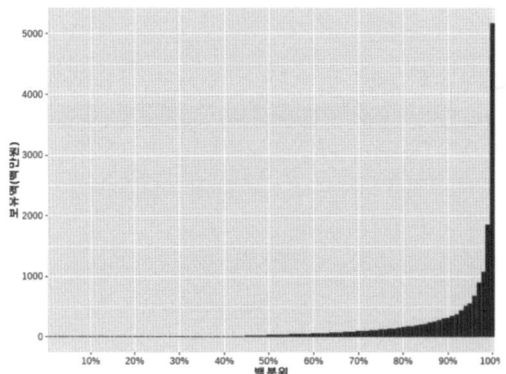

위 그래프는 국토부가 발표한 2019년 자료이다. 한 눈에 봐도 토지 불평등이 심각한지를 잘 알 수 있다. 상위 1%가 보유한 토지 가치는 나머지 99%의 그것보다 많다. 세계 어느 국가에서도 유래를 찾아

볼 수 없을 정도로 심각하다. 심지어 조선시대보다 심각하여 지니계수가 0.8114에 이른다.

이 문제는 기본소득형 토지보유세를 통해 해결될 것이다. 민간 보유 토지에 0.5%(공시 지가의 0.8%)의 토지 보유세를 부과한다면, 30조 원의 추가 조세 수입이 발생하는데 이를 국민들에게 나누면 1인당 연간 60만원의 토지 배당을 할 수 있다. 이 경우 약 84%의 세대가 순수 혜자가 된다. 또한, 30조원이 5%로 자본 환원된다면 600조원의 부동산 가격 인하 효과도 만들 수 있다. 부동산의 가격 변동폭이 줄어들게 되어 부동산 폭등 같은 일도 사라져 서민들의 주거 안정성도 높아질 것이다.

셋째, 정부 주도의 기본주택 공급이 늘어날 것이다. 우리나라는 주

■ 특별공급 유형별 자격안내

신청자격		특별공급				
		기관추천	다자녀가구	신혼부부	노부모부양	생애최초
주택소유		입주자모집공고일 현재 무주택 세대 구성원				
기본자격		해당기관에서 추천을 받은 자	미성년 자녀 3명 이상	혼인기간 7년 미만	만65세 이상 피부양 직계 존속 3년 이상 부양	과거 주택을 소유한 적이 없는 자
1회 한정		「주택공급에 관한 규칙」 제55조에 따라 한 차례에 한정하여 1세대 1주택의 기준으로 공급 가능				
청약통장	통장유무	청약통장 필요 ※기관추천은 예외 존재				
	가입기간	6개월 이상			24개월 이상	
	예치금	지역별/면적별 예치금 이상				
순위 요건		X	X	X	1순위 요건	
세대주 요건		X	X	X	O	O
소득 또는 자산기준		X	X	O	X	O
지역별/면적별 예치금		원당역 롯데캐슬 스카이엘	고양시 및 경기도 200만원 이상	인천광역시 250만원 이상	서울특별시 300만원 이상	
기타 유의사항		- 당첨자로 선정된 경우에는 향후 특별공급에 신청할 수 없으며, 중복 신청할 경우 전부 무효 처리됨 - 최초 입주자모집공고일 현재 무주택요건, 청약자격요건 및 해당 특별공급별 신청자격을 갖추어야 함 - 소형저가주택등을 소유한 경우, 특별공급에서는 유주택자에 해당 (규칙 제53조 제9호 미적용)				

※ 본 안내문은 편집 과정상 오류가 있을 수 있으므로 반드시 입주자모집공고를 확인하여 주시기 바라며, 기재오류·미기재 사항은 관계법령에 따릅니다.
※ 청약자격 미숙지, 착오신청 등에 대해서는 청약신청자 본인에게 책임이 있으므로 불이익을 당하는 일이 없도록 유의하여 주시기 바랍니다.

원당역 롯데캐슬 스카이엘

택 형태들 중 아파트의 인기가 가장 높다. 대부분의 국민들은 아파트에 살고 싶어 한다. 치열한 분양 경쟁으로 인해 단지 내 편의시설들이 업그레이드 되고 있고, 안전성 면에서도 우수하기 때문이다. 또한, 재테크 측면에서도 높은 수익률을 보장해주는 훌륭한 상품이라는 측면도 아파트의 인기에 한몫을 해왔다.

그런데 지금까지 아파트에서 살기 위해서는 언제나 '조건'을 충족시켜야 한다. 일반 공급의 경우, 언제나 청약 통장 가입 등의 여부를 따져 순위를 매겨왔고 무주택자들을 위한 특별공급 일반 분양의 경우에는 더 까다로운 조건이 붙었다.

조건을 충족시킨다고 해서 당첨이 보장되는 것은 아니다. 인기 단지의 추첨을 통해 당첨이 되어야 한다. 하늘의 별따기이다.

무주택 서민들을 위한 공공임대 주택 역시 다음과 같은 까다로운 조건이 있다.

[입주자격] 입주자 모집공고일 현재 무주택세대구성원으로서, 아래 소득 및 자산보유 기준에 해당하는 자
- 소득
 전년도 도시근로자 가구원수별 월평균소득의 70% 이하(1인가구 90%, 2인가구 80%)
  * 2021년도 도시근로자 가구당 월평균소득의 70% :
   4,492,996원(3인가구), 5,040,566원(4인가구), 5,128,250원(5인가구)

- 자산(2022년도 적용기준)
 - 총자산 보유기준 : 32,500만원(보유 부동산, 금융자산, 기타자산, 자동차가액을 합산한 금액에서 부채 차감한 금액)
 - 자동차 보유기준 : 3,557만원(보건복지부장관이 정하는 차량기준가액)

[임대조건] 시중 시세의 60~80% 수준

이 이외의 방법으로 아파트를 얻는 방법은 주택 매매 시장에서 기존의 아파트를 구입하는 것이다. 그러나 이 경우도 서민들에게는 높은 장벽이 있다. 대출을 받지 않으면 폭등하는 가격을 그저 바라보고 있을 수밖에 없다. 큰 결심을 한 사람들은 '영끌족'에 합류하는 모험을 선택한다. 그러다가 아파트 가격이 폭락이라도 하게 되면 저신용자로 전락을 하게 된다. 민간 임대 주택도 진입 장벽이 높다. 정부의 지원 대상도 취약 계층이나 신혼부부 등 일부 계층에 국한되어 있고 그나마 실제 지원을 받는 세대의 비율도 매우 낮다. 무주택자들이 제일 많이 살고 있는 지역들 중 하나인 경기도에서 정부가 지원하는 임대주택 혜택을 받고 있는 세대는 약 8%밖에 되지 않는다. 결국, 무주택 서민들의 선택은 전세나 월세 아니면 비주택 거주다.

기본주택은 아무런 조건 없이 공급되는 공공 임대주택으로 안타깝게도 2022년 9월 국회의 문턱을 넘지 못했지만 매우 현실성 있고 의미 있는 시도였다. 2020년 10월 경기주택도시공사(GH)는 '무주택자라면 누구나 역세권 등 좋은 위치에 30년 이상 거주할 수 있는 신주거 모델'을 제시했다. GH는 경기도 기본주택을 성공적으로 수행하기 위해 △공공주택 특별법 시행령을 개정해 무주택자 대상 장기임대주택 유형 신설 △핵심 지역 역세권 용적률 500% 상향 △자금 조달 방법 개선 위해 주택도시기금 융자 한도 상향 및 이율 인하(연 1%) △중앙 및 지방 정부, HUG 등이 출자하는 장기임대 비축리츠 신설 등을 추진했다. 또한, 경기도 신도시 내 주택공급 물량의 50% 이상을 기본주택으로 제공할 수 있도록 중앙 부처와 협의해 나가고자 했다. 이러한 과정들은 향후 기본주택을 추진할 때 좋은 참고자료가 될 것이다.

기존 임대주택과는 차별화된 시설과 서비스 계획도 참고할 만하다. 아파트의 최상층에 '스카이 커뮤니티'를 도입하여 입주민들이 도심지 내에서 경험하기 힘들었던 초고층 전망을 편안하게 즐기고 다양한 커뮤니티 활동을 할 수 있도록 함으로써 입주민의 거주 만족도를 높이고자 하였다. 호텔식 컨시어지 주거 서비스도 도입하여 식사·청소·돌봄 등 맞벌이 부부 및 젊은 주부들이 선호하는 다양한 주거 서비스를 제공하도록 계획하여 공공임대주택의 이미지 개선을 시도하고자 하였다. 이외에도 신혼부부를 위한 특화 시설을 도입하고 청년 창업몰을 단지 내에 들여 주거 및 일자리 문제를 동시에 해결한다는 계획도 수립하였다.

아파트 구조는 주택 수명 1백 년을 목표로한 장수명 주택 방식을 선택했다. 장수명 주택은 기존의 벽식 구조를 기둥식 구조로 변경하는 것으로 세대 내 평면 변경과 배관·설비 교체가 용이하다는 장점이 있고 재건축 횟수를 줄일 수 있으며 철거로 인한 건설폐기물을 감소하고 신축에 따른 환경오염도 개선할 수 있다고 한다.

임대료 책정은 공공사업자가 경제적 지속 가능성을 확보할 수 있는 원가 수준으로 책정되고 공공사업자는 추가 수익을 얻지 않는 방식을 선택하여, 기존의 임대료보다 더 저렴하도록 의도하였다.

< 경기도형 기본 주택 모델 임대료 상한 >

구 분	1인(26㎡)	2인(44㎡)	3인(59㎡)	4인(74㎡)	5인(84㎡)
기준중위소득	176만원	299만원	387만원	475만원	563만원
RIR20%	35만원	60만원	77만원	95만원	113만원
보증금	월임대료의 50배(1~2인) 또는 100배(3인이상)				

〈출처 : 경기주택도시공사〉

모델도 제공하였다.

〈출처 : 경기주택도시공사〉

GH의 기본주택 시도는 실현되지 못한 채 좌초되었지만, 매우 구체적인 모델에 실행 방안까지 마련되었던 사례이므로, 기본주거의 훌륭한 공공임대 모델이 될 수 있을 것으로 판단된다.

제4장

을의 협상권 강화, 을기본권

호모사피엔스가 지구에 등장한 시기부터 산업혁명이 발생한 200년 전까지 인류의 경제 성장은 거의 제로에 가까웠다. 아니, 성장이라는 표현을 쓰기도 애매했다. 그러다가 와트와 에디슨이라는 호모사피엔스에 의해 증기기관과 전기가 발명되면서 산업혁명이 시작된 이후, 인류의 경제 성장은 하늘 높은 줄 모르고 치솟았다. 그 수치는 무려 300배나 되었다고 한다. 30만년의 인류사를 생각해보면 정말 눈 깜짝할 사이에 벌어진 일이었다.

인류의 산업화가 시작된 이후, 300배의 성장을 비웃기라도 하듯 이보다 더 높은 성장을 그것도 아주 단기간에 이룬 곳이 있었으니 그 곳은 우리 대한민국이었다.

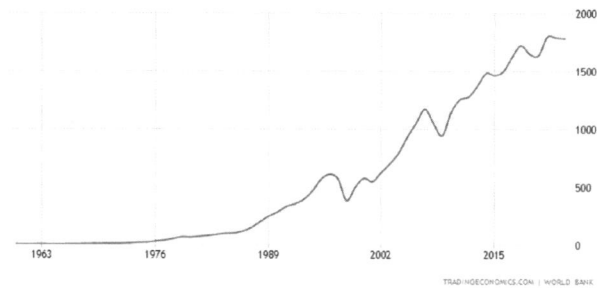

본격적인 산업화가 시작된 1960년대 이후, 대한민국의 GDP 역시 하늘 높은 줄 모르고 상승해서 2022년의 명목 GDP는 2,150조에 이르렀다. 산업화 이후 인류의 경제 성장 속도를 비웃는 듯한 초고도 성장을, 그것도, 겨우 60년만에 이루어 낸 것이다.

1인당 GDP역시 1953년의 67달러에서 2021년 3만 4,983.7달러로 로켓 발사 장면이 연상되는 초고속 성장을 했다. 약 520배가 넘는 성장이었다. 인류 역사상 처음으로 산업화를 이룬 영국도 이루지 못한 기록이었다. 어쩌면 어깨가 으쓱거릴 수 있는 이 기록 뒤에는 '을'들의 처절한 희생이 있었다. 하청 중소기업들, 저임금 노동자들, 자영업자들, 소상공인들, 프리랜서들, 플랫폼 노동자들 등 을들의 희생이 없었다면 오늘날의 '갑'은 결코 존재할 수 없었을 것이다.

경제 성장의 결실은 고생한 모두에게 기여분만큼 공정하게 분배되었어야 했지만 현실은 그렇지 못했다. 을들은 언제나 기여한 만큼 분배 받지 못했다. 그 결과, '갑'과 '을' 사이에 빈부 격차는 양극화의 양상으로 나타나고 있다. 4차 산업혁명과 기후위기는 양극화에 부채질을 하고 있다. 양극화는 세계 모든 나라들의 공통적인 문제지만 대한민국에서 더 심각하다. 2023년 에델만트러스트 바로미터 조사에 의하면, 대한민국은 정치와 경제 양극화가 심한 '위험국'이라고 한다.

성장 과정에서 약자인 을들을 위한 제도들이 도입된 것은 그나마 다행이었다. 을들 중 가장 열악한 빈곤층들을 구제하기 위해 복지제도가 도입되었다. 정규직의 신분이지만 열악한 근무 환경과 저임금에 시달렸던 임금 근로자들에게는 노동 3권과 근로기준법이 주어졌다. 수많은 사람들의 희생과 투쟁에 의해 얻어진 결과물이긴 하지만 최소한의 권리가 국가에 의해 보장받게 되었다는 점에서 의미있다.

이제 마지막 하나가 더 남았다. 중소 하청기업, 납품업체, 대리점, 가맹점주, 소상공인들 등 우리나라 경제의 두터운 허리 역할을 해온 을들이다. 이들은 축구에서 미드필더와 같은 역할을 해왔다. 미드필더는 승리를 위해서 없어서는 안될 존재이다. 미드필더가 무너지면 그 경기의 결과는 뻔해진다. 미드필더가 탄탄하면 승리의 가능성은 높아진다. 중산층인 미드필더들의 엄청난 활약으로 공격수인 대기업들은 승승장구하면서 몸값을 높일 수 있었다. 그러나 대기업에 종속된 중소기업은 대기업이 정해준 단가와 물량을 무조건 받아들여야 하는 지위에 계속 머물러왔고 현재도 그렇다. 그 결과 대기업과 상생의 관계가 아닌 종속적인 관계, 불공정한 관계 속에서 희생만을 강요받아온 이들은 양극화 앞에서 속절없이 생존을 위협받고 있다.

국가통계포털(KOSIS) 조사 결과에 따르면, 2022년 기준 우리나라의 기업체 수는 7,295,393개로인데 이들 중 소상공인을 포함한 중소기업은 7,280,543개로 전체의 99.8%를 차지하고 있다. 이들 기업에서 일하고 있는 근로자 21,580,496명 중 중소기업에 근무하고 있는 근로자 수는 1,590명으로 74%에 달한다.

 1980년 대기업의 임금을 100%로 놨을 때 중소기업의 임금은 95.7%였다. 취업만 하면 기업 규모와 상관없이 누구나 중산층의 대열에 낄 수 있었던 시대였다. 지금은 어떨까? 고용노동부가 조사한 2023년 1월 사업체 노동력 조사에 따르면 300인 미만 종사자 사업체의 작년 월 임금은 346만2천원을 기록하여 300인 이상 종사자 사업체 592만2천원 대비 58.4%의 수치를 보였다. 중소기업 임금과 대기업 임금 수준 차이를 보여주는 이 비율은 2018년 56.9%, 2020년 60.9%로 임금 격차가 줄어들더니 2021년 59.4%, 2022년 58.4%로 다시 벌어지고 있다.

부양가족	2022 최저생계비	2023 최저생계비	인상액
1인 가구	1,166,887	1,246,735	79,848 (6.84%)
2인 가구	1,956,051	2,073,693	117,642 (6.01%)
3인 가구	2,516,821	2,660,890	144,069 (5.72%)
4인 가구	3,072,648	3,240,578	167,930 (5.47%)
5인 가구	3,614,709	3,798,413	183,704 (5.08%)
6인 가구	4,144,202	4,336,789	192,587 (4.65%)

 위의 표에서 보이듯이 2023년 최저 생계비는 4인 가구 기준 월 3,240,578원이다. 최저생계비란 국민이 건강하고 문화적인 생활을

유지하기 위해 필요한 최소한의 비용이다. 중소기업에 근무하는 직원이 만일 4인 가족의 가장이라면 월 346만 2천원은 최저 생계비보다 약간 더 많은 수치이다. 기본적으로 가족들이 매일 세끼 식사하고 월세든, 전세든, 자가든 집이 있으며 핸드폰, 인터넷 사용하는데 문제가 없는데다가 아주 가끔 극장에 갈 수 있는 정도의 비용에서 조금 더 받고 있는 것이다. 제시된 수치가 평균치임을 고려할 때 월 346만 2천원을 받는 사람은 신입과 부장 사이 즉, 자녀가 초중고에 다니고 있을 정도의 중간 관리자 정도일 가능성이 높다.

총가구를 소득순으로 나열하여 차례를 정할 때 정가운데를 차지하는 가구의 소득인 중위소득을 기준으로 살펴보면,

가구원 수	2023년 기준중위소득
1인	2,077,892원
2인	3,456,155원
3인	4,434,816원
4인	5,400,964원
5인	6,330,688원
6인	7,277,981원

중위 소득 4인 기준인 5,400,964원에 비해 한참 못 미치는 금액이다. 75%에 육박하는 중소기업 근로자들이 이 정도의 삶을 살고 있다.

사람인이 2022년 5월 조사한 바에 따르면 중소기업의 대졸 신입사원 평균 연봉은 세전 2,881만원으로, 대기업 5,356만원의 54%수준이다. 연 2,881원이면 매월 240만원의 급여를 받는 것인데 각종

세금 및 연금 등을 제외하면 월 200만원을 조금 넘는 정도의 실수령액을 받고 있는 것이다. 사회초년생들이 결혼은 꿈도 꾸지 못할 정도의 금액이다.

대기업과 중소기업간의 임금 격차가 왜 이토록 벌어졌을까? 여러 가지 원인이 있겠지만 가장 핵심적인 것들 중 하나가 종속적인 하청 구조이다. 대한민국 중소기업들은 대부분 대기업과 하청 관계에 놓여있다. 하청 관계가 아니면 독자 생존해 나가기가 쉽지 않다. 중소기업을 힘들게 하는 것은 납품 단가이다. 대기업과 계약을 통해 납품 단가가 결정되면 원자재 값이 올라도 중소기업은 손해가 발생해도 그 가격에 납품을 해야 한다. 워낙 막강한 대기업에게 납품 단가를 올려달라는 요청은 입 밖에 꺼낼 수도 없다. 그렇다고 다른 업체와 계약을 할 역량도 되지 않는다. 원청 업체에 목을 맬 수밖에 없는 구조다. 그러다 보니 수익은 줄어들고 직원들에게 높은 급여를 줄 수 없게 된다. 높은 급여를 줄 수 없으니 인재들을 영입할 수도 없다. 이런 악순환 속에서 중소기업은 경쟁력을 잃어가고 있다.

러시아와 우크라이나 전쟁으로 원자재 가격이 급등하면서 납품 단가 문제가 심각해지자 국가가 나선 것이 '납품 단가 연동제' 이다. 하도급 계약 기간 중 원재료 가격이 변동될 경우 원청업체 사업자가 하청업체 사업자에게 변동분을 납품 단가에 반영해주는 제도이다. 그러나 이는 대기업과 중소기업의 양극화를 근본적으로 해결할 수 없는 땜질 처방이다. 계약서에 구체적으로 얼마가 올랐을 경우 얼마를 보장해준다는 내용이 아니라 변동이 발생했을 경우, 이를 납품 단가에 반영해주겠다는 내용을 포함시키는 것에 지나지 않는다. 명확한 가이드라인 없이 계약 적용에 따른 세부 사항 결정은 자율에 맡기는 것으로 되어 있어 약자인 을의 입장이 얼마나 반영될 수 있을지는 미지수다.

이 제도의 또 다른 문제는 원부자재 가격 인상분만 해당된다는 것이다. 제조 원가에서 아주 큰 비중을 차지하는 다른 비용들, 예를 들어 에너지, 물류, 인건비 등에 대한 고려는 전혀 없다. 또한, 예외 조항이 너무 많다. 건설 업계의 경우 △원사업자가 평균매출액 80억원 이하인 소기업이거나 △공사기간이 90일 이내거나 △하도급대금이 1억원 이하이거나 △원·하도급자 간 합의가 있는 경우 연동제 설정을 하지 않아도 되게 해주고 있는데 대한건설협회의 2019년 자료에 따르면, 소기업에 해당하는 원사업자는 8249개사(63.2%), 하도급 대금 1억원 이하 공사와 90일 이내 공사 기간인 현장 수는 총 6만1796곳(58.7%)에 달한다. 즉, 60%가 넘는 업체와 현장이 제도의 적용을 받지 않는다.

이와 같은 제도는 근본적인 해결책이 되지 못한다. 임시방편이 아닌 근본적인 해결책으로서 빈민에게 복지제도가 임금 근로자에게 근로기준권과 노동 3권이 주어졌다면 이제 이들 차례다. 양극화 속에서의 생존은 물론 대기업과의 동반 성장을 보장받을 수 있는 기본권이 이들에게 주어지고 보장되어야 한다. 이것이 '을기본권'이다. 을기본권은 경제적 약자인 을들이 단결하여 대등한 협상을 요구하고 공정한 몫을 누리도록 보장하는 제도이다.

을기본권은 새로운 것이 아니다. 기나긴 시간이 소요되는 입법 과정을 거칠 필요도 없다. 우리나라 헌법은 이미 을기본권을 보장하고 있다. 헌법 제119조 제2항 '국가는 균형 있는 국민경제의 성장 및 안정과 적정한 소득의 분배를 유지하고 시장의 비재와 경제력의 남용을 방지하며, 경제 주체 간의 조화를 통한 경제의 민주화를 위하여 경제에 관한 규제와 조정을 할 수 있다'는 조항이 그것이다. 그러므로 을기본권은 노동 3권이나 근로기준법처럼 기나긴 투쟁이나 희생의 과정을 거쳐 얻어내야 하는 것이 아니다. 국가가 을들에게 과거에는 없던 특별한 혜택을 베푸는 것도 아니다. 국가는 이미 있었지만 이들이 누리지 못했던 권리를 찾아주는 역할만 하면 되는 것이다.

을기본권의 핵심은 을들의 단체교섭권과 단체구성권이다. 약자는 단결을 통해서 힘을 가질 수 있다. 두 가지 권리는 헌법 제33조 1항 '근로자는 근로조건의 향상을 위하여 자주적인 단결권, 단체교섭권 및 단체행동권을 가진다'에 의해 근로자들에게 보장되어 있다. 을들도 이런 권리를 누릴 법적 근거를 가지고 있다.

헌법 123조 3항 '국가는 중소기업을 보호·육성하여야 한다.'는 항목은 을들에 대한 국가의 의무를 규정하고 있다. 헌법 제21조 1항 '모든 국민은 언론·출판의 자유와 집회·결사의 자유를 가진다'는 결사의 자유를 인정하고 있다. 결사의 자유란 같은 목적을 가진 사람들이 목적 달성을 위해 국가의 간섭을 받지 않고 단체를 구성할 수 있는 자유를 의미한다.

가맹사업법 제142조의 2(가맹점사업자 단체의 거래 조건 변경 협의 등) 역시 이에 대해 명시하고 있다. 세부 항목들을 보면,

- 1항 : 가맹점 사업자는 권익보호 및 경제적 지위 향상을 도모하기 위하여 단체를 구성할 수 있다.
- 2항 : 특정 가맹본부와 가맹계약을 체결, 유지하고 있는 가맹점 사업자로만 구성된 가맹점사업자단체는 그 가맹본부에 대하여 가맹 계약의 변경 등 거래 조건에 대한 협의를 요청할 수 있다.
- 3항 : 제2항에 따른 협의를 요청 받은 경우 가맹본부는 성실하게 협의에 응하여야 한다.

라고 명시하고 있다.

산업혁명 이후 심화된 불평등 문제를 해결해준 것은 단체교섭권이었다. 증기기관 등 새로운 기술이 도입되면서 숙련공들은 일자리를 잃었고 노동자들은 낮은 임금과 긴 노동 시간으로 인해 고통을 당했다. 그러나 노동자들의 투쟁과 정치인들의 노력으로 단체 교섭권이 주어지면서 노동 시간이 단축되고 사내 복지 제도가 도입되었으며 일자리는 줄어들지 않으면서 실질 임금이 상승하는 결과를 낳았다. 단체 교섭권으로 인해 산업혁명은 비극으로 끝나지 않은 채, 기술 혁명의 성과가 다수에게 돌아갈 수 있었다.

이미 노동자들에 대한 단체 교섭권이 행사되고 있고 을들도 단체

를 구성하여 단체교섭을 벌일 수 있는 법적인 근거가 있으니 단결하면 된다. 그러나 문제가 있다. 단결한 을들을 갑들이 인정하지 않고 교섭에 응하지 않으면 아무런 소용이 없다. 갑들이 을들이 단체교섭 요구에 의무적으로 응하도록 법적으로 보장되어야 한다. 한국 헌법은 노동조합이 단체교섭을 요구할 수 있는 권한(제29조)과 사용자가 단체교섭에 응할 의무(제81조 제3호)를 규정하고 있어 노동자들이 힘을 갖게 된 것이다. 그러나 지금까지 갑들은 을들의 단체교섭권을 인정하지 않고 있다. 대표적인 반대 논리는 이들이 노동자가 아니라는 것이다.

을기본권이 보장되면, 을들은 단체 구성과 교섭을 통해 협상력을 높일 수 있게 된다. 국가는 법률에 의해 갑들이 을들의 단체교섭에 응할 의무를 보장할 것이다. 이미 일본, 호주, 독일 등에서는 중소기업의 공동 행위가 허용되고 있다. 이들 나라의 중소기업들은 공동 행위를 통해 협상력을 높인 결과 중소기업들의 경쟁력을 높이고 있고 이는 국가 경쟁력 강화로 연결되고 있다.

4차 산업혁명은 중산층 숙련 일자리를 불안정하게 만들고 중소기업 등 을들의 처지를 날로 약화시키고 있다. 대전환이 이루어지는 시대에 과거와 같은 방식으로는 국가의 지속 성장을 보장할 수 없다. 을기본권을 통해 자본과 노동간의 힘의 균형을 회복함으로써 공정한 경제 구조를 구축하는 것이 새 시대에 맞는 방식이다.

BASICPIA

Part 3

기본사회의
실현 가능성

제1장
행동주의 심리학에 의한 성공가능성 분석

왜 행동주의 심리학일까?

행동주의심리학이란 미국의 심리학자 와트슨이 제창한 것으로, 내성보다는 표면에 나타난 행동패턴을 관찰하고 해석함으로써 심리현상을 파악해 나가려는 입장을 말한다. 좀더 구체적으로 표현하자면, 눈으로 관찰 가능한 행동을 심리학의 연구 대상으로 한정하고 이를 통해 인간의 마음과 행동을 알아보고자 하는 것이다. 이 이론에 따르면, 인간 행동의 변화는 단기간에 이루어지지 않기 때문에 과거 행동이 미래 행동에 대한 최고의 예측 정보가 될 수 있다. 그렇기 때문에 이 이론은 '과거에 성과를 내본 사람은 미래에도 성과를 낼 가능성이 높다'는 핵심 전제를 가지고 있다.

이 이론에 따르면 사람들이 일정한 조건이나 환경에서 한 행동이 반복되다 보면 그것은 하나의 행동 패턴이 되고 미래에 같은 조건이나 환경 속에서 같은 행동 패턴이 다시 반복된다는 것이다. 결국, 어떤 사람의 미래 행동을 예측하기 위해서는 그가 과거에 반복적으로 보여준 행동 패턴을 연구하면 된다는 것이다. 과연 이 이론을 믿어도 되는 걸까?

대한민국 소비자들에게 '당일 배송'이라는 말은 낯설지가 않다. 2014년 쿠팡이 로켓배송이라는 거창한 구호를 내걸고 오전에 주문한 물품에 대해 당일 배송을 시작한다고 했을 때 그 누구도 놀라지 않았다. 대한민국이라는 나라는 물리적으로 좁은 땅덩어리를 가지고 있을 뿐만 아니라 어디서든 1일 생활권 즉, 제주도에서 판문점까지 남북을 횡단하든 대천에서 강릉까지 동서로 횡단하든 목포에서 삼척까지 대각선으로 횡단하든 하루는커녕 반나절이면 어디든지 사람과 물건을 보낼 수 있는 교통 시스템을 갖추었기 때문이다.

그러나 미국이라는 나라에서 당일 배송을 한다면 얘기가 달라진다. 미국의 면적은 약 9백8십만 제곱킬로미터로 약 10만 제곱킬로미터인 남한 면적의 98배에 육박한다. 미국에서 가장 큰 주인 알래스카주는 약 154만 제곱킬로미터의 크기를 자랑하고 있고 본토에서 가장 넓은 텍사스주는 약 70만 제곱킬로미터나 된다. 우리나라 교포들이 가장 많이 살고 있는 캘리포니아주만 해도 42만 제곱킬로미터에 달하고, 이번 미국 대통령 조 바이든의 고향인 펜실베이니아주는 규모가 매우 작은 편에 속하는데도 약 12만 제곱킬로미터나 된다. 동서 횡단 거리는 약 4,800킬로미터나 되는데 이 거리는 서울과 부산 사이의 거리인 450킬로미터의 10.7배에 해당된다. 미국의 한가운데에 해당되는 캔사스주나 콜로라주도 혹은 미주리주 등에 물류센터를 둔다고 하더라도 하루 안에 동서남북 외곽 지역까지 커버하는 것은 불가능하다.

그렇다면 항공편으로 배송하는 것은 어떨까? 서쪽 끝 부분에 위치하고 있는 로스앤젤레스에서 동쪽 끝의 워싱턴까지 5시간 30분이면 비행이 가능하니까 항공편 당일 배송은 전 지역 어디서나 물리적으로 가능하다. 그러나 그 비용을 따져보면 쉽지 않다. 우리나라 우체국 택배의 경우, 당일 배송은 없지만 익일 배달 요금을 살펴보면 기본 요금이 5천원인데, 제주도의 경우, 50%의 추가 요금이 붙은 7천5백원이다. 그렇다면, 5시간 30분의 항공 택배 비용은 얼마나 될까? 제주까지 1시간이 소요된다는 것을 기준으로 했을 때 단순히 산술적인 계산을 한다고 해도 할증 요금 2천5백원에 5.5를 곱한다고 하면 1만3천5백원이나 된다. 1만원짜리 책 한 권을 사는데 이 정도의 배달 요금이 책정된다면 당일 배송을 생각할 엄두도 못낼 것이다.

상황이 이렇다 보니 미국에서는 5일에서 7일 배송이 일반화되어 있고 이마저도 휴일과 주말은 포함되어 있지 않아서 2주일 걸리는 경우도 다반사였다. 성질 급한 한국 사람들은 절대로 기다리지 못할 시간을 미국 사람들은 견뎌오고 있었던 것이다. 물론, 일부 지역이나 조건에 따라 이보다 빠른 서비스도 제공되어 왔다. 예를 들어 아마존 프라임 회원들은 1년에 $119나 월 $12.99를 내고 2일 이내에, 캘리포니아 등 특정 주는 당일에 물건을 배송 받는 혜택을 누리고 있다.

그런 미국에서 아마존은 2019년 5월 5일(현지 시각) 가장 부유하고 인구가 많은 16개 주와 워싱턴 DC의 거의 모든 가구 (95% 이상)를 포함해 미국 전체 인구의 72%에게 당일 및 익일 배송 서비스를 제공할 수 있다고 발표하였다. 아마존이 제시한 커버 가능 영역은 중서부 지역의 텍사스 및 주요 대도시 지역 뿐만 아니라 대부분의 해안 도시들까지 포함된다.

어떻게 이런 일이 가능할까? 물류 인프라와 네트워크에 막대한 투자를 하면 된다. 실제로 아마존은 지난 4년 동안 어마어마한 투자 금액을 쏟아 부어 미국 전체 물류 인프라를 3배 가까이 끌어올렸다. 2019년 2분기에는 거의 1조원에 달하는 금액을 투자하였다. 특히, 코로나 사태로 급증한 온라인 주문과 배달 수요를 고려해 자동차 대리점, 패스트푸드점, 쇼핑몰 등 대형 상점이 밀집해 있는 도시 지역과 근교에 소규모 물류 창고를 두 배로 늘리는 작업에 수십억 달러를 투자하고 있고, 17만 5천명의 신규 직원을 채용했으며 향후로도 미국 전역의 도시와 교외에 1,500여개의 소규모 물류 창고를 지을 계획을 밝히기도 했다.

그럼에도 불구하고 의문이 가시지 않는다. 아무리 물류 창고가 많다고 하더라도 현재 기준 300만 개가 넘는 상품들을 어떻게 미국 전역에 당일 배송을 할 수가 있을까?

예를 들어보자. 그런 일이 생길지 아닐지는 모르겠지만 『기본사회』라는 책이 영문으로 번역되어 미국 아마존에서 팔리기 시작했다고 치자. 이 책은 300만 개 상품들 중 하나에 지나지 않는다. 그런데, 어느 날 미국 50개의 주에서 주당 1권씩 '기본사회' 주문이 들어왔다고 가정해 본다면 50개의 주 어딘가에 존재하는 50명의 고객에게 당일 날 50권이 다 배송되어야 한다. 이런 일이 가능하기 위해서는 50개 주의 어딘가에 있는 물류 창고에 이미 '기본사회'가 최소 한 권씩 보관되어 있어야 한다. 300만 개 상품들이 전 지역에 당일 배송되기 위해서는 최소 각 주에 있는 물류 창고에 최소 300만 개의 상품들이 최소 1개 이상씩 이미 존재하고 있어야 한다. 그것도 365일 내내. 그런데, 물류 창고가 각 주에 하나만 있는 것은 아닐 것이다. 만일 물류 창고 개수가 100개라면? 500개라면? 1천개라면? 아마존이 선택한 방법은 이런 단순 무식한 것이 아닐 것이다.

미국 네바다주에 사는 윌리암은 책을 구입하기 전 구글을 통해 검색을 한다. 급한 책은 검색 즉시 구입을 하지만 대부분의 책은 일주일 내내 탐색전을 치르다가 보통 금요일 오후 5시, 그러니까 퇴근 시간을 앞둔 1시간 전에 최종 검색한 책을 주문한다. 이런 식의 구매를 한 것이 벌써 3년째다. 물론, 그 시간에 검색한 책을 100퍼센트 구입한 것은 아니다. 지금까지의 전적으로 80% 이상의 구매를 하였다.

구글의 인공지능은 윌리암의 이러한 구매 패턴을 인지하고 이 정보를 아마존에게 전달한다. 윌리암은 이번 주 금요일 오후 5시 『기본사회』 영문판을 검색했다. 그 즉시 아마존은 윌리암의 집에서 가장 가까운 물류 창고에 그 책을 가져다 둔다. 언젠가는 윌리암이 이 책을 살 것이라는 기대와 함께. 윌리암이 사지 않으면 다른 사람이라도 살 것이라는 기대도 함께.

아마존의 당일 배송이 가능한 이유는 이와 같은 방식의 데이터 분석 때문이다. 인간은 누구나 특정 상황에서 일정한 행동 패턴들을 가지고 있고 반복되는 행동 패턴들을 가지고 있기 때문에 미래의 행동에 대한 예측이 가능해진다. 인간들의 행동 패턴이 데이터로 남겨져 쌓이게 되고 그 양이 어마어마하게 늘어나게 되어 만들어진 결과물이 빅데이터이다. 인류가 빅데이터 마이닝에 매달리는 이유가 바로 여기에 있다. 특정 상황에 대해 보다 더 정확한 예측을 하기 위해서이다.

전 세계에서 인구가 가장 많은 나라는? 중국을 떠올릴지도 모르겠지만 페이스북이다. 국가가 우리에 대해 가지고 있는 정보는 주민등록번호, 지문, 주소, 전화번호, 전과 기록, 주소 이전 기록, 재산, 세금 납부 내역, 혈액형, 가족 관계, 병역 사항 등이다. 국가가 법적으로 수집이 허용된 정보들이다. 페이스북은 이런 정보는 가지고 있지 않지만 이 정보를 뺀 나머지 정보를 모두 가지고 있다. 우리가 스스로 우리에 대한 세부적인 정보를 매일 업데이트하고 있기 때문이다.

그 결과 페이스북은 우리의 성격, 성향, 관심사, 흥미, 직업, 인성, 친구 및 지인 관계, 취향 (음식, 음료, 술, 담배, 섹스, 여행지, 책, 드라마, 영화, 정치인, 제품 등), 자주 가는 곳, 요일마다 하는 행동들, 심지어는 자주 하는 욕설 등까지 모든 정보를 가지고 있다. 그야말로 회원들에 대한 빅데이터를 가지고 있게 된 것이다.

미국 메이저리그 투수들 중에는 6년 동안 10점에 가까운 자책점을 거두면서 단 1승도 거두지 못하고 결국 메이저리그에서 방출된 뒤에는 마이너리그를 전전했던 투수가 있다. 그의 이름은 콜린 맥휴(Collin McHugh)이다. 그러나 휴스턴에서는 이 선수를 주목하고 스탯 캐스트를 동원하여 맥휴의 투구 패턴을 분석하였다. 스탯 캐스트란 항공모함의 레이더 기술에서 쓰이던 추적 시스템을 야구에 들여온 것이다. 이 시스템을 통하여 선수의 기록을 중계화면에서 실시간으로 시각적으로 볼 수 있게 되었다. 야구를 좋아하시는 분들이라면, 텍사스의 추신수 선수가 홈런을 쳤을 때 타구 속도, 비거리, 수직 기울기 각도 등이 그래픽과 함께 제공되는 것을 볼 수 있을 것이다. 심지어 장내 홈런을 쳤을 때 타구를 친 후 홈 플레이트에 들어오는 시간까지도 측정하여 보여주는데 이것이 바로 스탯 캐스트다.

스탯 캐스트가 저장해놓은 데이터를 본 휴스턴은 맥휴의 커브볼에 위력이 있다는 것과 어떤 이유에서인지는 모르겠지만 맥휴가 커브볼보다는 다른 구종의 공을 훨씬 더 많이 던졌다는 것을 알 수 있었다. 휴스턴은 맥휴 선수를 영입하면서 커브볼의 빈도를 늘릴 것을 조건으로 내세웠다. 이 조건을 받아들인 맥휴는 2014년 커브볼을 주 무기로 메이저리그 무대에서 11승을 거두면서 최정상급 투수의 반열에 올랐다.

 2016년 알파고라는 AI가 전 인류 앞에 등장한 지 2년 후인 2018년 러시아월드컵 대회는 AI의 예측력을 뽐내기 위한 각축장이기도 했다. 많은 업체들이 AI를 동원해 우승팀을 미리 맞춰봤는데 그 결과는 매우 참담했다. 대부분의 AI는 독일과 브라질, 스페인과 프랑스가 4강에 오르고 결승에서는 독일이 브라질을 꺾고 우승할 것으로 예측을 하였는데 독일이 한국에 덜미를 잡히며 예선 탈락을 하는 바람에 AI들의 예측은 16강전이 벌어지기도 전에 빗나갔다. 그 이유는 실제 데이터를 기반으로 한 예측이 아닌 10번의 가상 경기를 치른 뒤 얻은 결과물이었기 때문이다. 물론, 기존 월드컵 경기 데이터들도 입력되었지만 그 수치는 250여 건에 지나지 않았다.

 중국 남방 지역의 저장성(浙江省)에는 이우시(義烏市)가 있다. 이우시는 상하이에서 남쪽으로 3시간 거리에 있는 도시인데, '이우에 없으면 세상에 없다' 는 말이 있을 정도로 세계 최대의 잡화 도매시장이 자리잡고 있다. 한국으로 수입되는 소매 상품의 80% 이상이 이우시를 통해 거래가 되고 있을 정도로 세계 각지에서 소매상들이 몰려드는 곳이고 매년 30억 켤레의 양말을 생산하여 '양말 도시' 라고도 불리는 곳이다.

 그런데, 여론 조사 기관이나 AI 업체도 아닌 이우시 상인들이 내놓은 예측은 너무나도 정확했다. 이들은 각종 물품들의 주문 데이터를 보고 프랑스가 우승할 것을 일찍부터 예측하고 있었다. 이들의 예측은 이 때 한 번 우연히 맞아떨어진 것이 아니다. 2016년 미국 대선 당시 모든 유력 매체들과 정치 전문가들이 힐러리의 당선을 확신하고 있을 때, 정반대로 트럼프 대통령의 당선을 정확하게 예측해내어 선거 분석 전문가들을 깜짝 놀라게 했다. 그 뒤로, 그 정확도가 워낙 높아 이우 상인들에게는 '족집게 도사'라는 별명이 붙었고 나중에는 '이우지수'라는 용어까지 생겼다.

이들이 정확한 예측을 하는 비결은 수출 오더 데이터이다. 2016년 미 대선 당시 트럼프 후보의 유세용 티셔츠 주문량이 힐러리 캠프보다 10배나 많았던 것. 2020년에는 미국 전역에서 코로나 환자가 겨우 2천명에 지나지 않았을 때, 이미 미국에서의 코로나19 대폭발을 정확히 예측하였는데 그 근거 역시 마스크 주문장에 적힌 데이터었다.

이러한 사실들을 종합하여 봤을 때, 패턴 파악을 통해 미래를 예측할 수 있다고 주장하는 행동주의 심리학 이론은 타당성이 있어 보인다. 우리는 알래스카, 신안군, 마을연금을 도입한 여러 마을들 등 혁신적인 해결책을 과감히 도입하여 성과를 낸 사례들에서 일정한 패턴이 있음을 알 수 있었다. 그 패턴은 '혁신을 실행하고자 하는 열정을 가진 리더 그리고 리더의 비전을 공유하고 리더의 실행을 굳건히 따르는 팔로워'의 존재였다. 이제 기본사회의 미래를 예측해볼 차례다. 기본사회는 성공 패턴인 리더와 팔로워가 존재하는가?

제2장

머슴을 자처한 리더 이재명

이재명의 인생 패턴 분석

이재명의 기본사회는 기존의 복지 등과 같이 사회, 경제, 정치적 문제를 해결하기 위한 모든 제도들을 포괄한다. 그러나 단지 양적인 합으로서 포괄만은 아니다. 혁신의 시대에 맞도록 질적으로 한 단계 더 진전시킨 개념이자, 대한민국의 비전으로 제시한 것이다.

변호사 시절부터 성남시장, 경기도지사, 대선 후보를 거쳐 현재 국회의원이자 민주당 당대표가 된 이재명의 삶을 들여다보면 그의 판단과 결정의 밑바탕에는 '약자'라는 두 글자가 뚜렷하게 쓰여 있음을 알 수 있다. 그가 약자로서의 삶을 살아온 것이 가장 큰 이유가 아닐까 생각된다.

IMF 체제를 해결해가는 과정에서 국민들과의 대화 자리를 가졌던 김대중 전 대통령은 "아직은 방바닥이 차갑게 느껴질 것이지만 조금만 더 참으면 구석까지 따뜻해짐을 느낄 것"이라며 국민들을 위로하고 희망을 준 적이 있다. 나라는 한 집안의 안방과 같다. 그런데 방 전체를 데울 땔감이 부족하다면 따뜻한 곳과 차가운 곳이 나뉠 수밖에 없다. 땔감이 부족한 상황을 가족 모두가 이해한다면 아무런 문제가 되지 않는다. 불편하긴 하지만 모두가 따뜻함이 느껴지는 곳에 옹기종기 모여 살면 되기 때문이다. 그러나 힘이 있는 자만 따뜻한 자리에서 지내고, 힘없는 자는 차가운 곳에서 지내야 한다면 이것은 문제가 되는 것이다.

　방 전체를 데울 땔감이 넘치고 넘치는데 따뜻한 곳과 차가운 곳으로 나뉘게 되는 것도 문제다. 극소수만이 따뜻한 바닥에서 지낼 수 있다면 더 큰 문제이다. 방의 90% 이상이 따뜻한 바닥인데 이곳에서 지낼 수 있는 사람이 10%도 안 된다면 혹은, 10%도 안 되는 차가운 바닥에서 90%가 넘는 사람들이 지내야 한다면 이것은 아주 심각한 상황이다. 게다가 차가운 바닥에서 지내야 하는 사람들이 앞으로도 계속 그렇게 살아야 한다면 이는 더 심각한 상황이다.

　도대체 그 시작이 언제부터인지 모를, 그 끝이 언제가 될지 모를, 그리고 그 격차가 얼마나 더 벌어질지 감도 잡히지 않을 빈부의 문제는 지금 이 순간에도 코로나 사태가 일어난 이후 더욱 더 큰 무게감으로 대한민국 서민들을 짓누르고 있다. 그리고 여전히 약자들은 차가운 바닥에서 삶의 무게를 견뎌 나가고 있다.

이재명의 인생에는 일정하고도 분명한 패턴이 존재한다. 마치 자동 반복 기능을 설정해놓고 태어나기라도 한 것처럼 '차가운 바닥 -〉 몸부림과 도전 -〉 신분 상승 -〉 다시 차가운 바닥 -〉 몸부림과 도전 -〉 신분 상승 -〉 또 다시 차가운 바닥' 이라는 패턴이 계속되고 있다는 것을 알 수가 있다.

● 성장기

이재명은 친일 독재자인 박정희가 제5대 대통령에 취임한 지 2년차였던 1964년에 태어났다. 당시 1인당 국민 총소득(GNI)는 103달러. 대부분의 국민들이 차가운 바닥을 경험할 때였다. 그가 책이나 페이스북에서 묘사한 상황은 지금으로서는 상상도 할 수 없을 만큼 참혹하다.

"7남매를 데리고 산전을 일궈 살던 아버지는 내가 초등학교 3학년 때 집을 나가시고, 어머니 혼자 7남매를 키우셨지요. 어머니는 남의 밭일 대신해주고 겉보리 한 되 좁쌀 한 됫박씩 얻어 먹으며, 사람이 굴러 내릴 정도의 급경사 산비탈을 일군 산밭에서 키운 감자로 어린 자식들의 주린 배를 채워주셨습니다. 자식들과 살아남기 위해 어머니는 감시원 눈을 피해 막걸리를 빚어 농사일이 끝난 밤에 술장사를 하셨고, 가끔 장에 나가 진통제 가스명수 같은 간단한 의약품을 떼어다 파는 약장사까지 하셨습니다."

- 이재명 성남시장 Facebook 글 '나의 슬픈 가족사' 중에서 -

그는 차가운 바닥을 벗어나 보고자 하는 시도를 감행한다. 1976년 초등학교를 졸업하고 자리를 잡은 곳은 그가 시장으로 재직했던 성남시의 상대원 시장 뒷골목 반지하 단칸방이었다. 그러나 그 곳은 더욱 더 차가운 곳이었다.

"1976년 내가 초등학교를 졸업하면서 성남으로 이사를 왔습니다. 반 지하 단칸방에 9식구가 오글거리며, 다시 결합한 아버지는 상대원 시장 청소부로 일하시고, 어머니는 초등학생인 여동생을 데리고 시장 화장실을 지키며 10원, 20원 이용료를 받아 생활했습니다. 어머니와 여동생은 화장실 앞에 앉아 남자 손님에게 돈 받는 걸 정말로 싫어하셨지만 그야말로 목구멍이 포도청이었습니다. 온 가족이 진학을 포기하고 전부 생활 전선에 뛰어들었습니다. 살기 위해 어쩔 수 없었습니다."

- 이재명 성남시장 Facebook 글 '나의 슬픈 가족사' 중에서 -

13살 짜리 노동자가 목걸이 공장에서의 잔심부름을 시작으로 상대원 공단의 공장을 전전하며 얻은 것은 월급을 떼이는 경험과 산재사고로 인한 6급 장애인 신분이었다. 더 차디찬 바닥으로 내몰린 것이다. 후각이 마비가 되고 왼팔이 제 기능을 못하는 장애인이 세울 수 있는 성공 모델은 고등학교를 졸업하고 공장 관리자가 되는 것이었다. 공장 관리자가 되면 따뜻한 바닥에서 지낼 수 있다는 기대를 가지고 중고등학교 검정고시를 마쳤지만, 여전히 차가운 바닥을 벗어날 수가 없었다. 그의 마지막 몸부림은 대학생이 되는 것이었다.

그는 중앙대학교 법학과의 신입생이 되었다. 초등학교만 나오고 노동자로 살다가 고등학교 졸업이 유일한 꿈이었던 그에게 대학생이 된다는 것은 엄청난 신분 상승이었을 것이다. 게다가 당시 받던 월급의 4배나 되는 장학금을 받으면서 공부에만 전념할 수 있는 상황을 맞이하게 되었으니, 따뜻하진 않아도 미지근한 바닥에 앉게 된 것이다.

● 인권 변호사로서의 삶

결국 그는 사법 시험에 합격하여 따뜻한 바닥으로 옮겨갈 수 있는 기회를 잡는다. 변호사를 개업하여 많은 돈을 벌던가 판사나 검사가 되어 안정적인 삶을 살 수 있는 기반을 마련한 것이다. 부모님도 기뻐하셨을 것이고, 이시장의 고향에는 사법고시 합격을 축하하는 플랜카드가 나붙고 마을 잔치도 열렸을 것이다. 다들 '이제 고생 끝, 행복 시작'이라는 덕담을 나누었을 것이다. 벌써 좋은 혼처 얘기도 오

갔을 것이다. 지긋지긋한 찬 바닥에서 벗어나 따끈한 아랫목으로 옮겨가는 것은 이제 시간 문제였을 때였다. 그러나 그는 다시 차가운 바닥으로 내려간다.

사법연수원은 출세길이 보장된 곳이다. 이 부분에 대해서는 그 누구도 부인할 수 없을 것이다. 특히 지금보다 그 당시의 사법연수원은 신분을 완전히 뒤바꿀 수 있는 절호의 기회였다. 가난한 집안 출신의 머리가 좋은 사람이라면 누구나 도전한 것이 바로 사법 시험이었고, 흙수저가 금수저로 변신할 수 있는 기회였다. 어쨌든 이시장도 신분 상승의 지름길에 올라서게 된 것이었다. 자, 이제 이시장은 그 자리에 올라서서 고속 주행만 하면 만사가 오케이! 그러나 그는 역주행을 시작한다. 그토록 그리던 따뜻한 바닥에 드디어 앉았으면서 다시 자신의 출발점이었던 차가운 바닥에 있는 사람들을 바라보기 시작한다.

"결국 산재사고를 당해 장애인이 되었으면서도 보상 한 푼 못 받고, 치료 중에도 깁스 한 팔을 안고 한 손으로라도 일하라며 출근을 강요 받던 그 비인간적인 노동 현장으로 다시 돌아가 인권 변호사의 길을 가기로 결심했다. 문제는 가족이었다. 자주 표현하지는 않으셨지만 '넷째'에 대한 기대가 남다른 어머니, 판검사가 나오는 집안 경사를 꿈에서조차 기다리던 가족들에게 도저히 '운동'을 위해 판검사를 포기한다고 말할 용기가 없었다. 결국 어머니에게 '성적 부족으로 변호사를 할 수밖에 없다'고 거짓말을 하고 인권 변호사의 길로 들어섰다." - 오직 민주주의, 꼬리를 잡아 몸통을 흔들다' 중에서 -

인권 변호사로서 스스로 차가운 바닥에 앉아 차갑게 살아가는 사람들을 위해 살아가는 것은 녹록하지 않았을 것이다. 시민운동가의 삶을 선택한 사람들의 삶이 의례히 그러하듯이 말이다. 그는 이 기간 동안 한 번의 구속과 한 번의 수배를 당하기까지 했다. 구속은 2001년의 '파크뷰 특혜 분양 사건'과 관련된 검사 사칭 방조 혐의로 인한 것이었다.

분당 파크뷰는 33~95평형 1829가구의 대단지로 정자동에 위치해 있다. 25층 이하 1300가구를 선착순 분양한 첫 날에만 1만여 명의 청약 행렬이 줄을 이었고, 고층부의 공개 청약률은 평균 32대 1을 기록하였다. 왜 이런 열기가 생겼을까? 당연히 당첨이 되면 큰 돈을 벌 수 있다는 기대 때문이었다. 입주를 앞둔 시점에서 분양가 대비 2억원 이상의 프리미엄이 형성되기도 하여 2억 1천만원에서 2억 6천만원에 분양된 33평형은 5억 8천만원에서 6억 7천만원의 매매가가 형성되었을 정도이다. 현재는 모든 평형이 10억원을 넘는 분당 최고가의 아파트가 되어 있다.

선착순 분양분 중 34.5%에 해당되는 449가구가 유력 인사들에게 사전 분양이라는 특혜로 주어졌고, 이들 중 여권 실세 국회의원과 고위 공무원 19명, 정부투자기관 2명, 언론인 6명 등이 포함되어 있었다. 특혜를 받은 사람들 중 일부는 사전 분양을 받은 후, 분양권 전매 방식으로 되팔아 즉석에서 1500만원을 벌기도 하였다. 용도 변경과 건축 허가 사전 승인 등의 과정에서도 금품 로비가 자행되었다. 그 결과 임창열 전 경기도지사의 부인과 성남시 의원, 건설교통부 국장, 경찰 간부 등이 처벌을 받았다.

그는 당시 인권변호사이자 성남참여연대 대표자로서 이러한 일들을 그냥 두고 넘어가지 않았다. 파크뷰 특혜 분양 사건과 관련해 KBS PD가 변호사 사무실로 와서 인터뷰를 한 적이 있었다. 인터뷰를 하던 중 당시 성남 시장으로부터 휴대폰으로 리콜 전화가 오자, PD는 이시장에게 '담당 검사다. 도와줄 테니 사실대로 말하라'고 유인을 하였고, 이 내용을 녹음하여 추적 60분에서 보도한 바 있다. 그로부터 며칠 후 이시장은 PD로부터 제공받은 녹음파일을 기자회견을 통해 공개하였다. 이 과정에서 그와 그 가족들은 신변의 위협도 받았다.

당시 시장은 당황하여 이재명을 배후로 지목해 고소하였고, 검찰은 '이재명이 PD에게 검사 이름과 질문 사항을 알려주며 검사 사칭 전화를 도왔다'는 혐의, 즉, 검사 사칭 전화 방조 혐의를 적용시켰다.

수배를 받은 것은 2004년 시립의료원 관련 운동 때문이었다. 그 시작은 2002년 인하병원 등 2개의 종합병원이 동시에 폐업하고 이전하는 일이 발생하였다. 필자는 2000년부터 2015년까지 성남 시민이었다. 당시 성남시민의 한 사람으로서 종합병원 두 개가 문을 닫는

지 마는지 관심이 없었다. 2003년 분당 서울대 병원이 개원을 앞둔 상황이라서 더 그랬을지도 모른다.

성남시의 인구 50만명을 고려했을 때, 성남 본시가지에 있던 종합병원 두 개가 사라진다는 것은 많은 시민들에게는 걱정거리가 되었다. 이 상황을 심각하게 받아들이고 적극적으로 문제를 해결하고자 나선 사람들도 있었다. 당시 이재명 역시 이 문제를 해결하고자 팔을 걷고 나섰다. 그가 해결책으로 생각한 것은 공공의료기관인 '시립의료원 설립'이라는 것이었다.

우리나라의 공공의료 비중은 상당히 낮은 편이다. 유럽 복지국가들의 경우 공공병원의 수는 전체 병원의 80%~90%에 이른다. 미국은 23%. 우리나라는 2007년 6.5%에서 2015년 5.5%로 낮아지고 있다. 공공 의료 비중 역시 2007년 11.8%에서 2012년 10%로, 2015년에는 9.2%로 계속 낮아지고 있는 추세다. 공공의료 확대 정책이라는 공약을 내세운 박근혜 정권에서 벌어지고 있는 일들이다. 2016년 10월 13일 국민의당 김광수 의원이 국립암센터의 '5년간 공공의료 병상 현황' 자료를 분석한 결과에 의하면, 암센터는 공공의료기관인데도 총 571개 병상 중 공공의료병상이 36개에 불과한 것으로 나타났다. 또한 공공의료병상 비중 6.3%는 한국 평균 9.2%보다도 낮다. 다른 OECD 국가인 영국의 100%, 호주의 69.5%, 프랑스의 62.5% 등과 비교하면 낮아도 너무 낮은 실정이다."

2013년 박근혜 정권 취임 하루만인 2월 26일 진주의료원 폐업 결정을 발표한 바 있다. 그 이유는 적자가 300억원에 육박하는 등 몇 년 안에 파산할 상태라는 것이었는데, 과연 공공의료기관이 민간의료기관처럼 수익성을 핵심으로 존재해야 하는 것인가? 결국 진주의료원은 홍준표 도지사에 의해 2013년 5월 29일 문을 닫게 되었다.

  공공의료기관의 비중이 낮은 것은 결국 차가운 바닥에서 살고 있는 사람들의 고통으로 이어질 수밖에 없다는 것이 문제이다. 이러한 인식이 이재명을 움직였다. 설명회를 통해 20만명 이상의 시민들이 시립의료원 설립청원에 서명을 하였다. 우리나라 최초의 '시립병원 설립조례'가 의회에 상정되게 된 것이었다. 이 조례는 18,595명의 시민들이 주민등록증을 제시하며 지장까지 찍어 만든 결과물이었다. 그러나 상황은 다르게 흘러갔다.

  결국 이재명은 공무집행방해와 회의장 점거라는 혐의로 수배를 받게 된 것이다. 수배를 받고 도피한 곳은 성남 주민교회 지하 기도실이었다. 이재명은 이 때 정치인이 되기로 결심한 장소라고 한다. 그의 결심이 무엇이 되었든 간에 더 차가운 바닥에 나앉은 순간이기도 했다.

● 성남시장 재임 기간

  더 차가워진 바닥은 그에게는 새로운 도전의 디딤돌이 되었다. 물론 계속되는 도전과 실패의 연속이었다. 2006년 5월 열린우리당 성남시장 후보, 2007년 10월 민주당 대통령후보 비서실 부실장, 그리고 2008년 4월 민주당 성남분당갑 국회의원 후보 등으로 고군분투했다. 결국 그는 2010년 성남시장으로 당선되었다.

지방자치단체장은 영원히 따뜻한 바닥을 차지할 수 있는 자리이다. 물질적으로만 본다면 안정적이고 높은 급여, 전용 승용차, 넓은 집, 판공비, 넓은 사무실 등 더군다나 분당, 판교 등 부촌 등을 끼고 있고, 서울에서 가장 가까운 중심권의 시장이라면 굳이 더 이상 새로운 도전하지 않아도 누구나 인정하는 안정적인 자리를 차지하게 될 것이다. 조금만 성과를 낸다면 재선도 기대할 수 있고, 당내에서 좋은 입지를 차지할 수도 있는 자리이다. 성남시장이라는 신분을 이용하여 정재계 엘리트들과의 친분을 쌓아 더 탄탄한 출세의 기반을 만들 수도 있는 자리를 차지하게 된 것이다. 그러나 그는 다시 한 번 차가운 바닥으로 내려간다. 이번 단계에서는 그 내려옴의 형태에 변화가 생긴다. 성남 시장의 신분으로 태평동 반지하에 살고 급여도 반납하면서 차가운 바닥의 삶이 아니라, 차가운 바닥에 사는 사람을 따뜻한 바닥으로 끌어 올리는 방법을 선택한 것이다.

한 지역을 다스리는 사람의 목표는 그 안에 사는 사람들이 모두 따뜻하게 사는 것이어야 한다. 특히, 차가운 바닥과 따뜻한 바닥이 명확하게 구분되어 있는 곳을 다스리게 된 사람이라면 더욱 더 그래야 한다. 그리고 그 목표를 반드시 이루겠다고 약속해야 한다. 이를 공약이라고 한다. 선거에 나서는 사람들의 공약집을 보면 차가운 바닥에 사는 사람들을 위한 약속들이 단골 메뉴처럼 등장한다. 차갑게 사는 사람들의 표가 더 많기 때문에 그럴 것이다. 2010년 치러진 제5회 전국동시지방선거에서 당시 성남 시장 후보로 출마한 이시장의 공약집 역시 차가운 바닥에서 사는 사람들을 위한 약속들이 언급되어 있다.

- 무료급식 지원
- 시 인구 5.6%가 복지정책 대상자인 수급자, 장애인 등임
- 시 예산 중 사회복지예산 11.95%, 보건 예산 1.56%에 불과
- 취약 계층 돌봄 서비스 확대
- 실버타운, 노인 공동 주거시설 건립
- 장애인 복지 대폭 확충
- 임기 내 1만개 이상 신규 일자리 창출
- 저소득층 (중고교) 급식 지원 시급
- 장애인, 저소득층, 한부모 가정 등 소외 계층에 대한 지원 미비
- 저소득층, 장애인에게 인간다운 생활을 할 환경 조성
- 영유아 보육 시설 확대 및 지원, 심야 탁아시설 설치
- 어르신에게 여가 활동 제공 및 소일거리, 일자리 마련
- 시립병원 건립으로 시민건강권 확보
- 저소득층 전세 임대 및 전세 자금 지원
  (보증금 1억원의 80% 범위 내에서 지원)
- 저소득층 생업자금 대출지원 및 생활 안정 자금 지원
- 운수, 건설, 공장 노동자를 위한 근로자의 주택 조합 지원
- 중소기업 수출 활성화를 위한 산업진흥재단을 강화
- 비정규직의 정규직화 실시로 비정규직의 권리 보장에 힘씀
- 공교육 강화를 통해 사교육비 부담을 줄이고 균등한 교육 기회 확대
- 저소득층 대상 방과 후 교실 양성화
- 여성 취약 지역의 안전 보호시설을 강화해 야간에도 여성들이 안심하고

다닐 수 있는 거리 조성
- 다문화 가정 문화적응 및 교육 지원
- 치매 진단 예방, 재활서비스 시행을 통해 치매로 고통 받는 가정의 부담 경감
- 장애인 복지 재단을 설립, 복지 기금을 조성하고 자활 및 재활 사업 지원
- 장애인 고용 의무제의 준수 원칙을 강화해 공공기관 및 민간기업의 준수 도모
- 장애인 복지 타운의 조기 완공으로 장애인 기능 시설을 통합해 예방 및 치료, 재활까지 원스톱 시스템 구축
- 콜사업을 장애인 단체에 이관하고 장애인 평생학습관, 장애인 인권위원회 운영
- SOS 긴급 복지지원체계, 무상의료로 기초생활수급자 및 저소득층의 복지 지원에 힘씀
- 빈곤 가정을 대상으로 무상 건강검진을 실시하고 보건의료 네트워크를 형성해 보다 촘촘한 사회안전망 구축
- 모든 지하철역에 장애인 및 노약자를 위한 에스컬레이터와 엘리베이터 설치
- 경력단절 여성의 재취업, 창업, 사회활동을 위한 종합 지원 대책
- 청년실업자 및 퇴직자들의 창업과 일자리를 지원하는 창업전문재단 설립
- 초중고 완전 무료급식 (친환경 농산물)
- 소외계층, 사회적 약자의 생활 체육과 문화활동 지원

이재명이 2010년 취임했을 때 성남의 상황은 땔감을 확보하기는커녕, 전임 시장이 진 빚 때문에 모라토리움을 선언할 수밖에 없는 아주 어려운 상황이었다. 이재명은 호화 청사의 9층에 위치한 아방궁 시장실을 시민들에게 내주고 2층으로 내려왔다. 그 당시 시장을 찾아가 본 사람이라면 성남시라는 위상에 비춰볼 때 얼마나 작은 사무실이었는지 한 눈에 알아볼 수 있었을 것이다. 그리고는 어마어마한 채

무를 청산하면서도 차가운 바닥에 사는 사람들을 위한 땔감을 충분히 확보하면서 차가운 바닥이 최소화되도록 하였다.

그 결과 복지 예산을 충분히 늘릴 수 있었고 사람들을 위해 사용되는 사회복지 예산은 일반 회계 비중이 26%에서 36%로 늘고 총액도 2천억원 늘렸다. 이시장을 수배 상황으로 내몰았던 성남시립의료원 건립도 실천하였다. 2013년 11월 14일 첫 삽을 뜬 성남시립의료원은 시 예산 1931억원을 들여 지하 4층, 지상 9층에 501병상 규모로 짓고 있다. 분당 지역에 비해 의료 서비스를 받는데 취약했던 수정, 중원 지역의 시민들에게 혜택이 돌아가게 될 것이다. 수정과 중원 지역은 저소득층들이 많이 거주하는 지역이다.

독립유공자들에 대한 예우도 실천하였다. '독립유공자 예우 및 지원 조례'를 제정하고 생존 유공자 7분에게 매달 30만원의 보훈 명예 수당을 지원하였다. 국가 유공자에 대한 예우도 대상자를 확대하여 지원액도 높였다. 이 외에도 청년들을 위한 일자리 확보, 비정규직의 정규직 전환, 청소용역 노동자와 버스 운전사들의 일자리 안정화, 체불임금 방지, 노인들을 위한 소일거리 사업 등의 성과는 모두 차가운 바닥에 사는 사람들을 위한 노력의 성과물들이다.

그렇다면 이 성과물들이 재신임을 얻었을까? 2014년 치러진 제6대 지방자치단체 선거에서 전국 최고 득표율을 기록하며 다시 시장에 당선되었다. 여기서 더 중요한 사실 한 가지. 차가운 바닥에 있는 사람들에게만 지지를 받은 것이 아니었다. 분당과 판교에서도 높은 지지율을 받았다는 것. 이제 이재명은 또다시 탄탄대로를 걸을 수 있는 기반을 마련하였다. 첫 번째 당선과는 비교도 할 수 없을 만큼의 신분 상승을 이루게 된 것이었다. 대선 후보에도 이름이 오르는 영광까지도 누르게 되었다. 이제는 따뜻한 바닥에 편하게 앉아 따뜻한 바닥에 사는 사람들 속으로 들어가더라도 아무도 뭐라하지 않을 기회를 갖게 된 것이다.

그러나 이재명은 또 다시 차가운 바닥으로 내려간다. 이번에는 차가운 바닥의 영역을 넓혔다. 성남시 뿐만 아니라 차가운 바닥에 앉아 있는 사람들이 있는 곳이라면 어디라도 달려가 이들과 함께 했고 탈법적으로 따뜻한 바닥의 대부분을 차지하고 있는 소수의 세력들을 몰아내기 위한 투쟁을 시작하였다.

그가 제일 먼저 달려간 차가운 바닥은 세월호 유가족들이 있는 곳이었다. 이재명의 선택은 유가족들이 고통을 겪고 있는 차가운 바닥에서 함께하는 것이었다. 성남 시장 임기 내내 양복 상의에 세월호를 추모하는 노란 리본을 가슴에 부착했고 성남시청 벽면에는 초대형 세월호 노란 리본 현수막을 게시하였으며 성남시 홈페이지에도 노란 리본을 게재하였다.

2016년 11월 22일에는 "형법 제122조 직무유기죄 및 형법 제268조 업무상 과실치사상죄로 박 대통령을 처벌해달라"는 내용의 고발장을 서울중앙지검에 제출하였다. 그는 고발장에서 "피고발인은 2014년 4월 16일 세월호 사고 발생 직후, '관저'에서 국민에게 떳떳하게 밝히지 못할 '다른 일'을 하고 있었고, 이로 인해 사고 상황 파악이 제대로 되지 않았던 것이 아닌가 하는 해석이 가능하다"며 "현재 피고발인이 2시간 20분 동안 보고만 받고 있었다는 것으로도 형법의 직무유기죄에 해당될 수 있다. 만약 피고발인이 당시 '다른 일'을 하고 있었다면 이는 직무유기죄 및 업무상 과실치사죄 성립의 중요한 증거가 될 수 있다"고 밝혔다.

박근혜 특검에서 세월호 참사 당일 박근혜의 7시간 조사가 빠지자 '고발을 해야겠다'는 의지를 트위터에 올리기도 하였다. 박근혜 탄핵이 가결된 2016년 12월 9일에는 광화문에서 세월호 유가족들과 함께 눈물을 흘리며 기쁨을 나누었다. 이 날 페이스북에 이 시장이 올린 글을 보면 그가 왜 자꾸 차가운 바닥에 있는 사람들과 함께하려는지가 잘 나타나 있다.

"돕는다는 것, 연대를 한다는 것은 비를 맞는 사람에게 우산을 씌어주는 것이 아닙니다. 함께 비를 맞는 것입니다."

생리대를 살 돈이 없어 생리대 대신 신발 깔창을 깐다는 한 저소득층 여고생의 사연이 전국을 울렸다. 가장 먼저 팔을 걷어붙인 사람은 이재명이었다. 신문 기사가 나온 지 며칠 지나지 않은 2016년 6월 2일 3,400명의 대상자에게 1인당 30만원 지원 방안을 바로 발표하였다. 그리고 나서 4개월 후인 2016년 10월 복지부가 움직였다. 이로 인해, 저소득층 여성 청소년들에게 3개월치 생리대를 한 묶음씩 지급하기 시작하여, 중위소득의 40% 이하(4인 가구 175만6천570원)인 의료·생계급여 대상 가정의 만 11~18세 청소년 19만8천 명, 지역 아동센터 등의 시설 이용자 9만2천 명이 지원 대상이 되었다. 다행히도 2017년에도 지속되었는데 원래는 보건복지부 예산안서 빠졌다가 국회 심의 과정에서 30억원이 반영되어 가능하게 된 것이다.

박근혜 정부 들어 청년 실업률이 2014년 10.9퍼센트에서 2016년 2월 역대 최고치인 12.5%를 기록하면서 가장 차가운 바닥에 앉게 된 청년들을 위해서도 발벗고 나섰다.

가장 대표적인 정책이 청년 배당 제도였다. 성남시에 3년 이상 계속 거주하는 만 19~24세 청년 전원에게 분기마다 지역화폐(성남사랑상품권)를 제공하는 기본소득제도의 일종이었다. 처음에는 분기별로 1인당 25만원을 지급하려 하였다. 그러나 박근혜 정부가 반대하는 복지정책 시행 시 지방교부금이 삭감될 것에 대비해 목표액의 절반인 12만5000원만 지급하였다. 그렇다고 이재명이 한 발 물러선 것은 아니었다. 이후에도 정부와 법적인 다툼까지 벌였다.

이외에도, 2016년 중학교 신입생 무상 교복 지원금 지급을 완료하였고, 초등학교 35곳에 무료 문방구(학습 준비물 센터)를 설치하여 3680개의 품목을 무료 지원하고 있다. 전국 최초로 빈 교실에 시립 지역 아동센터를 설립하여 저소득 가정의 아동들을 저녁 8시까지 돌보았다. 모든 초등학교에 '치과 주치의'를 도입하여 4학년생 8천 명

이상이 치과 진료비 지원을 받았고 전국 최초로 친환경 무상급식을 실시하여, 시립유치원, 초중고교 201개교를 지원한 바 있다.

  2016년 12월 6일 일제강점기 일본군성노예로 끌려갔던 위안부 피해자 박숙이 할머니가 별세했다. 이에 따라 생존 피해자는 238명에서 39명으로 줄었다. 박숙이 할머니의 유언은 "자신을 평화의 소녀상 밑에 묻어달라는 것"이었다. 평화의 소녀상은 2011년 12월 14일 일본군 위안부 문제 해결을 위한 수요 집회가 1000회를 기념하여 주한 일본대사관 앞에 설치된 조형물이다. 소녀상은 위안부의 참상과 일본 정부가 과거사를 제대로 사죄하지 않고 있다는 점을 상징하는 것이다. 일본대사관 앞 소녀상이 있는 곳에 가보면 2015년 12월 30일부터 소녀상을 지키는 '한일 위안부 합의 폐기! 소녀상 철거 반대! 대학생 행동(대학생 행동)' 소속 대학생들을 볼 수 있다.

  이들은 2015년 12월 28일 한일 정부간에 체결된 위안부 합의의 폐기를 주장하고 있다. 위안부 합의는 일본 정부가 우리나라 정부에게 10억엔을 지원한다는 데 골자로 하고 있고 그 내용 중에는 소녀상 철거가 포함이 되어 있다. 당사자들인 위안부 할머니들의 의견도 듣지 않고, 일본측 입장을 일방적으로 수용한 것이다. 한 마디로 돈 몇 푼에 역사를 팔아 넘긴 것이다. 한겨레에 따르면 윤병세 외교부 장관이 '3달 추가 협상'을 박근혜에게 요청하였으나 받아들여지지 않았음을 보도하기도 하였다. 11월 28일 교육부가 공개한 고교 한국사와 중학 역사 국정 교과서에는 평화의 소녀상 내용이 누락됐다. 이렇듯 우리의 역사는 우리가 모르는 사이에 계속 왜곡되고 있다.

이시장은 이 문제를 해결하는 데에도 적극적이다. 2016년 9월 소녀상을 방문하여 소녀상을 지키는 대학생들을 격려한 바 있고 8월에는 호주 최초로 건립된 '평화의 소녀상'을 후원한 바 있다.

2016년 10월 말부터 국민들은 손에 촛불을 들고 거리로 나섰다. 국정 농단을 일으킨 대통령 때문에 국민들은 그 소중한 주말을 반납하고 다시 차가운 길거리에 나서게 된 것이다. 그것도 겨울로 접어들어 온 몸이 움츠러드는 날씨에 서민들에게 주말 연휴란 일주일 동안의 노동으로 피곤해진 심신을 달랠 수 있는 유일한 낙이다. 대통령을 잘못 뽑아 그나마 주어진 휴식의 시간까지 차가운 바닥에 앉아야 하는 처지가 된 것이다. 이 당시 정치인들은 어떻게 움직였을까?

2선 후퇴, 거국 내각을 처음 제시한 당시 문재인 민주당 전 대표는 11월 12일부터 참석하기 시작하였고 박근혜 탄핵을 당론으로 처음 정했으나 지지율이 오르지 않자 답답해하던 안철수 국민의당 대표는 12월 12일 3차 촛불 집회부터 참석을 하였다.

안철수 대표는 2016년 10월 27일 "우선 대통령 권한을 최소화하고 여야가 합의해 새로 임명된 총리가 국정을 수습해 나가야 한다."고 주장을 하면서 박근혜의 즉각 퇴진이 아니라 권한 최소화를 이야기하였고 국민들이 해체 대상으로 생각하는 새누리당을 여전히 합의 대상으로 여겼다. 11월 13일에는 '질서 있는 퇴진론'을 말하기도 하였다. 11월 30일에는 '대통령이 스스로 물러나겠다는 결심을 밝히거나 탄핵, 두 가지 길밖에 없다'며 여전히 박근혜에게 결정 권한을 부여하였다. 당시 문재인 전대표는 11월 20일 '대통령이 결단을 내려준다면 명예롭게 퇴진할 수 있도록 협력' 하겠다는 발언을 하였고, 11월 28일 JTBC 뉴스룸에 출연했을 때에는 탄핵에 대한 생각에 명확한 답변을 하지 못했다. 이들은 광장의 민심이 232만이나 모여서 경복궁 담을 넘고 청와대 담을 넘어서 직접 끌어내릴 정도로 폭발할 때가 되어서야 탄핵을 추진하기 시작하였다.

이에 반해 이재명은 정치인들 중 가장 먼저 광장의 중심에 있었다. 1차 촛불 집회가 열린 2016년 10월 29일 청계 광장에 나타났다. 이 때는 그 누구도 집회가 매주 열릴 것이라는 것과 단일 규모로 100만 명이 넘는 집회로 발전될 것을 상상도 하지 못하고 있을 때였다. 그러나 누군가 차가운 바닥에 나앉게 되었을 때마다 현장으로 달려나가던 이재명이라는 사람에게는 너무나도 당연한 일이었을 것이다. 이 날 그의 연설은 광장에 모인 사람들의 가슴 속에 깊숙하게 각인되었다.

"대통령은 나라의 지배자가 아니라 국민을 대표해서 국민을 위해 일하는 머슴이요, 대리인일 뿐입니다. 그런 그가 마치 지배자인양, 여왕인 양 대한민국 민주공화국을 우롱하고 있습니다. 국민은 지금까지 저질러 온 부패와 무능과 타락을 인내해 왔습니다. 300명이 죽어가는 그 현장을 떠나서 어딘지 알 수 없는 곳에서 7시간을 보낸 사실도 우리가 지금까지 참아왔습니다. 평화를 해치고 한반도를 전쟁의 위험으로 빠뜨리는 것도 우리가 견뎌왔습니다. 국민의 삶이 망가지고, 공평하고 공정해야 할 나라가 불공정하고 불공평한 나락으로 떨어질 때도 우린 견뎌왔습니다. 그러나 그 대통령이란 존재가 국민이 맡긴 위대한 정치 권한을 근본도 알 수 없는 무당의 가족에게 통째로 던져버린 것을 우리는 용서할 수 없습니다. 우리가 힘이 없고 돈이 없지 가오가 없는 것은 아닙니다. 우리는 나라의 주인이고 박근혜에게 월급을 주고 있고 박근혜에게 권한을 맡긴 이 나라의 주인입니다. 박근혜는 이미 국민이 맡긴 무한 책임자에 대한 권력을 근본도 알 수 없는 저잣거리 여자에게 던져주고 말았습니다. 박근혜는 이미 대통령으로서의 권위를 잃었습니다. 박근혜는 이미 이 나라를 지도할 기본적인 소양과 자질조차 없다는 사실을 국민 앞에 스스로 자백했습니다. 박근혜는 이미 대통령이 아닙니다. 즉각 형식적인 권력을 버리고 하야해야 합니다. 아니 사퇴해야 합니다. 탄핵이 아니라 지금 당장 권력을 놓고 집으로 돌아가십시오. 이 나라의 주인이 명합니다. 박근혜는 국민의 지배자가 아니라 우리가 고용한 머슴이고, 언제든지 해고해서 그 직위에서 내쫓을 수 있습니다. 일각에서는 하야하면 혼란이 온다, 탄핵하면 안 된다, 이렇게 말하고 있습니다. 저는 확신합니다. 지금 전쟁의 위기를 겪고, 나라가 망해가도 수백 명의 국민이 죽어가는 현장을 떠나버린 대통령이 있는 것보다도 더 큰 혼란이 있을 수 있습니까? 지금보다 더 나빠질 수 있습니까? 대통령이 떠난다고 해서 우리의 삶이 지금보다 더 나빠지고 한반도가 더 위험해지겠습니까? 더 나빠질 게 없을 만큼 망가졌습니다. 더 위험할 수 없을 만큼 위험합니다. 그래서 박근혜 대통령은 이미 대통령이 아니기 때문에 국민의 뜻에 따라 지금 즉시 옷을 벗고 집으로 돌아가십시오. 민주공화국을 위하여 우리가 싸워야 합니다. 공평한 기회가 보장되는 평등한 나라를 위하여, 공정한 경쟁이 보장되는 진정한 자유로운 나라를 위하여, 전쟁의 위험이 없는 평화로운 나라를 위하여, 생명의 지배가 없는 안전한 나라를 위하여 우리가 싸울 때입니다. 박근혜를 내몰고 박근혜의 몸통인 새누리당을 해체하고, 기득권을 격파하고 새로운 길로 나아갑시다. 우리가 싸우면 우리가 힘을 합치면 우리가 이길 수 있습니다. 새로운 역사를 만들 수 있습니다. 과거의 나쁜 구조를 깨고 새로운 길, 희망의 길을 만들 수 있습니다. 함께 싸웁시다."

이재명은 2016년 11월 22일에는 '형법 제122조 직무유기죄 및 형법 제268조 업무상 과실치사상죄로 박대통령을 처벌해 달라'는 내용의 고발장을 서울중앙지검에 제출하였다. 이재명은 고발장에서 "피고발인은 2014년 4월 16일 세월호 사고 발생 직후 관저에서 국민에게 떳떳하게 밝히지 못할 '다른 일'을 하고 있었고 이로 인해 사고 상황 파악이 제대로 되지 않았던 것이 아닌가 하는 해석이 가능하다'며 현재 피고발인이 2시간 20분 동안 보고만 받고 있었다는 것으로도 형법의 직무유기죄에 해당될 수 있다. 만약 피고발인이 당시 '다른 일'을 하고 있었다면, 이는 직무유기죄 및 업무상 과실치사죄 성립의 중요한 증거가 될 수 있다"고 밝혔다.

이재명은 촛불 정국 속에서 야전사령관의 역할을 했다. 유불리를 따지지 않고 차가운 바닥에 앉은 국민들의 민심을 그대로 대변하며 박근혜의 단순한 탄핵이 아닌 구속과 그 원흉인 새누리당의 해체까지 주장을 하였다. 2016년 12월 3일 효자동 로타리 집회 현장에서의 연설은 이러한 이재명의 생각을 그대로 표현한 사자후이기도 했다.

"대한민국은 민주공화국이고 우리는 공화국의 일원으로 평등과 자유를 누릴 권한이 있습니다. 그러나 지금까지 우리는 단 한 번도 공평하게 대우받은 일이 없습니다. 오로지 이 사회 기득권자들, 나라 팔아먹고 국민을 학살하고 쿠테타를 일으키고 이 나라의 기득권을 차지한 그 소수의 특권층만 자유와 평등을 누렸습니다. 우리는 언제나 지배당했습니다.

이제 이 나라를 정상으로 되돌려야 합니다. 가진 자들에게 법은 부당한 이익을 얻기 위한 수단이었고, 총으로부터 보호하기 위한 방패였고, 다수의 우리 약자들을 쟁탈하는 무기였습니다. 자유는 우리가 아니라 특정한 소수만 누렸습니다. 이제 모두가 실질적으로 자유로운 나라, 모두가 평등한 민주공화국 우리 손으로 완성합시다!

이번 사태를 우리가 되돌아봅시다. 이번 사태의 몸통이 최순실입니까? 바로 박근혜입니다. 박근혜는 몸통입니까 머리입니까? 이 사

건의 몸통은 박근혜도 아닙니다. 새누리당이 집권을 위해서 박정희 향수를 이용해서 집권하려고 만든 생각도 없는 인형이었습니다. 이 사태의 몸통은 새누리당입니다. 새누리당이기 때문에 박근혜는 구속하되 새누리당은 해체로 책임져야 합니다. (중략)

여기는 바로 역사의 현장입니다. 새로운 민주공화국이 출범하는 이 역사의 현장에서 여러분과 함께 싸우겠습니다."

● 경기도지사 시절

2016년 9월 5일 리얼미터에서 조사한 차기 대선후보 선호도 여론조사에서 3.8%를 기록했던 이재명의 지지율은 12월 20일 여야 대선 주자 10명 중 호감도 1위에 등극하게 됨으로써, 유력한 대선 주자로서 자리매김을 하였다. 2017년 제19대 대통령 선거 후보자 선출을 위한 민주당 경선에서 패배의 쓴 잔을 맛본 이재명은 2018년 6월 경기도지사로 당선되었다.

경기도지사에 취임하면서 달라진 것은 없었다. 그의 시선은 차가운 바닥에 있는 분들에게로 향했고 두 가지 처방을 사용하였다. 첫 번째 처방은 차가운 바닥에 앉아 있는 분들을 위해 난로를 켜줌으로써 당장의 추위를 피하도록 하기 위한 공공배달 앱이었고 두 번째는 시간이 걸리긴 하지만 방바닥 전체를 데워 차가운 곳이 없도록 하기 위한 지역 화폐 발행이었다.

2019년 말까지 국내 배달 시장은 삼파전이었다. "우리가 누굽니까?"라는 식의 홍보 문구로 애국심과 민족주의 심리에 호소하여 시장을 넓혀가던 배달의 민족은 시장 점유율 55.7%로 1위를 달렸고 그 뒤로 독일 딜리버리히어로(DH)가 운영하는 요기요가 33.5%로 2위 그리고 10.8%의 배달통이 그 뒤를 달렸다.

그러나 12월 DH가 배달의 민족을 인수하면서, 배달앱 시장은 배달의 민족이 독주하는 독점 체제가 되었다. 코로나 사태로 인해 배달 시장이 더욱 더 커져가고 있던 2020년 4월 1일 새로운 요금 체계인 '오픈 서비스'를 시작한다고 발표하였다. 이 서비스의 핵심은 기존의 정액제를 정률제로 바꾼 것이었다. 회사는 시뮬레이션 결과 전국 14만 음식점들 중 52%가 수수료 인하 혜택을 보게 되고 연 매출이 3억 원 이하인 영세 업주 중 58%는 홍보 비용을 절감한다고 하였지만, 실상은 그렇지 못했다. 기존에는 자영업자들이 매출 규모와 관계 없이 8만 8천원만을 내거나 매출액에 따른 일정 수수료를 내는 것 중 한 가지를 선택할 수 있었지만, 정률제가 적용되면서 8만 8천원 수수료가 사라지고 무조건 매출액의 5.8%를 수수료로 내야만 하게 되어 소상공인들의 부담이 늘어날 수밖에 없는 수수료 체계였던 것이다.

이에 대해 가장 적극적으로 배달의 민족을 비판한 것은 이재명 지사였다. 배달의 민족이 수수료 개편 철회를 발표하기 전 4월 4일 "신종 코로나바이러스 감염증으로 자영업이 붕괴되고 있는 마당에 배달 업체만 배를 불리고 있다"며 배달앱 독과점 횡포에 대해 거침없이 비판을 가하였다. 소상공인들이 들고 일어서고, 정치권과 공정거래위원회까지 나서 배달앱 독과점 문제를 집중 조사하겠다고 밝히는 등 사태가 악화되자 배달의 민족이 백기를 들었지만 이지사는 여기서 멈추지 않았다. 이 지사는 "공정한 시장경제질서를 어지럽히는 독점과 힘의 횡포를 억제하는 것은 공정거래위원회만이 아니라 지방정부를 포함한 모든 정부기관의 책무"라며 "입법으로 해결하는 것이 가장 바람직하지만, 이를 기다리지 않고 공공앱 개발 등 지금 당장 경기도가 할 수 있는 일부터 해 나가겠다"고 강조하면서 근본적으로 소상공인들의 피해를 막을 수 있는 대책 마련을 위해 발 빠르게 움직였다.

그로부터 8개월 후인 12월 1일 경기도 산하 경기도주식회사를 통해 공공배달앱 '배달특급' 시범 서비스를 오산, 화성, 파주 등에서 시작하는 결실을 거두었다. 특히 도의회 경제노동위원회가 '소상공인이 체감할 수 있는 공공배달앱이 되도록 부담을 더욱 낮추자' 는 취지로 중개수수료 1% 운영안을 요구하자 기존의 2%였던 사용 가맹점주의 중개수수료율을 1% 낮추기로 결정함으로써 소상공인들에게 돌아가는 혜택을 더 크게 만들었다. 배달특급의 중개 수수료는 시범 지역 외 사업지 확대 계획에 따라 소비자와 소상공인을 위한 프로모션 비용 및 홍보비, 운영비 등으로 재투자된다. 12월 4일 현재 가입자가 5만명에 육박하는 성과를 이끌어내며 골목 상권 소상공인들이 한시름 놓을 수 있도록 하였다.

이재명 도지사는 성남시장 재임 기간 동안 2006년부터 연 20억 규모 정도로 발행되어온 성남사랑상품권이 차가운 바닥에 있는 전통 시장과 영세 상점 상인들을 살리고 성남시 전역을 따뜻하게 데울 수 있는 효과적인 도구라고 판단하고 발행 규모를 대폭 확대하였다. 그 결과 2015년 133억원이던 상품권 판매량은 2016년에 청년 배당을 상품권으로 지급하면서 249억원으로 늘렸다. 2018년에는 약 562억원 상당의 아동 수당을 상품권으로 지급하면서 1천억원 시대를 여는 토대를 만들었다. 특히, 백화점 및 대형 유통점, 기업형 슈퍼, 유흥주점, 불법사행사업, 뷔페, 예식장 등에서는 사용할 수 없도록 함으로써, 골목 상권과 전통 시장을 살렸고 회수율 99.7%의 성과를 남겼다.

경기도지사로 취임한 이재명 지사가 이러한 성과를 그대로 파묻을 리는 없었다. 이미 지역 화폐 발행을 경기도지사 핵심 선거 공약으로 내세웠고 당선이 되자마자 바로 실천에 옮겼다. 2019년부터 31개 시군에서 발행하여 대형마트, 백화점 등을 제외한 동네 상점에서 현금처럼 사용할 수 있도록 하였고 도민 누구나 최대 6% 할인 혜택을 받아 구매하여 사용하는 일반 이원화시켰다. 경기 지역화폐는 2019년 5600억원이 발행되었으나 신종 코로나바이러스 감염증이 몰아닥친 2020년에는 1조 6000억원 이상 발행되었다.

특히 코로나가 불러온 경제 위기 상황을 극복하기 위한 대책으로 2020년 9월 18일부터 11월 17일까지 경기도 한정판 지역화폐(소비지원금)를 발행하였는데 이는 지역화폐를 20만원 이상 사용 완료한 선착순 333만명에게 기존 인센티브와는 별도로 소비지원금 3만원을 소멸성 지역 화폐로 지급한 것으로 20만원 충전 시 최대 5만원을 지원하는 효과가 있었다. 소비지원금 덕분에 한 때 지역 화폐 충전량이 하루 2배 이상 급증하기도 하였고 경기도가 11월 8일 도민 1천명을 대상으로 여론 조사를 한 결과 84%의 '잘했다'는 평가를 얻기도 하였다. 특히, 이재명 경기도지사는 2020년 6월부터 10월까지 민선 7기 전국 시도지사 직무수행 평가에서 5개월 연속 1위에 오르는 기염을 토한 바 있다.

이외에도 공공개발 이익 도민 환원제와 아파트 등 공공건설 원가 공개 및 표준시장 단가 적용을 추진 중이다. 개발 사업에서 발생하는 이익을 특정 집단이나 민간이 독점하지 않게 하고 공사 과정에서의 비리와 부당 이득 취득을 막음으로써 지역 개발 재투자, 기반 시설 확충 등 공공에 환원될 수 있도록 하는 정책들이다. 두 가지 모두 지역화폐 발행과 마찬가지로 경기도 방바닥 전체를 데워 차가운 바닥이 없어지도록 하기 위한 노력이었다.

기본사회 추진 과정

　현재 대한민국에서 논의되고 있는 기본사회는 총 4단계에 걸쳐 완성되었다. 첫 번째는 이재명 대표가 2021년 7월 22일 제20대 대통령선거 더불어민주당 경선 후보였을 당시 기본소득 공약을 통해 기본사회의 주춧돌을 놓은 단계였다. 두 번째는 제20대 대통령선거 더불어민주당 대통령 후보가 된 이후 2021년 11월 18일 대선 캠프에 기본사회위원회의 출범을 통해 기본사회의 뼈대를 구축한 단계였다. 세 번째는 2022년 9월 더불어민주당 당대표로서 국회에서의 교섭단체 대표 연설을 통해 기본사회 구상을 완성시킨 단계였다. 마지막으로 네 번째는 2023년 2월 14일 더불어민주당 내 기본사회위원회를 출범시키면서 기본사회 실현을 위해 한 걸음 내딛은 것이다.

- **1단계 : 대선 경선 후보로서 기본소득 공약 발표**
  (2021년 7월 22일)

　기본소득은 기본사회의 가장 핵심적인 구성 요소이다. 따라서 2021년 그가 경기도지사로 재임하면서 20대 대선 공약으로 제시한 기본소득 공약은 기본사회 구상의 초석을 마련한 것으로서의 의미를 갖는다. 특히 선별적 복지라는 관점에서 벗어나 누구나 최소한의 삶을 보장받을 수 있는 보편적 기본소득제도가 가능함을 국민들에게 보여주었다는 점에서 큰 의미가 있는 회견이었다고 판단된다. 이날 회견문의 주요 내용은 다음과 같았다.

- 기본소득은 경제 정책 : 2020년 전 국민에게 소멸성 지역화폐로 지급한 1차 재난지원금의 경제효과를 상기해 보면, 지역 골목경제 활성화와 매출 양극화 해소를 위해 소멸성 지역화폐로 지급되는 기본소득은 현금과 달리 경제활성화 효과가 극대화된다. 성남시 청년배당, 경기도 청년기본소득, 그리고 두차례에 걸친 재난기본소득 지급이 전통시장과 골목상권 등 지역경제에 얼마나 큰 활기를 불어넣었는지는 통계상으로나 체감적으로 이미 증명되었다. 기본소득은 소득양극화 완화와 경제활성화를 동시에 달성하는 복지적 경제정책으로서 재정효율을 2배로 만드는 일석이조의 복합정책이다.
- 당장 실현 가능 : 2020년 1차 재난지원금이 가구별 아닌 개인별로 균등 지급되고 연 1회든, 월 1회든 정기적으로 지급된다면 그게 바로 기본소득이다.
- 국민적 동의 : 국민들이 내용을 알면 필요성에 공감하게 되는 제도다. 경기도에서 공론화를 위한 숙의 토론을 두 차례 진행한 결과, 기본소득 도입 찬성 여론이 토론 전에는 50%였지만 토론 후에는 79%까지 높아졌다. 대한민국은 경제는 선진국 수준임에도 불구하고 복지는 OECD 평균의 절반 정도에 그치고 조세부담률도 현저히 낮은 상황이다. 조세부담률을 올리고 복지를 늘리려면 증세를 해야 하지만, 정부에 대한 불신과 조세저항으로 쉽지 않다. 그러나 국민 대다수가 증세로 인한 부담보다 받는 혜택이 더 많다고 확신하신다면 증세에 대한 국민의 동의도 얻을 수 있을 것이다.

- 실시 방안 : 증세를 동반한 본격적 기본소득은 기본소득의 효용과 증세의 필요성을 국민께서 체감하고 동의한 후에야 가능하다. 기본소득은 충분한 검증과 국민적 동의, 재원확보 과정을 거쳐야 하므로, 일시적으로 전면 시행은 불가능하고, 가능한 범위에서 시작해 점진적, 단계적으로 확대해 나가겠다.
- 실시 경험 : 2016년 시작한 성남시 청년배당, 2019년 시작한 경기도 청년기본소득으로 만 24세 청년은 분기별 25만 원씩 연 100만원을 지역화폐로 지급받고 있다. 청년들의 삶에 큰 변화가 있었다. 생활비 때문에 아르바이트를 전전하던 청년들이 학습 및 자기계발 시간이 늘어나 미래를 준비하고 꿈꿀 수 있다.
- 목표 금액 : 최종 목표금액은 기초생활수급자 생계비 수준인 월 50만 원으로 판단한다. 다만, 재원 형편상 차기 정부 임기 내에 최종목표에 도달할 수는 없으나, 차기 정부 임기 내에는 청년에게는 연 100만원, 그 외 전 국민에게 1인당 연 100만원(4인가구 400만원)을 지급하겠다.
- 재원 : 도입기인 차기 정부의 기본소득은 일반재원, 조세감면분, 긴급한 교정과세(기본소득 토지세와 탄소세)로 시작한다. 차차기 정부부터 기본소득 목적세 도입으로 기본소득을 본격 확대하게 될 것이다. 기본소득 정책의 효능 증명으로 국민적 합의의 토대가 만들어지면 일반적 기본소득 목적세 도입도 가능할 것이다.
- 기대 효과 : 이 시대 최대 과제인 소득양극화 완화정책인 동시에 소비 확대 및 소상공인 지원, 매출양극화 완화로 지역경제와 골목상권을 살리는 경제정책이다. 기본소득 토지세나 탄소세는 부동산투기나 탄소배출로 생기는 이익을 소수가 독점하는 불공정경제를 시정하여 공정경제로 바꾸고, 주권자가 공유부의 실제 주인이 되어가는 전환적 정책이다. 기본소득은 일자리가 사라지고 양극화가 극심해진 미래 사회에, 국민을 살리고 나라를 살리며 시장경제를 살리는 가장 유효한 핵심정책이다."

공약의 핵심을 요약해본다면 경제 활성화에 도움이 되는 지역 화폐형 기본소득으로 연 200만원을 지급한다면 기본소득제도를 당장 시작할 수 있고 기본소득을 체험한 국민들의 공감대를 얻게 된다면 지급 액수를 순차적으로 확대시켜 나갈 수 있을 것이다. 범주형 기본소득인 청년기본소득 연 100만원으로 청년들의 기를 살릴 수 있다. 재원은 도입 시기에는 기존 세금들 중 일부를 활용하고 향후 기본소득 토지세와 탄소세를 걷는다. 기본소득 제도는 4차 산업혁명시대로 인해 더욱 더 심화되고 있는 양극화 문제를 해결할 수 있는 가장 유효한 정책이다.

● **2단계 : 더불어민주당 대선 후보로서 기본사회위원회 구성**
  (2021년 11월 18일)

더불어민주당 대선 경선에서 승리를 거두고 대선 후보가 된 이재명은 곧바로 대선 캠프를 꾸리면서 대선 레이스에 돌입을 한다.

그런데 그 조직도 내에 낯선 이름이 등장한다. 바로 '기본사회'를 내세운 기본사회위원회가 그것이었다. 역대 국내외 그 어떤 대선 캠프 조직에서도 등장하지 않은 조직이었다. 드디어 '기본사회'가 역사 무대에 등장하게 된 것이다. 기본사회는 대한민국 국민이라면 누구나 누려야 하는 기본권의 범위를 넓힌 것이다. 특히 이 위원회는 선거대책위원회 후보 직속으로 출범을 함으로써 기본사회가 이재명 대선 후보 공약의 핵심임을 만천하에 공표한 것이다.

유권자들의 관심이 '기본사회'가 무엇인지와 기본사회가 보장하게 될 모두의 기본권이 무엇인지에 쏠렸다. 그리고 그 궁금증은 기본사회위원회의 출범 기자회견과 조직도를 통해 해소되었다. 선대위 공동선거대책위원장을 맡은 5선의 우원식 의원이 위원장을 맡아 그 무게를 더했고 기본소득국민운동본부 상임대표이자 이후보의 '멘토'인 강남훈 교수(한신대학교)가 공동 위원장을 맡았다.

이들은 이날 출범 기자회견에서 "대전환의 시기에 새로운 사회가 필요로 하는 기본권의 재구성이 필요하다"고 주장하였다. 또한, "새로운 사회에 걸맞은 권리들도 재구성돼야 한다"며 "기본권을 재구성하는 차원 속에서 금융, 소득, 플랫폼 노동자, 소상공인 자영업자 문제 등 기본권과 사각지대 문제들을 21세기 환경에 맞게 재구성할 필요가 있다"고 강조했다.

이후 발표된 기본사회위원회의 조직도는 기본사회가 보장하는 기본권이 무엇인지 명확하게 제시해주었다. 기본소득 소위원회, 기본주택 소위원회, 기본금융 소위원회, 을기본권 소위원회 등 네 개의 소위원회로 구성되면서 기본사회란 '기본소득으로 최소한의 삶을 보장해주는 차원을 넘어 누구나 인간답게 살 수 있는 네 가지의 권리, 즉, 기본소득, 기본주택, 기본금융, 을기본권을 동등하게 누릴 수 있는 사회라는 것을 제시해주었다. 이를 국가의 관점에서 보면 국가가 모든 국민들에게 네 개의 기본권을 보장해줌으로써 구성원들의 기본적인 삶을 책임져주는 것임을 보여준 것이었다.

대선 공약으로도 이를 뒷받침해주었다. 아쉽게도 을기본권에 대한 언급은 없고 여전히 기본소득에 대한 비중이 크지만 기본사회의 지향하는 바를 구체적으로 보여줬다는 점에서 의미가 있었다.

기본소득 도입
- 차기 정부 임기 내에 청년에게는 연 200만 원, 그 외 전 국민에게 100만 원 기본소득 지급
- 기본소득의 최종 목표 금액은 기초생활수급자 생계비 수준인 월 50만 원[1]
- 연 100만 원(4인 가구 400만 원) 이상을 소멸성 지역화폐로 지급
- 임기 개시 이듬해인 2023년부터 25만 원씩 1회로 시작해 임기 내 최소 4회 이상으로 액수 증액
- 경기도 청년기본소득을 전국으로 확대해 19세부터 29세까지의 청년(약 700만명)에게 보편기본소득 외에 2023년부터 연 100만원 지급
- 재정구조 개혁, 예산 절감 및 예산 우선순위 조정, 물가 상승률 이상의 자연 증가분 예산 등으로 기본소득 예산 25조원 마련
- 연간 60조 원을 오가는 조세감면분을 순차적으로 축소해 기본소득 예산 25조원 이상을 확보

기본소득토지세 도입
- 세수전액이 지역화폐 기본소득으로 지급되는 국토보유세를 도입
- 토지거래세를 깎고 0.17%에 불과한 실효보유세를 1% 선까지 점차 상향
- 기본소득토지세로 벌어들인 수입은 기본소득에 투입

기본주택 100만호 공급
- 임기 내 기본주택 100만호 공급[3]

기본소득탄소세 도입
o 1t당 약 5만원의 세금을 부과해 약 30조원을 확보하고 탄소 제로 경제로 전환
o 탄소세 재원 중 일부는 산업전환 지원에 사용하고, 일부는 물가상승에 직면할 국민에게 균등지급

기본소득목적세 도입
o 기본소득 정책의 효능 증명으로 국민적 합의의 토대가 만들어지면 일반적 기본소득목적세 도입[4]

기본금융 도입
o 누구라도 1000만원을 저금리로 장기대출 받을 수 있도록하여 최소한의 기회의 사다리 보장

- **3단계 : 더불어민주당 당대표로서 국회 교섭단체 연설**
  (2022년 9월 28일)

우여곡절 끝에 더불어민주당 당대표가 된 그는 2022년 9월 28일 국회에서 당대표로서 교섭 단체 연설을 했다. 연설 내용은 외교, 국방, 정치, 경제, 사회 등 다양한 부분을 다루었지만 이들 중 가장 핵심은 '기본사회'였다. 연설문의 시작("위기를 기회로!, 기본사회가 답입니다.")도 기본사회였고 마무리("국민의 공감을 넓히며 점진적으로 기본사회를 준비해 나가겠습니다.")도 기본사회였다. 연설 내용의 대부분도 기본사회였다.

이를 통해 그는 대선 패배에도 불구하고 기본사회를 절대로 손에서 놓지 않았다는 점, 대선 패배자에서 당대표가 되는 과정에서 오히려 기본사회에 대한 확신을 굳히고 비전을 완성시켰다는 점, 그리고 정치 인생을 걸고 기본사회를 완성시켜 나갈 것이라는 굳은 결의를 가지고 있음을 잘 알 수 있다. 또한 그가 그리는 기본사회 구상이 다음과 같이 완성되었음도 알 수 있다.

- 정의 : 최소한의 삶을 지원받는 사회가 아니라, 기본적 삶을 보장받는 사회
- 도입 필요성(1) – 근본적인 문제 : 해방 후에 이뤄진 혁명적 농지개혁이 새로운 사회발전의 토대가 되었고, 산업화로 고도성장을 이뤄냈으며, 세계에 자랑할 민주국가로 우뚝 섰으나, 다시, 불평등과 양극화, 이로 인한 효율성 저하로 성장은 지체되고, 갈등과 분열의 각자도생 사회가 되어가고 있다.
- 도입 필요성(2) – 환경 변화 : (1) 4차 산업혁명으로 인해 원하는 사람 모두가 일할 기회를 충분히 가지기 어려워지면서, 노동이 생산의 주력인 시대에 합당했던 사회제도는 기술이 생산의 주력이 되는 시대엔 제대로 작동하기 어렵다. (2) 기후 위기로 인해 제조업 중심의 대한민국 경제에 위기가 닥쳤으며, 인류 생존도 위협받고 있다. (3) 초저출산 문제로 국가 소멸이 걱정되는 상황에 처해있다. 이제 생존을 위한 '최소한의 삶'이 아니라 '기본적인 삶'이 보장되는 사회로 대전환을 고민해야 할 때이다.
- 법적 근거 : 대한민국 헌법 제1조 1항 '대한민국은 민주공화국이다'와 2항 '대한민국의 주권은 국민에게 있고 모든 권력은 국민으로부터 나온다'.
- 효과 : 가난을 증명한 사람을 골라 지원하지 않고, 모두를 지원한 후 불필요한 몫은 회수하면, 재정부담은 같지만, 국민의 삶에 엄청난 차이가 생길 것이다. 탈락이 두려운 노동회피가 없어질 것이고, 생활수준을 증

> 명할 필요가 없어 낙인효과도 없다. 소득은 적지만 만족도 높은 일자리가 많이 생길 것이다. 기본사회 정책이 대한민국에 새로운 활력을 불어넣을 것이다. 부담자와 수혜자가 분리되지 않고 모두가 수혜자인 기본사회 정책은 '부담집단'과 '수혜집단'의 갈등을 최소화할 것이다.

● 4단계 : 더불어민주당 기본사회위원회 제1차 전체 회의
   (2023년 2월 14일)

뿌릴 씨앗이 마련되었다면 그 다음 단계는 씨를 뿌릴 농부들이 필요하다. 2023년 2월 14일은 기본사회 씨앗을 심을 농부들을 임명함으로써 기본사회 실현을 위한 조직을 갖춘 의미 있는 날이었다. 이재명 대표는 2023년 1월 12일 당대표 신년 기자회견을 갖고 우리 미래의 청사진을 분명하게 제시하기 위한 '기본사회 2050 비전'을 준비하기 위해 당내에 '기본사회위원회'를 설치할 것을 발표하였다. 그로부터 나흘 뒤 기본사회위원장에 이재명 당대표를, 수석부위원장에 우원식 의원을 임명하였다. 당의 위원회 조직 위원장을 당대표가 맡는 것은 매우 드문 일인데 이대표가 기본사회에 얼마나 큰 비중을 두고 있는지를 보여주는 대목이라 할 수 있다.

한 달 후인 2월 13일 열린 제70차 최고위원회의에서 기본사회위원회 위원 구성을 의결하고 하루 뒤인 2월 14일 5명의 위원장단, 26명의 부위원장단 그리고 11명의 정책본부장단을 임명하였다.

위원장단

연번	직책	성명	소 속
1	위원장	이재명	국회의원(더불어민주당 당대표)
2	수석부위원장	우원식	국회의원(서울 노원구을, 국회 예결위원장, 4선)
3	고문	변재일	국회의원(충북 청주시 청원구, 과방위, 5선)
4	정책단장	강남훈	한신대학교 경제학과 교수, (사)기본사회 이사장
5	정책부단장	제윤경	前 국회의원

부위원장단

연번	직책	성명	소 속
1	부위원장(원내)	김병기	국회의원(서울 동작구갑, 국토위, 재선)
2	부위원장(원내)	소병훈	국회의원(경기 광주시갑, 농해수위, 재선)
3	부위원장(원내)	박 정	국회의원(경기 파주시을, 외통위, 재선)
4	부위원장(원내)	송옥주	국회의원(경기 화성시갑, 국방위, 재선)
5	부위원장(원내)	김교흥	국회의원(인천 서구갑, 행안위, 재선)
6	부위원장(원내)	어기구	국회의원(청남 당지시, 농해수위, 재선)
7	부위원장(원내)	이장섭	국회의원(충북 천주시 서원구, 초선)
8	부위원장(원내)	송갑석	국회의원(광주 서구갑, 산자위, 재선)
9	부위원장(원내)	김성주	국회의원(전북 전주시병, 정무위, 재선)
10	부위원장(원내)	이개호	국회의원(전남 담양함평영광장성, 농해수위, 3선)
11	부위원장(원내)	신정훈	국회의원(전남 나주화순, 산자위, 재선)
12	부위원장(원내)	정춘숙	국회의원(경기 용인시병, 보복위, 재선)
13	부위원장(원내)	유정주	국회의원(비례, 문체위, 초선)
14	부위원장(원외)	김성용	(사)기본사회 부이사장
15	부위원장(원외)	김세준	국민대학교 겸임교수, 前 기본소득국민운동본부 상임대표
16	부위원장(원외)	정종숙	더불어민주당 대구시당 북구갑지역위원장

17	부위원장(원외)	김기현	더불어민주당 경북도당 청년위원장
18	부위원장(원외)	김미화	천안시의원
19	부위원장(원외)	이재준	前 고양시장
20	부위원장(원외)	권지웅	前 민달팽이주택협동조합 이사장
21	부위원장(원외)	한상현	경남도의원
22	부위원장(원외)	김미경	서울 은평구청장
23	부위원장(원외)	변성완	더불어민주당 부산시당 북구강서구을 지역위원장
24	부위원장(원외)	박정현	前 대전 대덕구청장
25	부위원장(원외)	이선호	더불어민주당 울산시당 위원장

정책 본부장

연번	직책	성명	소 속
1	기본소득본부장	서영석	국회의원(경기 부천시정, 보복위, 초선)
2	기본소득본부장	이원택	국회의원(전북 김제부안, 농해수위, 초선)
3	기본소득본부장	정균승	군산대학교 경제학과 명예교수
4	기본소득본부장	박우량	전남 신안군수
5	기본금융본부장	민병덕	국회의원(경기 안양시동안구갑, 정무위, 초선)
6	기본금융본부장	강남훈	한신대학교 경제학과 교수, (사)기본사회 이사장
7	기본주거본부장	조오섭	국회의원(광주 북구갑, 국토위, 초선)
8	기본주거본부장	남기업	토지+자유연구소 소장
9	을기본권본부장	이동주	국회의원(비례, 산자위, 초선)
10	을기본권본부장	김경만	국회의원(비례, 산자위, 초선)
11	을기본권본부장	위평량	경제사회연구소 소장

이 날 임명장 수여와 함께 기본사회위원회의 제1차 전체회의도 진행되었는데, 회의를 통해 향후 운영계획은 다음과 같이 구체화되었다.

운영 기조
o 흔들리지 않는 '기본'을 심어 국민 모두의 행복을 추구하는 나라
o 공평한 출발선에서 더 많은 기회가 보장되는 나라
o 원치 않는 실패 이후에도 패자 부활이 가능한 나라

추진 과제
o 소멸 위기에 빠진 농어촌을 위한 기본소득
o 신혼부부와 청년들을 위한 기본주택
o 소상공인과 사회초년생을 위한 기본금융
o 우리사회 만연한 갑을 관계에서도 지켜지는 을(乙)들의 기본권

정책 방향
o (기본소득) 범주형(농어촌/예술인 등) 및 배당 모델(친환경 재생에너지 배당 기본소득) 확산사업
o (기본금융) 기본대출(은행권/정유사 횡재세 부관로 재원확보 방안 마련 등)
o (기본주거) 기본주택 공급/주거급여대상 및 장기 공공임대 확대
  -〉기본주거 모델 : 미분양 및 부도가계 주택매입 후 장기임대 제공 모델 (지자체 시범사업화)
o (乙기본권) 乙교섭제도(단체교섭권)/국가발주책임제/국가후견소송제(乙피해자지원)

운영 방안
o (정책단) 위원장 직속 정책단 설치(기본소득/기본금융/기본주택/을(乙)기본권 등 정책 개발) -〉각 주요 추진과제별 담당 책임의원 배치
o (전체 회의) 분기별 1회 정례회의 혹은 필요시 개최

2023년 5월 11일에는 광역 기본사회위원회 출범식이 개최되어 전국 조직이 갖춰졌다.

광역기본사회위원장단

연번	광역	직책	성명	성별	주 소	비고
1	서울	위원장	이해식	남	국회의원(서울 강동구을 · 행안위 · 초선)	
2	경기	위원장	민병덕	남	국회의원(경기 안양시동안구갑 · 정무위 · 초선) 기본금융 겸	
3	부산	위원장	서은숙	남	더불어민주당 부산시당위원장 당 최고위원 겸	
4	인천	위원장	정일영	남	국회의원(인천 연수구을 · 산자위 · 초선)	
5	대구	위원장	강민구	남	더불어민주당 대구시당위원장	
6	대전	위원장	황운하	남	국회의원(대전 중구 · 정무위 · 초선)	
7	광주	위원장	윤영덕	남	국회의원(광주동구남구갑 · 정무위 · 초선)	
8	울산	위원장	박성진	남	더불어민주당 울산 남구을 지역위원장	
9	세종	위원장	강준현	남	국회의원(세종시을 · 기재위 · 초선)	
10	강원	위원장	허 영	남	국회의원(강원춘천철원화천양구갑 · 국토위 · 초선)	
11	충북	위원장	임호선	남	국회의원(충북 증평진천음성 · 행안위 · 초선)	
12	충남	위원장	이정문	남	국회의원(충남 천안시병 · 과기정통위 · 초선)	
13	전북	위원장	김윤덕	남	국회의원(전북 전주시갑 · 문체위 · 재선)	
14	전남	위원장	주철현	남	국회의원(전남 여수시갑 · 농해수위 · 초선)	
15	경북	위원장	강부송	남	더불어민주당 경북 군위의성청송영덕 지역위원장	
16	경남	위원장	송순호	남	더불어민주당 경남 창원마산회원구 지역위원장	
17	제주	위원장	위성곤	남	국회의원(제주 서귀포시 · 농해수위 · 재선)	

정책단 중심의 연구 활동도 적극적으로 추진하여 2023년 4월부터 국회에서 네 가지 기본권에 대한 연속토론회를 개최하여 기본사회의 심장이 뛰고 있음을 세상에 알린 바 있다.

더불어민주당 당대표직속 기본사회위원회 연속토론회

| 주최 |
더불어민주당 기본사회위원회 · 민주연구원

② 헌법적 권리와 기본주거 — 전세사기, 깡통전세 피해로 살펴본 기본주거의 필요성

- **일시** | 4월 17일 월요일 오후 14:00 **장소** | 의원회관 제9간담회의실
- **좌장** | 조오섭 기본사회위원회 기본주거본부장
- **발제1** | 대한민국의 부동산 현실과 기본주거의 방향
  - 남기업 토지+자유연구소장
- **발제2** | 전세피해 구제와 예방
  - 임재만 세종대학교 부동산학과 교수
- **토론** | 이광수 미래에셋증권 수석연구위원
  - 권지웅 더불어민주당 주거복지특위 부위원장
  - 채은동 민주연구원 연구위원
  - 서동규 민달팽이유니온 사무처장
  - 박정엽 서울주거복지센터협회 정책분과장
- **주관** | 국회의원 우원식, 박상혁, 조오섭, (사) 기본사회

① 청년 첫 출발, 소상공인 새출발과 기본금융
- **일시** | 4월 4일(화) 10:00 **장소** | 의원회관 제2세미나실

③ 공유자원과 기본소득 — 공유부형 기본소득 실험과 미래
- ★공동주최 | 국회 기본소득연구포럼(대표의원 소병훈 의원)
- **일시** | 4월 27일(목) 10:00 **장소** | 의원회관 제2세미나실

④ 공정경제와 을기본권 — 중소기업과 대기업 등 상호대등한 교섭권보장을 통한 경제적 기본권 보장방안
- **일시** | 5월 11일(목) 10:00 **장소** | 의원회관 제9간담회의실

⑤ 횡재세 — 디지털세(데이터세), 탄소세, 자원세, 토지보유세 등 사회로부터 발생하는 수익의 사회적 환원
- **일시** | 5월 25일(목) 10:00 **장소** | 의원회관 제1세미나실

문의 : 우원식의원실 02-784-1378

제3장

대한민국의 주인이자
주권자인 국민

특이한 팔로워들의 등장

"옛날 옛날에 한 사나이가 외투를 걸친 채 길을 걸어가고 있었다. 이를 해와 바람이 보고는 내기를 하기로 한다. 이 사나이가 걸친 외투를 벗기는 내기. 먼저 바람이 나섰다. 있는 힘껏 바람을 내뿜었다. 순간 주변 온도가 뚝 떨어졌다. 사나이는 갑자기 몰아닥친 추위를 견디기 위해 외투를 꼭 부여잡고 몸을 감쌌다. '좋아. 그렇단 말이지? 이번엔 외투를 날려 버리지.' 바람은 젖 먹던 힘까지 내서 더 센 바람을 불어댔다. 그럴수록 사나이는 외투를 더 세게 움켜잡고 몸을 감쌌다. 바람은 당황했다. 자신의 뜻대로 사나이의 외투를 벗길 수가 없었기 때문이었다. 한 번 더 시도하고 싶었지만 이미 바람은 체력이 바닥이 나서 그럴 수가 없었다. 결국 바람은 포기를 하고야 말았다.

이제 해의 차례. 해는 힘껏 웃었다. 그랬더니 햇볕은 쨍쨍, 모래알은 반짝! 한여름의 날씨가 되었다. 사나이의 이마에서는 땀이 송글송글 솟아났다. 드디어 사나이는 입고 있던 외투를 벗었다."

바람과 해는 '목표'를 가졌다. 그 목표는 사나이의 외투를 벗기는 것. 사나이는 외투를 벗을 생각이 전혀 없는 상태. 둘은 각자 가지고 있는 무엇인가를 가지고 목표를 달성하는 '성과'를 내야 하는 상황에 처해 있다. 이 둘은 목표 달성이라는 성과를 내기 위해서 어떤 행동을 하였다. 즉, 외투를 벗을 의향이 없는 사나이로 하여금 외투를 벗게 만든 것이다. '외투를 벗을까?' 라는 마음만 먹게 한 것이 아니라 실제로 외투를 벗는 행위를 하도록 한 것이다. 이들이 한 행동을 '영향력 행사'라고 한다.

동네 친구들끼리 모인 조직은 특정한 목표가 없다. '재미있게 노는 것'은 목표라고 하기 좀 그렇다. 그러나 우리가 속한 대부분의 조직은 목표가 있다. 기업이나 국가라면 그 목표의 규모는 우리의 능력을 뛰어넘는 경우가 많다. 달성하고 싶은 마음을 갖는다고 해도 선뜻 나서기가 어렵다. 이는 모든 조직 구성원들이 느끼는 것이다.

모든 구성원들이 고통스러운 노예 상태를 벗어버리기 위해서 이집트를 탈출하자는 목표를 갖고 있다고 해서 저절로 그 목표가 달성되는 것은 아니다. 죽고 싶을 정도로 고통스러운 노예 상태에서 해방되고 싶은 마음만은 간절하지만 두렵거나, 부정적이거나, 나태하거나, 소극적이거나 등등 다양한 이유로 계속 노예의 신분으로 살아갈 수밖에 없다. 이러한 목표를 달성하고자 하는 강력한 의지를 가진 누군가 나타나지 않는 한 간절한 목표는 아무런 쓸모 짝에도 없는 것이 되어 버린다.

이때 '모세'라는 사람이 등장하였다. 모세는 간절한 마음을 가진 사람뿐만 아니라 두려운 나머지 노예 상황을 그대로 유지하고자 하는 사람들까지 움직이게 만들어야 한다. 때로는 설득도 해야 하고 때로는 협박도 해야 할지도 모른다. 노예에서 해방된 이후의 행복한 삶을 스토리로 구성하여 보여주어야 할지도 모른다. 심지어는 바다가 갈라지는 기적까지도 보여야 한다. 그러지 않으면 사람들은 탈출을 감행하기 위한 이삿짐을 싸지 않을 것이고 이삿짐을 쌌다고 하더라도 탈출 대열에 끼지 않을 것이다.

우리는 이러한 노력을 하는 모세를 리더라고 부르고 모세가 사람들에게 하려는 이 모든 노력들을 '영향력 행사'라고 부른다. 바람은 영향력 행사에 실패했고 해는 영향력 행사에 성공하였다. 결국, 리더십은 영향력을 행사하는 기술이다. 리더십의 핵심은 영향력 행사의 성패에 달렸다. 리더들이 하는 모든 노력은 다 영향력을 행사하기 위한 것이다. 회식을 하는 것도 격려를 하는 것도 질책을 하는 것도 비전을 제시하는 것도 워크샵을 가는 것도 면담을 하는 것도 인사 평가를 하는 것도 다 목표를 이루기 위한 영향력을 행사하는 과정이다.

이 과정에서 리더의 '지시'와 팔로워들의 '복종'이라는 개념이 존재한다. 히틀러라는 리더가 독일 국민들에게 영향력을 행사하였다. 독일 국민 즉, 독일 팔로워들은 히틀러에 의해 영향을 받았고 거기에 복종했다. 의식적이든 무의식적이든. 그래서 그들은 유대인을 학살하는 데 동참했다. 히틀러라는 리더가 등장하기 전에는 상상도 하지 못할 일이었다. 왜냐하면 독일 사람들과 유대인들은 한 마을에 사는 평범한 이웃 관계였기 때문이다. 이사오면 옆 집에 떡을 돌리고 떡 돌리러 온 이웃을 집에 들어오라고 해서 방금 부친 김치전을 나누어 먹기도 하고 옆 집 아이가 아프다고 하면 약도 갖다 주고 이웃집에 경조사가 있으면 스스로 팔을 걷어 붙이고 결국은 노래방에 옹기종기 모여 가수 옥희의 '멀리 있는 친척도 이웃 사촌만은 못해요'라는 노래를 함께 부르면서 정을 나누는 식으로 평화롭게 살았던 것이다.

그러던 독일 이웃들이 히틀러의 영향을 받았고 그 영향력에 복종하여 유대인 이웃을 학살하는데 '아무렇지도 않게' 동참한 것이다. 비슷한 사례들은 얼마든지 많다. 인류의 역사는 리더의 영향력 행사에 팔로워들이 복종해왔던 패턴들을 기록해왔다.

그런데 영향력 행사의 방향을 바꾼 국민들이 있다. 대한민국 국민들이다. 우리의 조상들은 국가가 위기에 처했을 때, 하나 뿐인 목숨 아끼지 않고 의병이 되고 독립군이 되어 처절한 싸움을 벌여 나라를 지켰다. IMF 경제 위기 상황에서 가정 경제가 파탄이 날 처지에 놓

였어도 금모으기 운동을 벌여 결국 나라의 경제를 살렸던 대한민국 국민들이다.

2016년 말 이들은 리더를 복종시켜 끌어내리는 영향력을 행사하였다. 즉, 영향력의 방향을 바꿨다. 이런 사례들은 역사적으로 여러 번 있었지만 이들은 역사상 처음으로 평화적인 방식으로 영향력 행사를 하였다.

사마천의 '사기'에 나오는 인물 한신. 어려서 매우 가난했으며 항상 칼을 차고 다녔다. 끼니조차 제대로 먹을 수 없는 형편이어서 정장이라는 사람의 집에서 밥을 얻어먹다 쫓겨나 강가에서 한 여인에게서 밥을 얻어먹기까지 하는 등 비루한 삶을 살았다. 사람들은 이러한 한신을 비렁뱅이라고 놀렸다. 시비를 걸어오는 시정 무뢰배의 가랑이 밑을 태연히 기기도 하였다. 이런 그가 기회를 잡았다. 거만한 항우를 떠나 유방에게 망명하여 대장군에 올랐다. 유방에게 동쪽으로 향해 천하를 도모할 것을 건의하고, 군대를 이끌고 여러 나라들을 격파했다. 특히, 조나라와의 싸움에서는 겨우 2만의 군사로 배수진을 치고 그 10배인 조나라를 제압했다. 이를 본 많은 사람들이 하나 같이 말을 했다.

"그 때의 그 비렁뱅이 맞아?"

삼국지의 한 토막. 조조가 후한의 승상이 되어 왕도 능가할 정도의 권력을 갖게 되었을 때, 별 볼 일 없는 떠돌이에 지나지 않았던 유비는 조조에게 의탁하여 지냈다. 유비는 조조에게 인정을 받으니 으쓱하여 거만한 태도를 보이기도 하였다. 조조의 신하들은 이런 유비가 연기를 한다고 생각하여, 후세에 위험한 인물이 될 터이니 조조보고 죽여 없앨 것을 건의했다. 조조는 유비를 시험할 겸 술자리에 초대했다. 조조가 천하를 통일할 사람으로 유비를 지목하는 위기의 상황에서 유비는 자기도 모르는 사이에 젓가락을 떨어뜨렸다. 때마침 귀청을 찢을 듯한 천둥 소리가 들렸다. 순간 유비는 몸을 상 밑으로 숨기면서 벌벌 떨었다. 이를 본 조조는 유비를 겁쟁이로 생각하여 다시는 유비를 의심하지 않았다. 이후, 공손찬이 망하자 유비는 조조에게 공손찬의 복수전을 한다며 군사 5만을 빌려달라고 요청했다. 조조의 신하들은 이를 말렸지만, 조조는 유비를 겨우 친구 복수나 하는 사람으로 취급해 유비에게 이를 허락했다. 유비가 5만의 군사를 데리고 떠난 휘, 유비의 속셈을 알아차린 조조는 부하들에게 유비를 쫓아 죽이라고 명을 내렸다. 유비를 따라잡은 부하들을 향해 유비는 이전과는 다른 용맹한 모습으로 이들을 꾸짖어 물리쳤다. 돌아가던 조조의 부하들은 한마디씩 했다.

"그 때의 그 겁쟁이 유비 맞아?"

어떤 백성들이 있었다. 이들은 왕을 존경하며 평화롭게 살았다. 왕이 돌아가시면 1년 동안 상복을 벗지 않고 자신의 부모님이 돌아가신 양 슬퍼하며 지낼 정도로 착한 백성들이었다. 그런 왕이 나라를 옆 나라에게 빼앗겨 버렸다. 그래도 백성들은 왕을 단 한 번도 원망하지 않았다. 대신 왕에게 나라를 돌려 드리기 위해 손에 무기를 들었다. 그러나 이들에게 돌아오는 것은 고통뿐이었다. 왕은 옆 나라의 꼭두 각시가 되었지만, 이들의 충성심은 변하지 않았다. 결국 더 큰 나라가 옆 나라에 무시무시한 무기를 떨어뜨려 나라를 되찾게 되었다.

　나라를 되찾은 후 왕은 옆나라에게 충성을 했던 배신자들을 요직에 등용시키고, 나라를 되찾기 위해 손에 무기를 든 사람들을 탄압하기 시작하였다. 전 국토는 배신자들의 손아귀에 접수 당했다. 백성들의 삶은 옆나라에게 지배받을 때와 같은 고통 그 자체였다. 결국, 백성들은 이에 항의하기 위해 거리로 나섰다. 왕이 자신들의 억울함을 들어줄 것이라고 생각했기 때문이었다. 그러나 왕은 백성들을 무자비하게 짓밟았다. 젊은이들이 무참히 희생되었다.

　그 다음에는 옆나라 군대의 장교 출신이 왕이 되었다. 이 왕은 총칼로 왕위를 찬탈하였다. 백성들은 이를 가만히 보고 있지는 않았다. 불법적으로 왕이 된 자를 몰아내기 위해 거리로 나섰다. 그러나 왕은 더 가혹하게 백성들을 짓밟았다. 다행히도 이 왕은 충신의 총에 맞아 죽었다.

　그 다음은 대머리가 왕이 되었다. 대머리 왕은 혼란한 틈을 노려 또 다시 총칼로 왕위를 찬탈하였다. 고달픈 백성들은 그래도 거리로 나섰다. 대머리 왕은 이를 잔혹하게 진압했다. 특히, 남쪽 고을에 사는 백성들을 수도 없이 죽였다. 그 다음 왕은 대머리 왕의 친구였다. 대머리 왕을 등에 업고 백성들을 짓밟았다. 백성들은 포기하지 않고 저항했다. 이번에는 백성들의 저항이 매우 컸다. 젊은 백성 하나가 고문을 받다가 죽었고, 또 다른 젊은 백성은 이에 저항을 하다가 죽었다. 백성들은 분노했다. 그러자, 대머리 왕과 친구 왕은 저항군 출신들 중 기회주의자 한 명을 왕으로 내세워 저항을 잠재웠다. 백성들은 슬펐지만, 고달픈 일터로 돌아갔다.

쥐처럼 생긴 왕은 너무나도 탐욕스러워 백성들의 먹거리조차 위협했다. 다른 나라에서 병든 소를 들여와 백성들에게 먹으라고 했다. 이에 분노한 백성들은 거리로 나섰다. 이들에게 주어진 것은 폭력적인 진압뿐이었다. 생계에서 쫓겨난 가난한 백성들은 높은 곳에서 저항하다 불에 타 죽고, 떨어져 죽었다. 쥐처럼 생긴 왕은 나라의 강들을 다 헤집어 놓고, 더럽게 만드는 과정에서 백성들의 고혈을 흡혈귀처럼 빨아 먹었다. 쥐왕은 불법적인 방법으로 스스로를 공주라고 생각하는 여자에게 왕권을 물려주었다.

이 여왕은 옆나라 군대 장교 출신 왕의 딸이었다. 여왕은 자기 친구에게 모든 걸 맡겨놓고 왕궁에서 드레스를 입은 채 주지육림에 빠져 살았다. 여왕의 친구는 쥐처럼 생긴 왕이 남긴 찌꺼기까지 다 해쳐먹었다. 결국 백성들은 추운 겨울 날 왕궁이 얼마 멀지 않은 곳에 모였다. 여왕은 걱정했지만 여왕 친구와 그 수하들은 여왕을 안심시켰다.

"걱정 마. 총으로 갈겨버리면 되니까. 예전에도 그랬듯이 저것들은 어리석어서 과격한 항의를 할 거야. 때려부수고 그러겠지. 그 때 치는 거야. 대머리왕이 남쪽 고을에서 그랬듯이. 우리에게는 역사와 전통이 있잖아? 저것들은 두드려 맞으면 다시 잠잠해져. 어디 한 두 번 벌어진 일이야?"

이 말을 들은 여왕은 안심하고 드라마를 보러 방으로 들어갔다. "

그러나 이 번에는 백성들이 예전과는 달랐다. 추운 겨울에도 거리로 쏟아져 나왔다. 계속해서 나왔다. 날이 갈수록 더 나왔다. 이들은 예전의 그들과는 질적으로 달랐다. 총을 쏠 여지를 주지 않았다. 여유가 넘쳤다. 여왕과 친구들과 부하들이 한 마디 했다.

"그 때의 그 백성들 맞아?"

그 동안 대한민국의 역사 속에서는 팔로워들이 영향력을 행사하려고 했거나 했던 사례들이 있었다. 그러나 안타깝게도 그 결과는 좋지 못했다. 4.19 혁명은 박정희 쿠테타로 이어졌고 광주항쟁은 처절하게 짓밟힌 채 전두환, 노태우 군사 독재 정권으로 이어졌으며 1987년 항쟁은 민자당이라는 괴물을 탄생시켰다. 즉, 권력을 쥔 세력들은 어떻게든 상황을 원상복귀 시켜왔던 것이다.

그러나 2016년에는 달랐다. 이들은 그 동안의 실패를 세포 하나하나에 다 저장시켜놓고 있었다. 12월 9일 박근혜 탄핵 소추안 가결이 이루어졌다고 해산하지 않았다. 이 날 국민들이 촛불을 껐으면 공이 어디로 튀었을지도 모른다. 이들은 '끝날 때까지 끝난 것이 아니다'라는 구호로 정치권에 영향력을 행사하였다. 12월 10일 7차 촛불 집회에는 100만명이 모였다. 이들은 탄핵소추안 가결로 모든 것이 끝나는 것은 아니라는 것을 분명히 보여주었다. 헌법재판소 탄핵심판 절차도 남아 있고 제19대 대선도 남아 있었다. 이 날 모인 100만 시민은 헌재가 탄핵을 인용하는 날까지, 아니, 이 땅에 적폐가 청산되고 진정한 민주주의가 완성되는 날까지 촛불을 멈추지 않을 것이라는 것을 역사 앞에 선언하였다.

촛불 국민들의 저항은 예전과는 완전히 달라졌다. 여유와 흥이 넘치고 유머 감각도 풍부해졌다. 평화적인 집회를 고수하고 사전에 허가를 받는 영리함을 보이면서 적들에게 하반신에 대고 발포할 기회조차 주지 않았다. 역사상 이런 시위는 처음이었던 것이다.

적폐 세력에 대항해서 역사적으로는 목격하지 못했던 대항군들이 생겨났다. 이들이 누구냐? 바로 촛불 부대이다. 이번에는 제대로 무장했다. 이전까지는 '선거에서 표로 심판하겠다'며 소극적인 모습을 보이던 이들이 이번만큼은 끝까지 싸우겠다는 결의를 하였다. 그리고는 이들에게 친숙한 차가운 바닥에 전선을 형성하였다. 적군이 박근혜 탄핵 가결과 새누리당 분당 등의 휴전안을 제안했는데도 계속해서 차가운 바닥에 앉아 있다. 왜? 이번만큼은 제대로 결심하고 나왔기 때문이다. 적폐 수호자들과 한판 해서 반드시 승리를 하겠다는 싸움꾼의 자세로 나왔기 때문이다. 드디어 이들에게 곤조가 생긴 것이었다.

촛불 부대는 시간이 갈수록 강해졌다. 제대로 된 작전도 있었다. 일명 허허실실 작전. 손에 쥔 촛불은 적들이 보기에는 아무런 쓸모도 없어 보이지만 부대원들에게 일체감을 형성시키고 멀리서 보았을 때 적들에게조차 아름답게 보이도록 만들면서 무장을 해제시키는 효과를 가지고 있었다. 바람이 불면 꺼질 것에 대비해 최첨단 기술을 동원하여 절대로 꺼지지 않는 촛불이 전투원들에게 지급된 지 오래였다.

이들은 가족들과 나와서 교묘하게 축제 분위기를 만들고 절묘하게 '평화'라는 명목을 내세워 적들이 함부로 덤비지도 못하게 만들었다. 한판 싸움이 끝나면 적들에게 빌미를 제공할 수도 있는 모든 것들, 심지어는 쓰레기까지 말끔히 치운 뒤 집으로 돌아갔다. 그리고는 삶의 현장에서 열심히 일하면서 체력을 비축한 뒤 다시 전쟁터로 나왔다.

요령까지도 생겼다. 추운 날씨에 전투력이 떨어질 것에 대비한 각종 매뉴얼들을 만들고 짧은 시간에 집중적으로 싸움을 벌였다. 그러면서 세계 곳곳에 온라인 제휴군들을 만들어 놓았다. 고급 정보원들도 보유하고 있었다. 적들은 정보원의 숫자가 얼마나 되는지도 몰랐다. 정보원들은 평상시에는 학생, 회사원, 자영업자, 청소부, 농부, 주부 등으로 신분 위장을 하고 있으면서 적들에게 타격을 줄 수 있는 고급 정보를 수집하고 있었다. 최첨단 SNS 정보망을 보유하고 있고 국가정보원을 능가하는 첨단 정보 수집 능력으로 적들을 교란 및 침몰시키는 제보 핵무기를 가지고 있다. 함성 폭탄도 가지고 있었다. 그저 소리로 이루어져 있어서 청와대에 앉아 있는 사람들은 별게 아니라고 콧방귀를 끼고 있지만 일정 데시벨들이 지속적으로 발사가 되다가 임계치를 넘게 되면 청와대 하나쯤 붕괴시키는 것은 시간 문제일 뿐이었다. 인해전술 능력도 있었다. 끊임없이 전쟁터로 나왔다. 1차 촛불 집회 이후 2016년 12월 말일에 진행된 '송박영신' 집회까지 연인원 1천만 명을 넘어섰다. 그 동안 단 한 명의 전사자나 포로도 발생하지 않았다.

이를 본 외신들은 다음과 같이 전하며 놀라움을 금치 못했다.

"1987년 군부 독재에 저항하는 시위 이래 최대 규모"(AP통신)

"100만명 참가했지만 시위 평화로워"(BBC)

"유모차를 끄는 젊은 부부와 학생들도 참여했다. 폭력 사태로 번졌던 과거 시위와는 다르다."(로이터통신)

"사안은 심각했지만, 시위 중간에 음악을 즐기는 유쾌한 분위기였다."(CNN)

"집회는 평화적이면서도 축제 분위기. 한국의 시위 문화가 새로운 장을 열었다."(신화통신)

"일부 가게들은 시민들에게 무료로 커피를 나눠주기도 했다."(뉴욕

타임즈)

"한국인들이 할 수 있다면, 우리도 할 수 있다. 다음은 우리 차례"
(트럼프저항운동, 미국 내 대표적인 反트럼프 운동 커뮤니티)

이러한 기사들에는 다음과 같은 댓글들이 무수히 달렸다.

"위대한 대한민국 국민들에게 축하를! 우리를 위한 좋은 선례를 만들어줘서 너무 고맙다."

"미국은 대한민국 국민들에게 민주주의를 배워야 한다."

"대한민국이 다시 위대해졌다."

위대한 촛불 혁명은 일본으로 수출되기까지 하였다.

'촛불시위' 日 첫 상륙…시민 5000명 모여 "아베 퇴진" 외쳐

도쿄=장원재 특파원 입력 2018-03-23 22:16 수정 2018-03-24 09:18

"한국에선 촛불로 정권을 바꿨다. 일본도 촛불로 총리를 몰아내자"
23일 일본 총리관저 앞에 '촛불시위' 첫 상륙, 시민 5000명 모여
"아베 퇴진" 외쳐?
LED 촛불과 플래시 점등, 시민들 "스고이(멋지다)", "키레이(예쁘다)" 감탄
모리토모학원 스캔들로 여론 악화, 아베 총리의 거듭된 사과에도 속수무책
"다들 이제 불을 들어올려 주세요. 플래카드는 내려 주시고요."

23일 오후 8시 일본 도쿄(東京) 지요다(千代田)구 총리관저 앞. 약 5000명의 시민들이 주최측의 요청에 따라 일제히 발광다이오드(LED) 촛불과 플래시를 점등한 휴대전화 등을 치켜들었다. 순식간에 관저 앞은 촛불바다가 됐다. 한국에서 역사를 바꾼 촛불시위가 일본에 처음 상륙하는 순간이었다. 시민들은 주위를 둘러보며 "스고이(멋지다)", "키레이(예쁘다)" 등 감탄사를 연발했다.

촛불시위를 기획한 오쿠다 아키(奧田愛基·26) 씨는 "정말 멋진 광경이다. 역사적인 장면이 될지 모르니 기자분들도 사진을 잘 찍어 달라"고 했다. 시민들은 촛불을 흔들며 구호를 외쳤다. "아베 총리는 거짓말을 멈춰라", "총리를 그만둬라.", "(총리 부인) 아키에는 국회에 나와라."

오쿠다씨는 2015년 안보법제 반대시위를 주도했던 실즈(SEALDs·자유와 민주주의를 위한 학생 긴급행동)의 중심인물로

모리토모(森友)학원 스캔들이 본격화된 후 관저 앞에서 목소리를 높이고 있다. 그는 뜻을 같이하는 이들과 촛불시위를 결심한 후 LED 촛불 3000개를 준비했다. 또 트위터를 통해서도 "촛불이나 라이트를 들고 모여 달라"고 호소했다.

이 호소에 응한 이들은 자발적으로 촛불을 준비했다. 관저 앞에서 만난 쓰노이 덴코 씨는 "한국에서는 촛불이 정권을 바꿨다. 멋지고 비폭력적이라는 점이 마음에 들어 지인들과 자비로 2000개의 촛불을 사 왔다"고 말했다. 야광봉 500개를 가져온 호토 히로시(56) 씨는 "해외에 사는 이가 자신은 참가하지 못하니 대신 나눠 달라고 해서 가져왔다"고 말했다.

이날 시위에 참석한 시민들은 비가 조금씩 내리는 와중에도 '아베 신조(安倍晋三) 사임', '내각 총 사퇴' 등이 써진 플래카드를 들고 목소리를 높였다. 복지 관계 일을 한다고 밝힌 노나카 도시히로(52) 씨는 "아베 정권이 끝장날 때까지 시위에 나오겠다"고 했다.

관저 앞 데모는 재무성이 문서조작을 인정한 12일 1000여 명으로 시작해 점차 확대되고 있다. 이날은 수천 명이 국회와 관저 앞에서 목소리를 높여 모리토모 학원 스캔들이 재점화된 이후 가장 큰 규모였다. 지역도 오사카(大阪) 삿포로(札幌) 등 전국으로 확산되고 있다.

관저 앞 시위와 지지율 하락으로 코너에 몰린 아베 총리는 이날 각의(국무회의)에서 "이번 일로 행정 전체의 신뢰가 손상된 것은 통한의 극치"라며 다시 고개를 숙였다. 국유지 헐값 매각 당시 이

> 재국장으로 사건의 핵심 인물인 사가와 노부히사(佐川宣壽) 전 국세청 장관이 27일 국회에 출석할 예정이어서 그의 증언에 따라 사태는 걷잡을 수 없이 확산될 가능성도 있다.
> 설상가상으로 국유지를 헐값에 분양받아 스캔들의 중심에 있는 가고이케 야스노리(籠池泰典) 모리토모학원 전 이사장은 23일 구치소에서 야당 국회의원들을 만나 "국유지 매각 협상에 대해 아키에(昭惠) 여사에게 하나하나 보고했다"고 폭로했다. 이에 따라 아키에 여사를 국회에 불러야 한다는 야당의 요구가 더욱 거세질 전망이다.

스스로를 팔로워로 인식했던 대한민국 국민들은 이러한 과정들을 거치면서 대한민국의 주인이자 주권자로서 영향력을 행사하기 시작하였다. 국민들의 영향력 확대는 기본사회 운동으로 이어지고 있다.

기본소득국민운동본부

시민들 주도의 기본소득 운동은 미국의 마틴루터 킹(Martin Luther King, 1929~1968) 목사에 의해 계획되었다. 마틴루터 킹은 흑인 인권 운동가이자 목사로 잘 알려져 있는 인물이다. 평생에 걸친 인권 운동의 공로를 인정받아 1964년에는 노벨평화상을 수상했고 미국에서는 매년 1월 셋째 주 월요일을 마틴루터 킹 데이(Martin Luther King Jr. Day)라는 연방 공휴일로 지정하고 지금까지도 그를 기리고 있다. 미국 성공회에서는 성인으로 추대한 바 있다. 여기까지가 우리가 잘 알고 있는 사실이다. 그러나 그에 대해 모르는 사실이 하나 있다. 그가 인권운동의 실천 대안으로서 기본소득 시민 운동을 계획하고 준비했다는 점이다.

흑인으로 태어났지만 유복하고 교육받은 집안에서 자란 그가 인권 운동을 시작하게 된 계기가 된 것은 대학생 때 앨라배마의 버스 안에서 한 흑인 여성이 백인 남성을 위해 자리를 비키지 않았다는 이유로 체포되는 사건이었다. 그 이후로 그는 평생에 걸쳐 흑인이 백인과 동등한 시민권을 얻기 위한 운동을 펼쳤다.

그는 인권 운동을 펼치는 동안 수많은 명연설들을 하였다. 이들 중

1967년 6월 『우리는 여기서 어디로 가야 하나』라는 제목의 책을 출간하고 8월에 한 연설에서 그는 '기본소득' 실시를 주장한다. 이 날 연설에서 그는 구체적으로 '보장된 연소득(Guaranteed annual income)'이라는 표현을 사용하였는데, 연설문 내용의 전후 맥락을 살펴보면 이는 명확한 '기본소득'이었다.

"보장된 연소득(guaranteed annual income) 프로그램 개발해야 합니다. 시장의 작동 오류와 차별이 사람들을 게으르게 만들고, 사람들의 의지와 반대로 실업 상태에 빠뜨립니다. 먼저 가난이 사라지고 나야 보람 있는 일을 할 수 있습니다. 경제적 안정이 되면 수많은 긍정적인 심리적 변화가 생깁니다. 자기 삶에 관련된 결정을 스스로 할 수 있을 때, 자기 개발을 할 수 있는 수단을 가지고 있을 때, 개인의 존엄이 지켜질 것입니다. 정의롭지 못하고 사악한 베트남 전쟁을 수행하는 데 350억 달러를 쓰는 나라라면, 사람을 달에 보내는 데 200억 달러를 쓰는 나라라면, 하나님의 자녀들을 지구 위에서 그들의 다리로 서게 하는 데 수백억 달러를 쓸 수 있습니다. 보장된 연소득 프로그램 실시를 위해 300억 달러의 예산을 요구합니다."

그는 1958년 암살당해 목숨을 잃을 뻔한 적이 있었다. 할렘에 있는 한 백화점에서 자신의 책인 '자유를 향한 대행진(Stride Toward Freedom)' 사인회를 하고 있었는데, 이졸라커리(Izola Ware Curry)라는 흑인 여성이 칼로 그의 가슴을 찔렀다. 다행히도 칼날이 대동맥을 비껴가 몇 시간에 걸친 수술 끝에 킹목사는 기적적으로 살아났다. 킹 목사는 범인의 불행한 인생사를 알게 된 후 그녀를 용서했다.

그로부터 10년 후인 1968년 4월 4일에 안타깝게도 그는 인종차별주의자이자 과격 백인단체 소속의 제임스 얼 레이가 쏜 총에 맞아 생을 마감하였다. 이 당시는 킹 목사가 시민 운동을 통해 기본소득 실시를 추진하고자하는 계획을 실행하고자 준비한 시기였고 4월 4일 당일은 대중 앞에서 이를 명확하게 밝히고자 했던 날이었다. 그동안 학자와 정치인들이 주도해온 기본소득 연구를 시민들이 주체가 된 운동으로 전환시키고자 했던 최초의 시도였다. 그는 암살 전날 밤 테네시주 멤피스에 있는 한 모텔 발코니에서 연설을 하였는데 연설문을 보면 기본소득 운동을 대중들에게 어필하고자 했음을 알 수 있다. 특히, 그가 지향하는 세상은 기본소득을 넘어 포괄적인 차원에서의 '기본사회' 라는 것을 잘 알 수 있게 된다.

"지금 인류 역사상 가장 어려운 문제를 반드시 풀어야 할 상황에 처해 있습니다. 우리 모두의 생존을 위해서는 그 문제를 반드시 풀어야만 합니다. 오늘 저녁 우리는 좀 더 단단한 각오로 굳세게 일어서도록 합시다. 좀더 확고한 신념을 갖고 힘차게 전진하도록 합시다. 우리의 조국이 본연의 모습을 회복할 수 있도록 우리 모두 힘찬 행진을 시작하도록 합시다. 우리에게는 조국을 좀 더 살기 좋은 나라로 만들 수 있는 절호의 기회가 주어져 있습니다.

앞으로 무슨 일이 일어날지 저는 전혀 알 수가 없습니다. 어쩌면 우리 앞에는 무섭고 어려운 날들이 기다리고 있을지도 모릅니다. 하지만 그것이 저에게는 아무런 문제도 되지 않습니다. 저는 높은 산 꼭대기에 올라 '약속의 땅'을 보았기 때문입니다.

오래 오래 행복하게 사는 것이 모든 사람의 염원일 것입니다. 하지만 저에게는 그런 염원이 없습니다. 저는 오로지 하나님의 뜻을 따르고자 할 뿐입니다. 하나님은 저를 높은 산 꼭대기로 데려가셨습니다. 거기서 저는 굽어보았습니다. '약속의 땅'이 제 눈 앞에 펼쳐져 있었습니다.

제가 여러분과 함께 그 땅에 들어가지 못할지도 모릅니다. 하지만 여러분은 오늘 저녁 분명히 알아두셔야 합니다. 여러분 모두가 하나님의 백성으로서 저 '약속의 땅'에 들어가게 될 날이 반드시 오고야 말리라는 것을.

오늘 저녁 저는 대단히 행복합니다. 저에게는 아무런 걱정도 없습니다. 저는 그 누구도 두려워하지 않습니다."

암살로 인해 생을 마감하면서, 그가 약속의 땅이라고 했던 '기본소득이 실현된 기본사회'의 꿈, 그리고 이를 시민 운동으로 해결하고자 했던 그의 의도는 물거품이 되었다. 그러나 사실은 그렇지 않았다. 52년 후인 지구 반대편인 대한민국이라는 나라에서 그의 꿈을 계승

하기 위한 시민들이 자발적으로 기본소득 실현을 위한 운동을 시작하였다.

2020년 11월 19일은 세계 기본소득 역사에 있어서 한 획을 그은 날이었다. 마틴루터킹 목사가 계획했던 기본소득 시민 운동을 실천에 옮기고자 하는 단체가 기자회견을 연 날이었기 때문이다. 이 날 국회 정론관에서 열린 기자회견에서 강남훈 한신대 교수, 정인대 자영업소상공인중앙회 회장, 김세준 국민대 교수 등은 기존에 정치인과 학자들 중심으로 기본소득이 논의되고 추진되어 온 상황에서 벗어나 국민들이 중심이 된 기본소득 운동을 벌이고자 하는 열망가들이 주축이 되어 '기본소득국민운동본부'가 출범됨을 알렸다.

이 자리에서는 다음과 같은 기본소득국민운동본부 구성 제안문이 낭독되었다.

"가칭 기본소득국민운동본부 구성을 제안 드립니다.

한류의 열풍이 세계를 뜨겁게 달구고 있습니다. 10여 년 전부터 시작된 문화예술분야의 한류는 일시적 돌풍이 아닌 추세로 자리 잡았고 첨단산업과 기술력은 세계 최상위 수준을 꾸준히 유지하고 있습니다. 코로나로 세계가 몸살을 앓고 있는 지금 K방역은 어떻습니까?

유럽을 비롯한 아메리카 역시 사실상 무방비 상태인데 비해, 대한민국은 오히려 통제 수준을 낮추는 모습까지 보이며 세계 최고의 저력을 보여주고 있습니다.

지난 500년 한반도의 역사가 세계사에서 뒤쳐진 채 따라가는 역사였다면, 우리가 지금 맞고 있는 새로운 미래는 세계를 선도하는 국가로 당당히 서게 되었고 우리는 충분히 그럴 준비가 되었습니다. 유럽 사회를 바라보며 '우리는 언제 저런 복지사회를 만들 수 있을까' 생각했지만 지금은 서구 사회에서 우리 대한민국을 바라보며 부러움을 넘어 경이로운 눈길로 바라보고 있습니다. 그렇습니다. 이젠 대한민국이 세계를 선도하는 시대가 도래 했고 우리는 더 나은 내일을 위해 앞으로 나아가야 합니다.

지구적인 문제로 마주한 기후위기, 신자유주의가 가속화한 불평등과 양극화, 저출산·고령화, 4차 산업혁명으로 대표되는 저성장과 저고용의 시대적 난제를 어떻게 풀어 나가는지 세계인이 지켜보고 있습니다. 이에 세계와 대한민국이 직면하고 있는 문제의 해결을 위해 '기본소득'이라는 혁신적 해법을 들고 새로운 발걸음을 시작하고자 합니다.

과거 200년이 과도한 생산과 과도한 소비가 미덕인 시대였다면 이제는 적정한 생산과 현명한 소비가 더 소중한 가치가 되었습니다. 이미 우리는 그런 시대로 접어들었고 그런 시대에 걸맞은 새로운 경제제도를 갖춰야 합니다. 기본소득은 새로운 사회변화에 대응하는 인간사회의 제도입니다. 아직 어느 나라에서도 국가적 시행에 나서지 못하고 있는 제도입니다. 그래서 대한민국이 먼저 나서야 합니다. 세계를 선도하는 국가로서 첨단산업과 기술, 문화와 예술을 넘어 이제 사회경제 시스템도 당당히 선도해 나갈 때입니다.

이미 우리는 코로나 재난지원금 성격의 지원만으로도 기본소득이 어떻게 우리의 삶과 지역경제를 바꾸는지 몸소 느꼈고 청년기본소득, 농민기본소득, 예술인 기본소득, 농촌기본소득 사회실험 등이 활발하게 추진되거나 논의되고 있습니다. 이에 기본소득형 국토보유세, 탄소세, 로봇세, 데이터세, 상속세, 소득세 등 다양한 형태로 주장되는 모든 기본소득 논의를 범국민적 사회운동 차원으로 추진할 국민운동본부 결성을 제안 드립니다. 이 국민운동은 대한민국을 혁신할 국민운동이자 세계를 선도하고 새로운 표준을 만들기 위한 위대한 국민 행동입니다.

기본소득에 동의하고 공감하는 모든 세력들이 하나의 힘으로 뭉쳐 실현가능한 방안을 찾고 실험을 통해 검증하고 시행 가능한 제도로 만들어 내기 위해서는 정치권의 논의에만 맡겨둘게 아니라 국민들이 직접 나서서 반드시 실현될 수 있도록 해야 합니다. 역사 발전과 새로운 제도를 만들어 내는 힘은 언제나 국민의 열망과 발걸음이 있었기 때문입니다.

이 제안에 공감하는 많은 분들의 동참을 호소 드립니다."

이 날의 제안에는 각계 각층에서 총 36명의 발기인들이 참여하였다.

제안자 36명 일동(가나다순)

▲강남훈(기본소득한국네트워크 이사장, 한신대학교 교수) ▲강윤주(계원예술대학교 교수) ▲김경호(제주대학교 교수) ▲김상봉(전남대학교 교수, 민교협 공동의장) ▲김세준(국민대학교 겸임교수) ▲김용우(6.15공동선언실천남측위원회 대전본부 상임대표) ▲김찬휘(유튜브 김찬휘 TV 대표) ▲김태철(미래기본교육연구소장) ▲김호균(명지대학교 교수) ▲남기업(토지+자유연구소장) ▲노종환(일신회계법인 부회장) ▲서승만(행정학 박사, 개그맨) ▲선대인(선대인경제연구소장) ▲양준호(인천대학교 교수) ▲우석훈(성결대학교 교수) ▲유승경(정치경제연구소 대안 부소장) ▲윤경로(전 한성대 총장, 친일인명사전 편찬위원장) ▲윤석인(희망제작소 부이사장) ▲이동연(한국예술종합학교 교수) ▲이상경(가천대 도시계획학과 교수) ▲이수인(포천 장독대 마을 대표) ▲이용득(20대 국회의원, 전)더불어민주당 최고위원) ▲이원재(Lab2050 대표) ▲이원재(가천대학교 교수, 대한보건협회 경기지부장) ▲이종춘(경북과학대학교 교수, 전국 교수노조 전문대 위원장) ▲이종훈(공연예술인 노동조합 위원장) ▲이준호(삼우세무회계 대표) ▲이진경(서울과학기술대 교수) ▲이진우(군산기본소득연구회장, 전)호원대 겸임교수) ▲이현용(법)새길 대표변호사, 성남지속가능발전협의회 공동운영위원장) ▲정인대(중소상공인단체중앙회장) ▲채승훈(연극인) ▲최창의(사)행복한교육포럼 대표) ▲최현(제주대학교 교수, 공동자원과 지속가능사회 연구센터장) ▲한양환(전북환경운동연합 공동대표, 사)지식네트워크 이사장) ▲홍현익(세종연구소 수석연구위원)

기본소득국민운동본부는 기본소득의 대중화를 위해 혼신의 힘을 다 했다. 한 마디로 젖 먹던 힘까지 짜내면서, 할 수 있는 모든 것을 했다. 가장 대표적인 활동은 2020년 12월 5일 중앙본부의 출범을 시작으로, 전국 각지에서 기본소득 열정가들을 모아 광역 단체 및 기초자치단체 본부 출범을 위해 총력을 기울였다. 전국의 교수들로 구성된 정책단을 꾸려 전문가들이 주도하는 기본소득 홍보에 주력을 한 것이었다. 이들은 언론에 다수의 칼럼을 게재하거나, 인터뷰에 적극 응하면서 기본소득에 대한 국민적인 관심을 이끌어내고자 노력했다.

[기고] 기본소득은 개인 인프라 구축 정책이다

기본소득이 복지정책이다, 경제정책이다 논란이 많다. 기본소득이 어떤 정책이든 사실 별로 중요한 것은 아니다. 중요한 것은 기본소득의 궁극적인 목적이다. 기본소득을 실현하고자 하는 이유는 '모든 국민이, 어느 누구도 소외받지 않고 개인의 삶을 온전히 영위하는 것'에 있다. 기본소득 지급에 찬성을 하든, 반대를 하든 궁극적 목적, 즉 모든 국민이 온전하게 개인의 삶을 영위하여야 한다는 당위성에는 누구나 동의할 것이다.

6.25 전쟁이 끝나고 남은 것이 하나 없던 대한민국은 이제 세계에서 많은 부러움을 사는 국가가 됐다. 그 부러움의 원천은 케이팝, 케이드라마, 케이푸드 등 표면적으로 보이는 것도 있지만 그 기저에는 대한민국의 우수한 사회 시스템이다. 치안이 잘 갖춰진 안전한 나라, 아플 때 쉽게 병원에 가서 치료받을 수 있는 나라, 교통이 편리하고, 물과 전기 등 기반시설이 잘 돼있는 나라, 어디나 깨끗하게 유지되고 국민이 질서를 잘 지키는 나라 등 대한민국의 우수한 사회 시스템이 문화의 힘을 만나 빛을 발하는 것이라 생각한다. 대한민국은 빠른 시간내 사회가 원활하게 운용될 수 있는 사회기반시설을 훌륭하게 갖춰냈다. 한 나라를 선진국이라 할 때 그 기준은 여러 가지 있을 수 있다. 그러나 땅이 넓거나, GDP가 커서 국가가 부유하다고, 또는 1인

당 국민소득이 높다고 선진국이라 하지는 않는다. 중국, 인도, 러시아를 우리가 선진국이라 부르지는 않는다. 일반적으로 사회기반시설이 잘 갖추어져 있어 개인이 온전한 삶을 영위하는데 불편하지 않은 나라를 선진국이라 한다.

도로, 상하수도, 항만, 학교, 병원, 공원 등 사회기반시설은 국가 경제, 사회, 문화 활동의 기반이 된다. 그래서 국민의 삶을 걱정하는 정상적인 국가는 가능한 한 사회기반시설을 잘 갖추려고 노력한다. 그리고 사회기반시설을 갖추기 위해 국민의 세금을 쓰는 것을 당연하게 생각한다. 우선 순위에 대한 논란은 있겠지만 국가 재정 여건에 맞춰 사회기반시설을 만드는 것에 누가 비난을 하겠는가.

기본소득은 인간으로서 살아가는 데 필요한 최소한의 필수여건을 국가에서 지원해주는 정책이다. 기본소득은 국가가 도로, 상하수도, 항만, 학교, 병원, 공원 등 사회 인프라를 구축하듯이, 개인이 온전히 삶을 영위할 수 있도록 최소한의 개인 인프라를 국가에서 만들어 주는 정책이라 생각한다. 홍수에 대비해 댐, 하수시설을 만들 듯, 개인 삶의 위험을 줄여주기 위한 기반을 조성해주는 정책이다. 그래서 기본소득은 복지정책이자 경제정책이며 SOC 정책이기도 하다.

기본소득을 말할 때 가장 먼저 이야기하는 것이 재원 마련이다. 하지만 재원이 마련돼도 그 사용에 대해 반대하는 사람이 많다면 집행되지 못할 것이다. 세금으로 도로를 만드는 것을 비난하는 사람은 없을 것이다. 사회 인프라가 필요한 지역에 국민이 요청하면 국가는 필요에 따라 사회 인프라를 설치한다. 당연히 개인의 돈이 아니라 세금을 사용한다. 사회 인프라를 위해 세금 쓰듯이 개인 인프라를 위해 세금을 쓰는 것이 당연하다는 시각의 전환이 필요하다고 생각한다.

우리 사회는 성장을 위해 많은 것을 포기했다. 세계 1위 노인 빈곤률이나 높은 자살률 등은 일종의 성장 후유증이다. 우리 사회는 그동안 성장을 위해 민주, 공정, 공평 등의 가치를 일정 정도 희생하면서 여기까지 왔다. 독재도 정당화됐고, 일부 재벌의 경제 독점도 용인했다. 일부 국민의 희생은 어쩔 수 없는 것으로 여겼다. 그러나 희생의 당의정으로 쓰였던 '모두가 함께 잘 사는 사회'는 구호로만 존재했고, 실제 국민의 삶에서는 이뤄지지 않았다. '잘 사는 사회'가 되기는 했지만 '모두가'는 실현되지 못했다. 오늘의 대한민국은 많은 국민의 희생 위에 이뤄졌다. 그것은 우리 사회가 가지고 있는 공동 부채이다.

다행히 대한민국은 세계에서 유례를 찾아볼 수 없을 정도로 성장했다. 세계 10위권의 경제 규모를 갖췄다. 원조를 받던 국가에서 원조를 하는 국가로, 최빈국에서 선진국으로 도약했다. 세계 많은 사람이 부러워하는 국가를 만들었다. 지속적인 발전이 있어야 하겠지만 어느 정도 우수한 사회기반 시설을 갖춘 국가가 됐다.

대한민국이 보다 나은 사회로 나아가기 위해서는, 이제 사회 전체를 넘어 국민 개개인의 삶을 튼튼하게 하기 위한 개인 인프라스트럭쳐(infrastructure)를 갖춰야 한다. 기본소득은 모든 국민의 삶을 온전하게 지켜주기 위한 개인 인프라의 첫 단추가 될 것이다.

모든 도로를 10차선으로 놓지 않듯이, 기본소득 정책도 사람들에게 아주 풍족한 생활을 보장하자는 것은 아니다. 개인의 가장 기본적인 인프라를 만들어 주자는 것이다. 기본소득의 가치는 최소한의 숨통을 터주는 데 있다. 최저 수준일망정 생계 문제를 해결해 줌으로써 정신적 여유를 갖게 해 주자는 것이다. 최소한의 생계 문제 해결은 사람들에게 새로운 희망을 바라볼 쉼표를 마련해 주고, 더 나은 삶을 찾아갈 의욕을 고취해 준다. 이제 사회에 갓 나온 아무런 기반 없는 청춘에게는 경쟁의 소용돌이에서 잠시 벗어나 하늘을 바라볼 여유를 주는 것이고, 돈이 되는 작물만을 키우던 농부에게 자신이 좋아하는 작물을 키워볼 기회를 제공하는 것이며, 외벌이 가장에게 1년에 한 번이라도 가족과 함께 야외로 나가서 맛있는 음식을 먹을 수 있는 행복을 제공하는 것이다. 누구나 인생에서 한 번쯤은 해보고 싶은 것이 있다. 뮤지컬 무대에 서보거나, 목공을 배워 가구를 선물하거나, 세계를 돌아다니며 다양한 사람들을 만나보고 싶기도 하고, 소설을 쓰거나, 기타, 단소 등 악기를 배워 멋지게 연주하는 꿈을 꾸기도 한다. 일부 적극적으로 실천하는 사람들도 있지만 당장 먹고사는 문제를 해결하기에 바쁜 대부분의 사람은 희망사항이나 꿈으로 간직하며 살아간다.

 이들에게 자신의 하고 싶은 일을 할 수 있는 여유가 생긴다면 사회적 활력은 더욱 높아질 것이며 사회적 활력은 지속적인 성장의 원동력으로 작용한다. 기본소득은 매슬로우가 이야기한 욕구 중 맨 밑바닥 욕구를 국가가 시스템적으로 충족시킴으로써, 자기실현의 단계로 나아갈 버팀목으로 작용하게 하는 개인 인프라가 될 것이라 확신한다. (김세준, 기본소득국민운동본부 상임대표)

[출처] 경기신문 (https://www.kgnews.co.kr)

[인터뷰] 강남훈 교수

"농촌소득 도시의 절반 …
기본소득 형태로 최저 생계 보장해야"

방송 : cpbc 가톨릭평화방송 라디오 〈열린세상 오늘〉
진행 : 윤재선 앵커
출연 : 강남훈 한신대 교수 (기본소득국민운동본부 공동대표)

어제는 보편적 기본소득에 대한 가톨릭교회의 시각에 대해 살펴봤는데요. 경기도가 올 하반기 농촌기본소득 시행을 앞두고 있는데 오늘은 이 문제를 살펴보겠습니다. 농촌기본소득은 보편적 기본소득 실시에 앞서 사회 실험으로까지 불리고 있는데요. 기본소득국민운동본부 공동대표인 강남훈 한신대 경제학과 교수 연결해서 견해 들어보겠습니다. [인터뷰 전문]

▷ 강남훈 교수님, 안녕하십니까?

▶ 안녕하세요?

▷ 경기도가 올 하반기 농촌기본소득 시행을 앞두고 있는데요. 먼저 농촌기본소득의 의미를 어떻게 생각하시는지요?

▶ 농업이라는 활동을 공익적 활동으로 보고요. 식량을 생산하기도 하지만 기후재난 시기에 탄소배출도 줄이고 지구도 살리는 공익적인 기능이 있잖아요. 거기에 대해서 장려하고 기여에 대해서 보상하기도 하고요. 그런 의미에서 이 정책이 실시되는데요. 비슷한 정책으로 농민기본소득이 있겠습니

다. 농민기본소득과 농촌기본소득이 있는데요. 농민기본소득은 농민에게 드리는 거고요. 농촌기본소득은 농촌에 농민이 많이 사시겠지만 농민이 아닌 분도 계시니까 어떤 벽지농촌 같은 걸 선정해서 그 농촌에 사시는 분 전부에게 매월 일정한 금액을 드리는 그런 사업을 말하겠습니다.

▷ 농민기본소득은 농민에게만 주는 것이고 농촌기본소득은 농촌에 사는 분들에게 보편적으로 지급하는 거라는 말씀이신데요. 경기도의 경우, 농촌 한 개 면 지역에 주민 4천여 명을 대상으로 1인당 월 15만원씩 5년간 농촌기본소득을 실시한다고 하는데요. 경기도가 계획하고 있는 농촌기본소득 내용에 대해선 적절하다고 보십니까?

▶ 경기도에서는 이걸 준비하느라고 오랜 기간 연구 용역을 했고요. 그 과정에서 많은 단체들의 의견을 다 수렴했습니다. 그래서 비교적 많은 금액이고요. 월 15만 원. 또 장기잖아요. 장기니까 실험이라기보다는 시범사업에 가깝게, 5년이면 시범사업이라고도 할 수 있겠죠. 그리고 아마 경기도에서 기대하기에는 5년 이내에는 전 국민 기본소득이 실시될 테니까 그때까지 시범적으로 먼저 해 보자. 그런 의미가 많은 것 같습니다.

▷ 경기도의 농촌기본소득 실시는 경제협력개발기구 OECD 35개 가입국 가운데 최초라고 하던데요. 다른 나라들이 농촌기본소득을 실시하지 않는 혹은 실시하지 못하고 있는 이유가 있을까요?

▶ 똑같은 정책은 실시하는 나라가 없지만 유럽과 미국, 특히 유럽은 나라에서 농민들의 소득을 보장해 주거든요. 그래서 농민들이 1000을 벌면 1000 이상을 보장을 해 줍니다. 소득보조 정책이죠. 그렇게 하고 있고 미국

도 상당한 금액을 소득보장을 하고 있는데요. 우리는 소득보장이 너무 적고요. 물론 소득보장을 WTO가입 이후로 해 주고 있는데요. 보조금이나 직불금을 지급해 주고 있는데 직불금 제도가 만들어질 때 설계가 미처 고려하지 못한 게 있어서 경작 면적에 따라서 지불을 하고 있습니다. 대부분의 직불금을. 그러니까 가난한 농민들은 거의 받는 게 없거든요. 1년에 얼마 안 되는 푼돈을 받고 있고 부농들은 상당한 돈을 받으니까 미국이나 유럽의 경우에는 가난한 농민들도 경작 면적이 굉장히 넓거든요. 그러니까 경작 면적이 골고루 퍼져서 많이 받는데 우리가 너무 적게 받기 때문에 우리는 이 문제를 고치려면 기본소득 형태로 경작 면적이 아니라 농민 1인당 얼마 형태로 전부는 안 되겠지만 일부라도 최소한의 생활이 될 만한 정도까지는 1인당 보장하는 게 필요한 나라가 됐습니다. 유럽이나 미국은 저절로 그게 돼 있는데 경작 면적이 워낙 넓으니까요. 그런데 우리는 너무 작으니까, 땅값이 너무 비싼 나라잖아요. 그래서 우리나라의 경우에는 그런 제도가 필요하겠습니다.

▷ 어떻게 보면 우리는 기업농보다는 대체로 소농이나 가족농이라고 봐야 하니까 그럴 수 있겠습니다. 경기도가 하반기에 농촌기본소득을 시행하기 위해선 중앙정부인 보건복지부와 사회보장제도 신설 협의를 거친 뒤 경기도의회에서 조례안을 승인받는 절차가 필요하다고 하던데요. 농촌기본소득 시행 과정상에서 문제는 없을까요?

▶ 경기도는 농민기본소득도 해 보고요. 그건 조례가 통과됐습니다. 그게 얼마 전에 됐고요. 농촌기본소득은 의회에서 지금 다시 토론하고 있습니다. 정부쪽에서 농촌기본소득 승인 받는 그런 신설협의를 거쳐야 하는데요. 사회보장위원회 시각을 많이 고쳐야 할 것 같습니다. 사회보장위원회 심사를 막으려는 취지는 복지를 중복 지급하는 걸 막겠다는 의도가 하나 있고요. 일

단 이게 복지정책이 아니거든요. 농업정책일 수 있거든요. 그런 점을 고려를 해야 하고요. 또 정부에서 충분히 주면서 지자체에서 중복 지급하면 안 된다는 건 말이 되는데 정부에서 농민들에게 주고 있는 게 부농한테만 주잖아요. 아까 말씀드렸듯이 소농한테 1년에 거의 5만 원, 10만 원 주면서 지자체에서 또 주면 안 되는 건 말이 안 되고요. 또 포퓰리즘을 막아야 한다. 돈 나눠 주는 복지를. 그래서 심사하겠다는 건데. 지금 사실은 정부 예산을 부농이나 농업 사업자, 무슨 사업을 하면 사업자들이 중간에서 다 가져가잖아요. 그런 사업 형태로 부자한테만 몰아주는 게 오히려 포퓰리즘이지 가난한 농민까지 주는 거로 보기는 어렵거든요. 또 사회보장심의위원회에서는 지역 간 형평성이 있어야 한다. 그렇게 주장하는데 오히려 지역 간 형평성은 중앙정부에서 만들어야 하고요. 지방정부는 최대한 서로 선의의 경쟁을 하는 게 좋잖아요. 이거는 복지확대는 큰 목표를 보고 형평성을 맞추고 선의의 경쟁을 부추겨야 하는데 중앙정부에서 못하면서 지방도 못하게 하는 건 하향평준화를 시키겠다는 거잖아요.

▷ 지역 간 형평성 하니까 문득 생각이 나는 게 도시와 농촌 간의 불평등을 확대한다는 반론이 나올 수 있는데 그 부분도 중앙정부가 해야 할 몫이라는 거죠?

▶ 그런데 지금 정 반대로 도시 가계소득의 절반 정도가 농가 가계소득이거든요. 농촌에 살면 유럽은 농촌이 더 부자예요. 정부에서 보조금을 주기 때문에요. 그런데 우리는 도시가 두 배 더 부자거든요. 그래서 도시, 농촌 형평성을 고려하더라도 농촌기본소득 이런 정책을 필요하겠습니다.

▷ 도농 간의 불평등을 해소하기 위한 방안의 일환으로라도 농촌기본소

득이 필요하다는 견해시네요. 농촌기본소득이 지역순환경제에 얼마나 도움이 될 것인가 하는 부분도 관건입니다. 농촌기본소득과 지역순환경제 측면에선 어떤 점들을 살펴봐야 하겠습니까?

▶ 지역순환경제를 만드는 가장 궁극적인 목적은 지역에 사는 사람들의 소득을 높여주는 거잖아요. 그리고 소득이 높아지면 또 거기에 따라서 소비도 지역에서 많이 이루어지고 또 소득이 돌고 돌아서 또 소득이 높아지게 만드는 건데요. 지금 정부에서 농업, 농촌 지원 사업은 주로 사업 위주로 돼서 지원 예산의 상당 부분이 중간사업자의 이익이 되고요. 그렇게 해서 농민은 자기가 매칭 투자를 해야 하잖아요. 그렇게 해서 자꾸 빚을 지게 만드는 거죠. 불필요한 사업인데 정부에서 하라니까. 네가 얼마 내면 정부에서 또 얼마 주는데 그 주는 걸 받으려고 빚을 내서 자기 투자를 하는 거죠. 농민기본소득 이런 것들은 농민 스스로 필요한 사업을 하게 하는 효과가 있잖아요. 관료들이 정하는 게 아니라. 그리고 빚을 지지 않는 범위 내에서 하는 거니까 농촌을 자꾸 부유하게 만들고 소득을 올리는 그런 취지로 보면 지금까지 농업지원정책을 근본적으로 방향을 바꾸어야 될 때가 된 것 같습니다.

▷ 기본소득의 재원을 어디서 마련할 거냐. 기본소득을 지급한다면 어떤 형태로, 현금으로 지급할 거냐, 지역화폐로 할 거냐. 이런 문제도 남지 않습니까? 어떤 견해이십니까?

▶ 기본소득의 재원은 여러 가지로 할 수 있는데요. 농민기본소득 같은 것들은 지금 말씀드렸듯이 농업예산의 조정이라든지 농업사업의 조정만 하더라도 상당한 예산을 확보할 수 있고요. 월 10만 원 이상은 쉽게 농업 예산 안에서 농업 예산의 증가분 이런 것들 안에서 충분히 마련할 수 있다고 봅니

다. 그런데 전 국민 기본소득을 하려면 토지나 탄소, 일반 시민들의 소득에 대해서 목적세 형태로 신설할 필요가 있습니다.

▷ 일종의 탄소세 같은 경우도 검토될 수 있다는 말씀이신가요?

▶ 그렇죠. 탄소세, 부동산 국토보유세. 지금 논의가 있고 있죠. 그런 형태의 세금이 필요한데 농민만 대상으로 한다고 하면 1단계는 농업 예산 안에서 충분히 조정이 가능할 거로 봅니다. 그다음에 그냥 현금으로 드리는 거보다 지역화폐로 드리는 게 소비자들에게 많이 불편한 건 없거든요. 그냥 늘 하던 습관대로 하던 소비를 지역 내의 소비로 바꾸면 필요한 물건을 다 살 수 있고 기본소득을 드리는 액수가 많지 않은 상태니까 당분간은. 그래서 지역화폐로 드려서 대기업 매장보다는 중소매장에서 소비가 이루어지도록 하는 게 경제 효과가 훨씬 크기 때문에.

▷ 유효 수효도 창출할 수 있다고 볼 수 있는 거네요.
▶ 그래서 기본소득이 100만 원 이렇게 된다면 100만 원 다 지역화폐로 주는 건 문제가 있지만 30만 원 정도는 보통 사람 소비의 3분의1도 안 되잖아요. 그 정도는 지역에서 하시더라도 충분할 것 같습니다.

▷ 또 하나의 반론, 혹은 부정적 평가가 있는 게 쇠퇴해 가는 농촌지역에 많은 예산을 투입했지만 효과가 별로 없었다, 이번 농촌기본소득은 좀 다를까, 반신반의하는 분들도 계실 것 같은데요. 과거의 전철을 밟지 않기 위해 어떤 점을 좀 유념하면 좋겠습니까?

▶ 과거의 전철은 농촌을 살리겠다고 하면서 어떻게 하면 살릴지가 그 각

농촌마다 다르잖아요. 사람들의 상태도 다르고 필요한 것도 다 다른데 그걸 관료들이 정해서 사업으로 내리다 보니까 그 사업의 중간 사업자가 대부분의 이익을 다 차지하고요.

▷ 마치 농산물 중간 유통자들이 이익을 많이 가져가는 것과 같은 그런 현상인가요?

▶ 맞습니다. 예를 들어서 복지 분야입니다만 노인 어르신들 보청기 지원 사업을 하면 보청기 값이 올라가잖아요. 지원금만큼. 그것과 비슷한 거죠. 유치원 비를 주겠다니까 유치원 값이 올라갔잖아요. 그것처럼 농업도 거의 중간 사업자가 예산을 차지하기 때문에 사실은 농민들에게 도달되는 액수가 작은 거죠. 그런데 이 기본소득 형태로 지역화폐를 지급하면 농민들에게는 무조건 도달되는 거고요. 그리고 그 소비 효과가 크다는 게 우리 재난지원금 때 다 입증이 됐거든요. 그때 골목이 다 살아나는 걸 느꼈잖아요. 그래서 이번 농촌기본소득 시범사업도 그렇게 살아난다는 걸 다시 한 번 여러 가지 지표로 평가해서 보여드리려고 시범사업을 하는 것 같습니다.

▷ 지금까지 기본소득국민운동본부 공동대표인 강남훈 한신대 경제학과 교수 연결해 농촌기본소득에 대한 얘기들 나눴습니다. 강남훈 교수님, 오늘 인터뷰 고맙습니다.

▶ 감사합니다.

또한, 정책단이 주도하여 다양한 강연과 세미나를 개최하였고, 어떤 조직에서든 강의를 요청할 때마다 마다치 않고 달려갔다.

코로나로 인한 비대면이라는 환경적 한계를 극복하기 위해 '줌'을 활용한 각종 토론회와 아카데미를 매주 개최하기도 하였다. 일명 '불금 토론회'라고 불린 토론회에는 본부 회원 뿐만 아니라 일반 시민들도 참여하여 그 열기가 매우 뜨거웠다.

정책단 주도의 활동이 펼쳐지고 있는 동안 전국의 활동가들은 폭

염이 몰아칠 때나 한파가 불어 닥칠 때나 상관 없이 거리로 나가 시민들을 만났다.

코로나로 인해 혈액이 부족해진 상황을 극복하는데 동참하기 위해 '헌혈 행사'를 개최하는 등 사회에 선한 영향력을 행사하고자 노력하기도 하였다.

기본소득 실현을 앞당기기 위한 노력의 일환으로 기본소득당 등 다양한 조직들과의 연대를 이루어 낸 결과, 또 하나의 역사적인 사건인 기본소득정치공동행동을 출범시키는데 주역이 되었다.

기본소득 실현을 위해 정부와 정치권을 견제, 지지, 압박하는 활동들도 활발히 펼쳐 나갔다.

이러한 노력들이 빛을 발한 결과 2022년 1월 8일 기준으로 1개의 중앙본부, 18개의 광역본부, 7개의 특별본부, 92개의 지역본부 등 총

118개의 본부를 갖추게 되었고 20만 명의 회원을 거느린 대형 시민단체로 성장하였다. 확산세는 한반도를 넘어 캐나다까지 번졌다. 제20대 대선 기간 동안에는 당시 여당의 이재명 대표가 핵심 공약들 중 하나로 기본소득을 제시하는데 큰 영향력을 행사하였다.

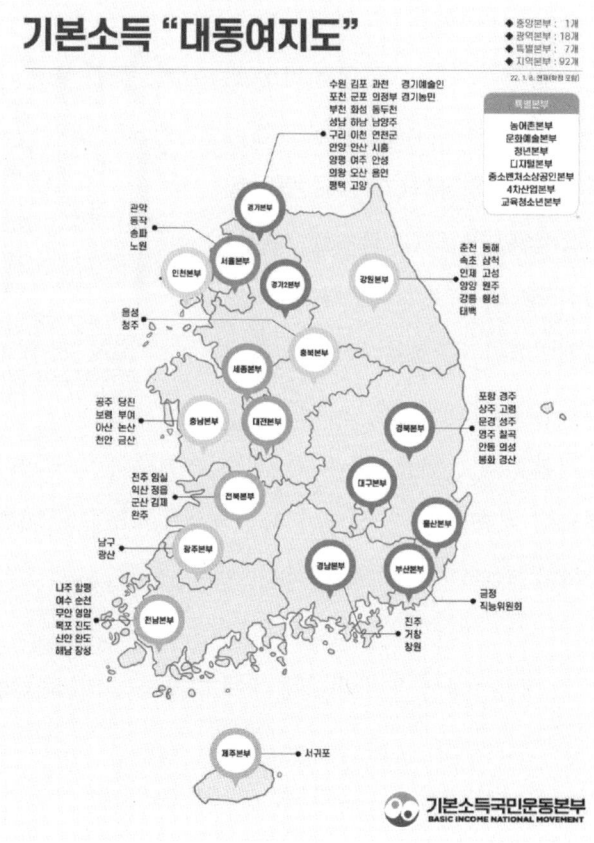

군산기본소득연구회

기본소득국민운동본부보다 2개월 먼저 자발적인 기본소득 시민 운동이 발생된 곳이 있다. 전라북도 군산시에서 2020년 10월 10일 군산기본소득연구회가 출범을 하였다. 국내 최초로 시민들이 중심이 된 운동 조직이었다. 매거진 군산 발행인이자 (전)호원대학교 시각디자인학과 겸임교수인 이진우 회장을 중심으로 기본소득 실현을 열망하는 시민들이 주축이 되었다. 진인하와 최영숙이 부회장을, 김상영이 사무국장을, 조성원, 이경희, 오성우가 감사를, 남대진, 김동구, 이복이 고문을 맡았다.

이들은 출범식에서 출범 취지에 대해 다음과 같이 설명하였다.

"기본소득이란 국가가 모든 사회 구성원에게 어떠한 조건 없이, 개별적으로 지급하는 현금 소득을 말하는 것"입니다. 재산이나 건강,

취업 여부 혹은 장차 일할 의사가 있는지 없는지 등, 일절 자격 심사를 하지 않고 일률적으로 모든 사회 구성원에게 일정한 돈을 주기적으로 평생 지급한다는 점에서 기존의 사회복지 프로그램들과 근본적으로 다릅니다. 모든 사람에게 기본적인 생활권을 보장해야 한다는 정신에서 나온 개념이며, 최근 코로나 사태와 향후 닥쳐올 4차 산업혁명에서 야기될 급격한 일자리 급감 등으로 어려워질 사회경제에 대한 대비책이라고 할 수 있습니다. 그러나 현실적으로 재원마련이 가장 큰 어려운 문제점으로 대두되기도 합니다. 또 대중들의 낮은 이해도도 걸림돌이 되고 있습니다.

그래서 우리 군산기본소득연구회에서는 기본소득에 관해 공부하고 연구하고, 이를 홍보하고 발전시키고자 뜻을 함께 합니다. 지금 당장은 실현되지 않더라도 분명히 빠르게 변할 미래를 대비하고, 또 후대에게 조금 더 사람 냄새나는 세상을 물려주고자, 이제 흙을 조금 파내도 씨앗을 심는 단계라고 이해해주시면 될 것 같습니다."

출범식에서는 기본소득 특강도 진행되었는데 코로나 상황이었음에도 불구하고 많은 시민들이 참여하여 기본소득에 대해 귀를 기울였다.

이진우 회장은 "오래 전부터 4차 산업혁명에 대해 관심을 갖고 살아왔다. 이로 인해 일자리가 소멸되고 서민들의 삶이 어려워지는 문제에 대해 심각하게 생각을 하고 있고, 복지만으로는 해결이 안 된다고 판단하여 다른 해결책을 찾아왔다. 그러다가 기본소득에 대해 알게 되었는데 근본적인 해결 방안이라는 확신이 들었다. 정치인들이 기본소득 도입에 적극적이어야 하는데 그렇지 못한 현실을 보면서 시민이 직접 나서야 한다는 생각에 연구회를 출범시키게 되었다. 출범을 준비하는 과정에서 기본소득이 공산주의 사상 아니냐는 공격도 받았지만 기본소득 실현에 뜻을 같이 해주시는 분들의 도움으로 여기까지 오게 되었다."며 "기본소득이 실현되는 날까지 지속적으로 연구하고 고민해 나가겠다."고 의지를 밝혔다.

연구회는 시민과 함께 하는 강연회와 토론회를 지속적으로 개최하면서 기본소득 대중화에 힘쓰고 있다.

2021년 6월 20일에는 정균승 군산대 경제학과 교수(현, 더불어민주당 기본사회위원회 기본소득본부장)가 '기본소득의 의미와 미래'라는 주제로 특강을 진행하였고, 강연이 끝난 후에는 참석자들과 함께 하는 토론회도 진행하였다.

2022년 10월 10일에 개최된 '1주년 기념식'에서는 용혜인 기본소득당 국회의원과 함께 토론회를 진행하였다. 최배근 건국대 경제학과 교수는 영상 축사를 통해 "지금 대한민국은 세계의 기본소득 역사의 새로운 페이지를 쓰고 있다. 대한민국 기본소득 운동에 있어서 군산기본소득연구회는 제일 앞자리에 있다."라고 격려하였다.

2021년 7월 23일에는 정치권에 목소리를 내기도 하였다.

이재명 대선 경선후보의 전국민 기본소득 도입 공약을 환영한다

2021년 7월 23일 현재 정부의 위기경보단계 '심각' 격상으로 인한 사회적 거리두기 강도 심화에 따라 각급 학교 개학 연기, 휴업, 재택근무 등 시민의 삶이 위축되고 있으며 이로 인해 소상공인, 자영업자, 일용직 근로자들을 비롯하여 전 시민이 사회경제적 어려움을 겪고 있다.

이미 많은 시민과 국민의 삶이 폐쇄 위축되고 있으며, 기약 없는 종식 선언에 대한 삶의 기대 가치 또한 허상에 가까운 일이 됨을 몸으로 느끼고 있다.

이를 증명이라도 하듯 전북도는 21년 7월 현재 전북에 주민등록이 또는 외국인 등록이 되어있는 모든 도민에게 10만원을 긴급 지원하여, 소상공인과의 상생과 개인 가정의 삶의 질 향상에 도움이 되고자 행정력을 동원해가며 함께 살기 위한 보이지 않는 몸부림을 하고 있다.

이와 별도로 현재 진행 중인 여당의 대통령 경선후보 중 한명인 이재명 현 경기도지사는 대표 공약으로 기본소득 공약을 제시 발표하였다. 그 내용 중에는 2023년 국민 1인당 연 25만원을 시작으로 대통령 임기 내 연 100만원까지 지급 하겠다는 것이다.

한 경제학자의 의견에 따르면 소요되는 50조원의 재원은 항간의 반대의견처럼 외채를 늘려가며 시행하는 정책이 아니라 주권통화국인 한국이 중앙은행인 한국은행의 인가를 통해 자금을 조달하는 방

식이며 2020년 말 기준 대한민국의 총 생산대비 국가채무율은 48.4%로 세계의 선진국이라 불리는 미국의 131.2% 나 일본의 266.2%, 모범국이라고 불리는 독일의 73.3%보다 건실하다.

군산은 한국지엠이라는 굴지의 기업이 있었다. 전북 수출액의 큰 부분을 차지하고 군산지역 경제를 좌지우지 한다고 했던 기업은 생산성 약화와 스스로 대외적 경쟁력을 잃어가며 조금씩 곪기 시작했다. 결국 엄청난 공적자금을 투입 받고도 회생하지 못한 한국지엠 군산공장은 그 공적자금마저 물거품으로 남긴 채 돌연 사라졌고, 이와 같은 방법으로 국가가 경제를 살린다는 명목으로 투입한 자금은 168조이며 매각 등으로 환수 처리되고도 받지 못한 미수 공적자금은 52조원에 다다른다. 공교롭게도 전 국민에게 연 백 만원을 지급할 수 있는 금액과 대동소이하다.

또 지역 화폐로써의 지급 효과는 기존 재난지원금 또는 재난기본소득의 효과로 충분히 증명됐다. 또 이런 방식으로의 중앙정부의 자금이 지역 내 소비가 이루어질 경우 중앙정부와 지방정부의 재정 불평등의 기조도 어느 정도 완화될 것으로 판단된다.

이에 군산기본소득연구회는 기업에 대한 지원 낙수효과를 바라기 보단 더불어 상생하는 직접적 기본소득의 도입을 적극 찬성하고 지지 한다.

기업과 쓰러져가는 은행을 살리고자 투입됐던 공적자금은 이제 더 이상 버틸 힘이 없는 국민에게 직접 지급되어야 한다. 국민의 피와 땀으로 이루어진 오늘날의 대한민국의 국민은 국가에게 기본소득

> 을 요구할 권리가 있다. 군산기본소득 연구회는 그 국민의 권한에 힘을 보태고자 본 성명서를 작성한다.
>
> 군산기본소득연구회 회장 이진우, 회원 일동

2023년 4월 28일에는 에너지를 공유 자원으로 활용하여 기본소득을 실시하고 있는 신안군을 방문하여 '새만금'을 활용하는 방안에 대해 고민하기도 하였다. 참고로 새만금은 태양광 에너지 수익을 재원으로 기본소득을 지급하고자 하는 논의가 진행된 적이 있었던 곳이다.

농어민기본소득전국운동본부

　대한민국에서 가장 먼저 창립된 기본소득 운동 단체이다. 2020년 2월 18일 '농민기본소득전국운동본부'로 출범하였으나 2023년 2월 9일, 어민들을 대상으로 범위를 확대하고자 조직의 명칭을 '농어민기본소득전국운동본부(이하, 운동본부)'로 변경하였다.

　조직의 창립을 주도한 인물은 차흥도 목사이다. 일찌감치 농촌 목회에 투신해 농촌의 현실을 목도해온 그는 농촌선교훈련원을 설립하여 농촌 살리기 운동을 시작한 바 있다. 이 과정에서 기본소득만이 농촌을 살릴 수 있는 근본적인 해결책이라고 확신을 얻게 되었고 기본소득에 대해 대중적인 관심을 끌어내기 위해 2019년 6월 '농민기본소득 강사 양성과정'을 개설하기도 하였다. 그러나 농촌 목회자로서의 한계와 강사 양상 과정의 현실적인 어려움 등을 극복하기 위해 전국적인 단위의 조직을 따로 만들겠다는 결심을 하였고 그 결실이 농어민기본소득전국운동본부이다.

　차목사는 "농어민들은 국가의 식량 안보를 책임지는 공직자들입니다. 그러나 농촌과 어촌이 소멸 위기의 상황으로 치달으면서 더 이상 후계자들이 배출되지 않고 있습니다. 농어민들에 대한 안정적인 소득지원은 지역 공동체를 복원하여 국가의 균형 발전을 촉진할 것입니다. 기존에 농민 수당 같은 지원금이 있지만 농촌과 어촌의 근본적인 문제를 해결해주지 못했습니다. 농어민 기본소득은 무너져가고 있는 농어촌과 농어민들을 지키고 먹거리 안전을 위협받고 있는 국민들을 지키는 가장 확실한 정책 대안입니다."라고 밝혔다.

운동본부는 출범과 동시에 농민 기본소득 법제화를 위한 '100만인 서명 운동'을 진행 중에 있으며 2022년 2월에는 국회에서 '농민기본소득법 제정 촉구 1천인 선언'을 진행하기도 하였다.

2023년 운동본부는 기본소득 제도 실현을 위한 본격적인 시동을 걸었다.

2023년 4월 19일에는 기본소득 실현의 마중물 차원에서 '청년 농어민 기본소득 사회실험 실시' 국회기자회견을 가졌다. 이들은 "농어업의 지속가능성을 가늠하는 청년농어민의 구성비율이 매년 감소해 전체 농어업 인구의 1%에 불과한 실정"이라며 "지속가능한 미래를 위해 농어민기본소득법을 제정해야 한다"고 주장했고 "지난해 농업소득은 전년대비 10.7% 하락했고 대표적인 생계형 소득작목인 쌀농사의 순수익은 38%나 감소했다"고 설명하고 "매년 반복되는 농어가 경제의 불안정은 농어업·농어촌의 지속가능성을 위협하고 지방소멸이라는 어두운 이야기로 대체되고 있다"고 우려를 전했다.

또한, "2021년 6월 허영 의원이 대표발의한 농민기본소득법에 이어 2023년 1월 이원택 의원이 대표발의한 농어민기본소득법이 통과를 기다리고 있는데도 법제정을 위한 국회 내 논의가 더디다"고 지적하고 "답보상태에 놓여 있는 농어민기본소득법의 조속한 입법을 촉구하기 위해 지역공동체를 유지하고 생태적 전환을 실천하고 있는 청년농어민에게 4월부터 1~3년간 월 30만원의 기본소득을 지원하는 사회실험을 추진하게 됐다"며 청년농어민기본소득 사회실험 추진 배경을 설명했다.

2023년 5월 9일에는 청년농어민 기본소득 지원 실험을 위한 기금 모금사업을 시작하였다. 청년의 귀농·귀어 활성화 및 농어촌 정착을 위한 '청년농어민 기본소득 지원사업'을 실험적으로 진행하고자 하기 위함인데 총 3,600만원의 금액을 10명 내외의 청년농어민에게 1년간 매월 30만원씩 지원하겠다는 계획을 갖고 있다.

운동본부는 최종적으로 법제화를 목표로 기본소득정치공동행동 등 기본소득을 지향하는 단체들과의 연대를 이루어 나가고 있다.

기독교기본소득포럼

　대외 항쟁, 독입운동 그리고 민주화 항쟁 등 역사적으로 중요한 변혁기에 종교계의 역할은 매우 컸다. 그런 종교계에서 기본소득운동이 시작되었다. 대한민국 종교인들 중 3분의 1을 차지하는 기독교가 그 포문을 연 것이다. 2021년 11월 17일 대한성공회 서울대성당 프란시스홀에서 '하나님의 공의 실현을 위한 기독교기본소득포럼(이하, 포럼)'이 창립기념식을 가졌다.

　포럼을 제안한 사람은 박정인 목사이다. 그는 2019년부터 이미 교회에서 기본소득을 실현하고 있다. 하나님의 은총을 잊고 사는 현실을 극복해보고자, 어린이부터 장년의 교인들이 매달 '눈에 보이는 하나님의 선물을 받고 사랑을 느껴보자'는 의도에서 '매월 1만원 전교인 기본소득 실시'를 교인들에게 제안하였다. 교인들의 적극적인 동참으로 시작된 기본소득 제도는 '하늘선물'로 불리며 2021년부터 매달 2만원으로 금액을 상향 조정하여 지금까지 계속되고 있다.

　포럼은 기본소득이 하나님의 창조세계와 인류가 쌓아온 자산에 대해 모든 인간의 동등한 권리를 요구하는 것으로 시장에 맡겨진 채 정치적으로 조종되는 생존 현실을 거부한다고 주장하면서 다음과 같은 선언문을 낭독하였다.

하나님의 공의 실현을 위한 '기독교기본소득포럼' 창립선언문

▲ 우리는 기본소득을 통해 생존경쟁의 밀림에서 해방된 인류로 살기를 원합니다. 생계를 협박해 열악한 일자리로 내몰리는 강제노동의 시대가 가고, 휴식과 일이 조화로운 진정한 자아실현의 수단인 아름다운 노동의 시대가 오기를 희망합니다.

▲ 우리는 기본소득이 보장된 세상을 상상합니다. 기본소득이 만병통치약은 아니지만 인간 삶의 기본을 사회적으로 보장함으로써, 인간을 동물의 삶에서 해방시키는 첫 출발이 될 것이라 믿습니다. 극단적 가난이 사라지고, 경제적인 이유로 생존의 벼랑으로 내몰리는 사람이 더 이상 존재하지 않을 거라 확신합니다.

▲ 우리는 기본소득을 통해 누구라도 쉬고 싶을 때 쉴 수 있는 세상, 아픈 몸을 이끌고 일자리로 내몰리지 않고, 경쟁에 내몰려 좌절하고 자살하는 이들이 없는 세상을 희망합니다.

▲ 우리는 기본소득을 통해 지역소멸의 시대가 끝나길 희망합니다. 특정직업군에만 집중되어 엘리트 카르텔이 형성되고 이들이 세상을 지배하는 시대가 가고, 필수노동이 대접받는 시대가 열리길 희망합니다. 기본소득을 통해 내 아이의 장래에 대한 부담이 줄어, 저출산의 문제 조차 해결되는 실마리가 되길 희망합니다.

▲ 우리는 생계의 위협에서 해방된 인류가 문화와 예술을 향유하며 이웃에 봉사하며 공동체에 기여하므로 진정한 삶의 행복을 만끽하는, 이 땅에 실현될 '하나님 나라' 백성이 될 희망합니다.

▲ 우리는 기본소득의 전면적 실시 이전에라도 현실적으로 가능한 영역, 수준을 찾고, 기본소득이 가능한 사회적 조건을 만들기 위해 조직화하고 선교적 영역의 역량을 키우겠습니다.

▲ 우리는 기본소득을 위한 폭넓은 연대를 구하고 사회운동으로 승화하는 데 앞장섬으로써, 야훼의 평등주 창조세계를 이 땅에 실현하는 일에 선교적

총력을 기울이겠습니다.
▲ 우리는 기본소득을 사회에 요구함과 함께 교회공동체에서 먼저 실천할 것을 선언하며, 기본소득이 우리 시대의 가장 혁명적인 하나님의 사랑을 실천하는 길임을 선언합니다.

창립 후, 포럼은 전국의 교회에서 기본소득의 성경적 해석과 실천을 위해 지속적으로 토론회를 개최하고 있다. 이를 통해 평신도 중심의 기본소득 공론화라는 목표를 이루고자 노력 중이다.

사단법인 기본사회

제20대 대선에서 신자유주의자인 윤석열 후보가 당선되면서 기본소득에 대한 관심이 일시적으로 시들해졌다. 이러한 상황을 극복하기 위해 기본소득국민운동본부는 시대에 맞는 변화를 모색하게 된다. 그 결과, 기본소득 뿐만 아니라 기본주거, 기본금융, 을기본권 등을 모두 아우르는 운동을 추진하기로 결정하고 2022년 6월, 조직의 형태를 시민 단체에서 사단법인으로 변경하고 이름도 '기본사회'로 바꾸었다. 국회 사무처 산하 공식 단체로 지정되면서 활동 반경을 더 넓혔다.

조직도

기본소득국민운동본부 공동 상임대표였던 강남훈 교수가 이사장을, 김성용 前기본소득국민운동본부 사무총장이 부이사장을 맡았다. 이루다 사무국장과 김준연 팀장이 사무국 살림을 꾸리고 있다. 연구단은 기본소득국민운동본부 정책단장으로서 정책단을 이끌었던 김재형 조선대 교수가 연구단장으로서 조직을 이끌고 있다. 국회의원들도 다수 참여하여 입법 활동에 유리한 환경까지 구축하였다.

강남훈 이사장은 사단법인 기본사회는 "국민의 보편적 권리로서의 경제적 기본권과 '사회적 약자에 대한 형평성'을 보장하고자 하는 가치와 철학을 바탕으로 설립된 조직"임을 밝혔다. 그는 출범사에서 다음과 같이 밝혔다.

"펜데믹과 전쟁으로 인한 경제 위기가 세계 경제를 덮치고 있습니다. 다수의 사람은 불안정한 삶을 살아가고 있습니다. 특히 우리나라는 극단적인 부동산 불평등으로 신음하고 있습니다. 극심한 불평등은 경제를 쇠퇴시키고, 나라를 무너지게 만듭니다. 여기에 그치지 않고, 지금까지 모든 위기를 압도할 만한 기후 재난의 위기가 속속 다가오고 있습니다. 기후 재난이 닥치면 지구는 80억 명의 인간이 살아갈 수 없는 행성이 됩니다.

이와 같은 문제들을 해결하려면 시대에 맞는 새로운 정책들이 도입되어야 합니다. 우리 사회가 가진 공유부로부터 나오는 수익을 전체 국민에게 기본소득으로 배당함으로써 불평등을 줄이고 삶의 안정성을 높여야 할 것입니다. 정규직 뿐만 아니라 비정규직과 자영업자를 포함한 모든 을(乙)들에게 단결권과 단체교섭권을 보장하여 경제와 복지에서의 차별을 스스로의 힘으로 극복할 수 있도록 만들어야 할 것입니다. 기본소득과 을기본권 이외에도 기본주택, 기본금융을 비롯해서 기본교육, 기본의료, 기본서비스 등 모든 국민에게 최소한의 기본이 보장되는 나라를 만들어야 밀려오는 역사적인 위기를 극복할 수 있을 것입니다.

사단법인 기본사회는 '국민의 보편적 권리로서의 경제적 기본권'과 '사회적 약자에 대한 형평성'을 보장하는 기본사회의 가치와 철학을 구현하는 선진사례 조사연구, 정책제안 및 입법과제의 연구개발, 국회의 입법활동 지원, 시민교육 등의 사업을 적극적으로 실시할 예정입니다. 이와 더불어서 민간차원에서의 다양한 비영리목적 활동 지원을 통하여 공정한 시민공동체 조성, 진정한 민주주의 발전과 복지국가 건설에 기여하고자 합니다.

후손들에게 살만한 나라, 살 수 있는 지구를 물려줄 수 있도록, 많은 분이 사단법인 기본사회의 활동에 함께 해 주실 것을 간곡히 부탁드립니다."

연구단장을 맡은 김재형 교수는 연구단이 앞으로 나아가야 할 방향과 활동에 대해 다음과 같이 밝혔다.

"지금 우리 사회는 일찍이 경험하지 못한 복합적인 대전환기를 맞이하였습니다. 그래서 늘 위기라고 얘기합니다. 위기의 홍수 속에 살아가고 있습니다. 기후 위기, 정치 위기, 경제 위기, 에너지 위기, 식량 위기, 소득 및 자산의 양극화 위기, 디지털전환에 따른 위기, 감염병 위기, 인구 위기, 교육 위기, 지역소멸 위기 등이 늘 거론되고 있습니다. 이러한 위기 중의 상당수는 한 국가만의 노력만으로는 극복하기 어려우며 온 세계가 함께 대처하지 않으면 안 됩니다.

이에 따라 우리 사회는 다양한 분야에서 근본적인 패러다임의 변화가 요구되고 있습니다. 우리나라는 2021년 7월 UN무역개발회의(UNCTAD)에 의해 선진국 지위로 부상되기는 했지만, 이와 같은 위기에 심각하게 노정되어 있어 매우 불안정한 상태입니다. 충분한 대응전략이 부재한 상태이며 중앙정부나 지방정부 모두 대처가 더디기만 합니다.

이에 우리 연구단은 우리 사회가 당면하고 있는 위기와 대전환 방향을 명확하게 진단하고 위기별로 다양한 대응방안을 모색하고자 합니다. 각 위기별로 핵심과제를 제시하며 로드맵도 제시해보고자 합니다. 각 분야의 전문가들이 수시로 모여 정책세미나를 개최하고 연구성과들을 국민들과 함께 공유하며 공론화하는 과정도 거치고자 합니다.

오늘날 시대적 사명은 위와 같은 위기를 온 국민들과 함께 극복하는 것이라고 할 수 있을 것입니다. 국민에게 신뢰받는 연구단이 될 수 있도록 최선을 다하겠습니다."

(사)기본사회는 연구단을 중심으로 폭넓은 주제의 세미나를 진행

해오고 있다.

- 2022/10/07(금) 줌세미나_지방대학 상생과 협력의 수단으로 연합대학의 발전 방안
- 2022/12/13(화) 세미나_자치분권 역사와 지방자치법 전면개정
- 2022/12/27(화) 세미나_선거제도 개혁
- 2023/1/31(화) 세미나_사학법인의 거버넌스 개선과 재정이사의 역할
- 20232/21(화) 세미나_황재세

기본소득국민운동본부 시절의 열기를 다시 불어넣기 위해 광역 본부의 열정가들(서울 서영진, 부산 박재범, 대구 민병훈, 인천 정재수, 광주 이철갑, 대전 오광영, 울산 신성봉, 세종 노종용, 경기 조현삼, 강원 전상규, 충북 이상정/오인배, 충남 원기호, 전북 정균승, 전남 고두갑/강문성, 경북 임기진, 송순호/조완제, 제주 김창학)을 영입하여 전국적인 조직도 재건했다. 또한, 더불어민주당의 기본사회위원회에 대한 적극적인 지원과 연대를 통해 기본사회 실현을 앞당기기 위해 노력 중이다.

지역 본부들도 기본사회를 실현하기 위한 시동을 걸었다. 이들의 운행이 본격화되면 대한민국에는 기본사회 불꽃이 화려하게 타오를 것으로 기대된다.

에필로그

전국을 다니며, 외국을 다니며 각각의 시대와 지역을 이끌어가는 정치 철학이나 시대정신들이 있다는 것을 알게 되었다.

수많은 사람들이 가지고 있는 불안들의 요소는 결국 국가의 비전이 부족하고 이를 뒷받침할 거대담론이 논의되지 못 하고 있다는 것이 문제라는 생각을 가지게 되었다. 그래서 각자도생이 필수 언어가 되어 버린 대한민국 사회에 지금 필요한 것은 무엇인가를 찾고자 지난 몇 년간 많은 석학분들과 이야기를 나눈 결론은 역시 기본사회였다.

기본소득을 시작으로 보편적 기본서비스를 제공하는 사회는 몽상만은 아니라고 생각한다. 청년들은 기성세대가 만든 부조리로 많은 대출과 불안정한 일자리에 내몰리고 이 결과 비혼주의와 저출생으로 국가의 존폐가 위협받는 사회가 만들어졌다. 지금의 기성세대는 고성장의 혜택과 사회복지의 수혜를 입으면서 우리 미래세대들에게는 '너희가 나약한거다' 라는 인식만 심어주고 있다. 이 결과 기성세대는 복지혜택을 받아도 젊은세대가 받으면 다 미래세대가 감당할 빚이라는 프레임으로 혜택 받는 것을 두렵게까지 만들어 버렸다.

지역불균형과 지역소멸은 가속화되어 가고 주거와 의료, 교통, 교육의 불공평성은 더더욱 심화되어 가고 있으며, 시대의 변화를 반영하지 못 한 노동정책과 노사간의 갈등은 더더욱 우리를 힘들게 한다. 그리고 또 하나의 큰 사회적 변화인 탄소중립을 위한 우리의 준비는 정치적 논리에 막혀 신재생에너지로의 전환도 가로막고 있다.

남녀간의 갈등을 넘어 저출생국가로 진입한 한국 사회는 국가 존립마저 흔들리고 있는데 이에 대한 사회 준비는 사실 전혀 없다시피 한다. 그저 술 먹고 우리만의 이야기로 끝날 수 있었던 이 이야기들을 굳이 책으로 이렇게 끄집어 낸 것은 앞으로 더 다뤄야 할 기본사회의 이야기를 더 공론화하기 위함이다.

지금도 많은 분들이 기본사회란 무엇이고 이를 위해 우리가 무엇을 해야 하는지를 위해 열심히 노력하고 계십니다. 그 모든 분들에게 이 책을 바칩니다.

2023.08.23.
폭풍이 지나간 여름 광교 자택에서